DERNIER MOT

DES

PROPHÉTIES

—

Troisième et dernière Partie.

Nimes, Typ. Clavel-Ballivet et Cie, rue Pradier, 12.

DERNIER MOT

DES

PROPHÉTIES

Troisième et dernière Partie.

NOMBREUX ET PRÉCIEUX TEXTES PROPHÉTIQUES INÉDITS

Révélations sur les temps présents et l'avenir prochain, parmi lesquelles le

SECRET COMPLET & AUTHENTIQUE DE MAXIMIN

(DE LA SALETTE)

publié pour la première fois,

PAR

ADRIEN PELADAN

chevalier de Saint-Sylvestre, de l'académie des Arcades, etc.,
HONORÉ POUR SES OUVRAGES DE PLUSIEURS BREFS DE S. S. PIE IX
auteur du *Nouveau Liber mirabilis*, etc.

Prix : 2 FR. 50, franco-poste.

NIMES

CHEZ L'AUTEUR
Rue de la Vierge, 10.
1881

Droits réservés.

L'auteur soumet humblement ses écrits au jugement de l'Eglise catholique, dans l'union de laquelle il a constamment vécu, et à laquelle il veut jusqu'à la fin demeurer attaché du fond de ses entrailles.

A. P.

AVANT-PROPOS

L'année des expiations.

Lorsque Dieu a prescrit à l'homme d'être juste, il a établi la règle sévère du devoir, et cette loi reste applicable à l'individu comme aux sociétés. La désobéissance aux prescriptions suprêmes, en outrageant le Seigneur, soumet l'infracteur à l'obligation du repentir ou bien à la peine réclamée par la grandeur du maître incommunicable. La miséricorde et l'expiation tiennent, là haut, devant le trône éblouissant de la Trinité, l'une, la coupe réconciliatrice des absolutions, l'autre le glaive du châtiment. L'humanité, libre dans ses déterminations, ne peut renoncer à être inspirée par l'ange des mansuétudes éternelles, que pour tomber sous les rigueurs de l'ange des malédictions. Ce qui s'applique isolément à chaque personne est, à plus forte raison, commun aux cités et aux nations, puisque la créature isolée peut ne pas être punie pour ses crimes ici-bas, alors que les peuples reçoivent toujours en ce monde la peine de leurs prévarications.

L'histoire universelle présente une suite perpétuelle de ces redoutables alternatives dans l'éboulement des empires, dans les pestes, dans les guerres, dans les famines, dans les conflagrations intestines, dans les abaissements et les décadences des Etats, dans les dynasties proscrites, dans les trônes renversés, dans les puissances anéanties. Malheur donc aux contrées livrées aux mauvaises mœurs, au mépris de la religion, à l'immolation des sentiments élevés, au mépris de la vertu. Interrogez les annales de tous les pays, toujours et partout, à propos de la dépravation publique et de la sagesse méconnue, les mêmes causes produisent les mêmes effets.

Nous traversons une époque où l'enfer a étendu largement sa domination sur les âmes. Les notions sacrées ont déserté les cœurs, et au lieu de tressaillir dans le vrai et le beau, constantes émanations du christianisme, les générations présentes se sont vouées aux appétits grossiers. Le culte de la matière est devenu le partage du plus grand nombre. La contagion morale a fait de tels progrès, que la rencontre d'un caractère est devenue d'une extrême rareté. Les mortels en sont venus à s'adorer eux-mêmes, et de cette lutte des égoïsmes ont résulté des compétitions et des égarements inouïs. L'hypocrisie, la duplicité, la demi-science, signalée par la vanité de ses actes et par les dédains de son infériorité, ont dressé leurs autels en mille lieux, et les pratiques idolâtriques qui leur sont propres s'étalent au loin à tous les yeux.

De là l'éloignement systématique de toute conviction dans son intégrité ; de là les élans chevaleresques mis au rebut ; de là les talents et les courages purs obstinément écartés ; de là ces compromis qui ont altéré les principes et qui ont accrédité des sophismes, dont le résultat final devait être la destruction de nos traditions nationales, qu'il s'agisse de la religion ou de la politique. Notre société, depuis cinquante ans, a fiévreusement travaillé à se constituer tout ce que l'on pourra imaginer, sous le nom illusoire de progrès, pour n'aboutir qu'à la décadence, puisqu'il n'y a de progrès que dans le catholicisme, et que, selon l'expression d'un superbe effronté, pour les ouvriers de mensonges: le catholicisme, c'est l'ennemi. Ne vous vient-il pas à l'idée de qualifier la situation qui nous est échue, selon ce que la saine raison la désigne : un je ne sais quoi qui n'a de nom dans aucune langue.

Le point le plus inquiétant de notre malaise social n'est pas dans le délire des passions démagogiques, dans l'opportunisme qui tente follement de faire de l'ordre avec du désordre ; non, ce qui alarme à bon droit le sage digne de ce nom, c'est la lourdeur morale qui pèse, telle qu'une chappe de plomb, sur ceux que l'on est convenu de nommer les gens comme il faut.

Point d'initiative généreuse, point de mouvement supérieur, point de recherche du vrai mérite, point de déférences pour les belles aptitudes. Presque partout des intrus, des parvenus et fort peu de vocations réelles. Apparences du savoir et de la valeur, peu ou pas de réalité. On se traîne dans les sentiers tortueux de l'équivoque, de l'amour-propre, des vues personnelles, et l'abnégation, mère des héroïques préférences, est sans honte mise de côté. On paraît s'attacher accidentellement au bien, pourvu que la manœuvre apporte des avantages temporels. On travaille de même au relèvement du pays, à la condition de retirer des profits égoïstes de ce concours.

On combat l'hérésie, mais tout en en suivant les errements. On condamne les Jansénistes, par exemple, mais en les imitant dans leur schisme. On affecte la soumission à l'Eglise, mais le dévouement, fréquent sur les lèvres, n'accompagne pas toujours les actes.

C'est une étrange prétention que celle de se dire respectueux de l'autorité légitime, et pourtant de nourrir contre elle des préventions, d'invoquer le respect des règlements et de s'en affranchir subrepticement soi-même ; d'affecter la soumission aux saints préceptes, tout en les enfreignant ; de glorifier la justice et d'en altérer la notion ; d'affecter l'austérité des maximes, et de les assujétir à ses caprices ; d'ébranler la base de la vérité, et de s'étonner de sa chute ; d'exalter le vrai Dieu, et d'avoir des attaches pour le temple de Baal ; de se dire défenseurs des lumières et de concourir aux œuvres de démolition de célébrer l'unité catholique et de s'attirer l'anathème par des compromis avec la révolution ; de se donner pour la vigilance et la fidélité, alors qu'on sert l'inconsidération, l'hétérodoxie, une apostasie dissimulée.

A ce tableau, qui n'est point chargé, ne reconnaissez-vous pas le catholicisme libéral, cette plaie de notre âge, ce manteau de l'erreur endossé par les doctrinaires ? Cette fatale école, entachée d'innombrables aberrations, a inoculé au dix-neuvième siècle un mortel venin doctrinal, distillé par ses discours. C'est elle qui a paralysé les bonnes volontés, égaré dans leurs voies d'innombrables esprits nés pour être judicieux, faussé les dogmes, rendu les foules indifférentes, avant qu'elles eussent glissé jusqu'à des errements qui sentent la stupidité.

Le catholicisme libéral, déraison des cinquante dernières années, est la cause directe de la confusion qui nous enténèbre, et l'auteur immédiat du succès de la libre-pensée. Il a adoré le veau d'or, sous le régime de juillet ; il est devenu le précurseur de la bête, sous le régime qui a suivi ; par sa conduite machiavélique en 1873, il a voulu refaire 1830, et par là il a livré passage à l'opportunisme, dont la Commune sera la fatale et prochaine issue. Tel se présente l'enchaînement des théories erronées du catholicisme libéral.

Que porte, cependant, dans la succession de ses trois cent soixante-cinq jours, l'année 1881 ? Le titre de cet avant-propos vous le dit : cette année se nomme *l'année des expiations.*

Ce mot vous étonne peut-être, vous tous qui, avec la légèreté propre à nos temps, vous montrez oublieux des prodromes avant-coureurs des catastrophes prochaines ? C'est que vous avez entendu soutenir à satiété de fausses affirmations : que le mal se corrige par son excès même ; que les principes changent et qu'il n'y a pas lieu d'en être les inébranlables soutiens ; que la souveraine du monde, autrefois la logique, est remplacée aujourd'hui par la flexibilité des idées et des combinaisons. Eh bien ! le catholicisme libéral, propagateur de ces énormités doctrinales, est comédie et mensonge. Les principes sont éternels comme la justice, comme la vérité. C'est pour avoir accrédité des opinions contraires, que d'audacieux novateurs ont précipité l'Europe dans le cercle sinistre des révolutions, alors que nous ne savons plus ni revenir au respect d'un ordre d'idées solides, ni prier assez efficacement pour nous rendre le Très-Haut propice. Nous nous acheminons ainsi vers le terme des délais providentiels, pour subir le châtiment inéluctable appelé par nos infractions aux préceptes infinis.

Ce qui nous annonce que 1881 est l'année probable des expiations, c'est l'autorité arrachée aux mains de ceux qui l'avaient acquise sans la mériter, pour passer aux mains des vaillants de la négation. Ces ravageurs, menés par Satan, le calomnié des prêtres et des rois, comme s'exprime Proudhon, et le maître bien-aimé des sectes, sapent le tronc immortel de l'arbre catholique, s'imaginant que, pour éprouver les secousses de la tempête, cet arbre de vie sera déraciné. Pauvres fous, qui périrez comme Julien, comme tous les profanateurs, comme tous les tyrans, comme tous les puissants fanatiques qui ont passé par ce monde ; l'heure n'est pas éloignée où vous mordrez la poussière, et où vos cadavres étendus sur l'arène proclameront l'immensité de Celui qui commande à la fureur des océans, et qui renverse, quand il lui plaît, les suppôts de l'abîme et leurs bandes échevelées.

Les arrière-loges ont tramé la destruction du siège de Pierre et du catholicisme, qui est le sel de la terre. Déjà elles ont refusé aux enfants de l'Eglise ce que nous pouvons nommer l'eau et le feu. Le culte extérieur est comme supprimé. Nul adorateur public de Jésus-Christ n'a en quelque sorte le droit d'occuper une charge. Les familles religieuses ont été expulsées violemment des monastères, ces asiles de la pénitence, de la prière, de la science. Ces commencements cruels ne sont que le prélude d'autres violations des immunités les plus saintes, des titres les plus sacrés. Dieu outragé, méconnu par le plus grand nombre, s'est retiré d'auprès de nous. Le vieux Serpent règne sur un siècle prévaricateur, et la consommation des châtiments encourus n'est pas éloignée.

Ouvrez les pages où nous consignons les avertissements surnaturels, vous y lirez cette condamnation. Vous y verrez comment le Sauveur des hommes a prodigué ses appels à nos temps, pour les ramener dans la voie du salut ; comment Marie Immaculée s'est faite suppliante pour nous ramener aux sources vives dont nos affections au péché nous ont éloignés. Vous y remarquerez ces victimes volontaires qui s'immolent dans la souffrance pour obtenir du Seigneur de nouveaux délais à notre conversion, et pour nous valoir par leurs mérites le rachat de nos iniquités.

L'ensemble de ces instances divines, de ces exhortations du Ciel, est une admirable preuve des tendresses infinies pour les enfants des hommes, et de l'insensibilité de nos âmes sans vigueur : ici, il faut encore laisser gémir les douleurs de notre âme sur la conduite des catholiques libéraux, rebelles au surnaturel et signalés pour leur opposition systématique contre les messages venus d'en Haut à la terre, pour la solliciter à revenir à l'observance du bien seul. Endurcis dans leur ignorance et dans les erreurs du vieil homme, ils ont fait et continuent une guerre acharnée aux victimes de la Croix que le Rédempteur s'est choisies, et auxquelles il daigne communiquer pour nous d'augustes consolations.

Mystérieusement réfractaires à l'esprit du Vatican, ils mettent en œuvre des ressorts inavouables, pour influencer certaines décisions. Ils ne demandent pas à s'éclairer sur les questions dont ils sont offusqués, et, de la sorte, dépourvus de sincérité, imbus de scepticisme et d'antipathies, ils éloignent les témoignages et rejettent sans examen, parce qu'ils redoutent la vérité et que sa démonstration deviendrait pour eux un grand déplaisir. L'incorruptible avenir chargera leur mémoire de reproches flétrissants que, par charité, notre plume laisse dans l'oubli.

Ah! que ce clan de médiocrités remuantes, d'avidités et d'ambitions sordides a fait de mal à la cause catholique! Il a enténébré les discussions, amoindri les valeurs, dénigré les mérites, voué à l'obscurité le talent chevaleresque, le dévouement désintéressé. L'unité d'action, il ne l'a soutenue nulle part; l'intégrité de doctrine, il l'a constamment couverte d'un nuage plus ou moins changeant, dont l'illusion a fini par équivaloir à une épaisse vapeur. Ce schisme contemporain, doux en apparence, est plein de violence par sa marche dans le demi-jour et par son effacement, lorsqu'il importe d'affirmer à plein ciel et symbole politique, et symbole religieux. De là, absence totale de génie dans la direction des idées. De là, étouffement de toute grande voix. De là, destruction d'une vitalité féconde et réparatrice. De là, le marasme qui nous environne et notre impuissance à combattre énergiquement les faibles et les pitoyables qui nous tiennent sous le joug. Le Saint-Siège, qui a tant de fois condamné cette déplorable école, reste le garant de la ferme critique ici placée par nous.

C'en est donc fait : incapables d'une impulsion sublime, dépourvus de cette chaleur qui embrase les foules, réduits à ne savoir plus invoquer, de manière à obtenir du Dieu vivant le pardon des uns, la conversion des autres, la réprobation des méchants sans entrailles, nous sommes voués à attendre le simoun de l'expiation, ce vent du désert qui enveloppe les caravanes et les cloue inanimées sur le sable brûlant. Rude destinée, sombre partage où ne reste que l'alternative de périr misérablement ou de survivre sous la tutelle des esprits purs, que nous éloignons par notre lâcheté.

Mais l'année des expiations est-elle bien réellement celle dans laquelle nous entrons ? Les dates écrites dans les prophéties privées sont essentiellement aléatoires ; leur accomplissement dépend de la progression du mal, de l'énormité des crimes, de la somnolence des tièdes, de la ferveur des bons, des moyens qui aggravent ou diminuent le céleste courroux. De fortes raisons, nous l'avons dit, militent pour donner 1881 comme étant l'année des ébranlements causés par l'altération des doctrines, la persévérance dans la mollesse et l'indifférence, et par la rage impie qui est allée jusqu'à afficher son infernal programme sur les murs de nos villes, où nous avons vu l'annonce d'un journal sous ce titre : *Ni Dieu, ni maître*. Cette proclamation de l'athéïsme et de la haine des anarchistes, ainsi manifestée et cela impunément, n'est-elle pas une des marques les plus convaincantes de la proximité des expiations ? Le blasphème ainsi furibond admet-il plus longtemps la patience du Seigneur ?

Voici un autre preuve de cette même proximité, et celle-ci, c'est l'abîme lui-même qui nous la fournit. Il y a peu de semaines, un membre puissant des loges maçonniques de Paris appela, dans une assemblée qu'il présidait, une sibylle diabolique et qui paraît connaître l'avenir, par des arcanes ténébreux. Interrogée sur les évènements prochains, elle répondit :

« Faites promptement tout le mal que vous pourrez. Hâtez-
« vous, faites vite, car sous peu, une Femme d'en Haut vous
« vaincra. »

La déclaration est formelle, elle est confirmatrice de nos vaticinations.

Que sera-t-elle toutefois, cette année que les siècles antérieurs ont entrevue, et qui a été signalée par tant d'échos surnaturels, soit anciens, soit récents ? Demandez-le à nos textes révélateurs, textes que nous avons soigneusement choisis parmi tant d'autres, et dont nous ne sommes que le porte-voix, s'il nous est donné d'en être le propagateur.

Vous trouverez là les calamités qui fondirent, d'âge en âge, sur les nations dégradées, sur les peuples vieillis par la dissolution. Sous leurs invasions irrésistibles, disparurent les dominations asservies à la perversité, et qui, comme des victimes parées pour les sacrifices, n'étalaient un luxe éblouissant et ne se paraient d'étoffes précieuses et de fleurs que pour voiler leur désolation prochaine. Dans les classes fortunées, c'était comme à présent le cynisme idolâtrique sous des lambris d'or ; en bas la dépravation qui hurle le blasphème et se prépare à la consommation du sacrilège et des tueries cannibaliques. « L'alliance que vous aviez contractée avec la mort, dit le prophète à ces grandeurs qui tombent, sera rompue, et le pacte que vous aviez fait avec l'enfer ne subsistera plus ; lorsque ces maux déborderont comme un torrent, vous serez accablés. » Isaïe, XXVIII, v. 17.

Que faire, cependant ? Faut-il désespérer ? S'étourdir dans l'angoisse et attendre ainsi le jour du désespoir ? Non, car, comme s'exprime le psalmiste, la justice et la miséricorde doivent encore marcher l'une au devant de l'autre ; la justice et la paix doivent encore s'embrasser. Selon le témoignage même de la sibylle des loges, le règne des impies sera éphémère et Marie Immaculée, qui a terrassé si longtemps les hérésies, prodigue de la clémence de Jésus-Christ, mettra promptement fin aux fureurs démagogiques, aux saturnales de la destruction, et fera luire l'aurore de ces temps fortunés où les autels seront en honneur, où les cœurs, comme autant d'urnes embaumées, offriront au Seigneur l'encens précieux de l'adoration.

Le salut sera donc donné à qui le voudra. S'il a été conseillé aux ouvriers de renversement de se hâter dans leur tâche horrible de subversion, de nivellement, de profanation et de meurtre, plaçons-nous sans retard sous l'égide de la Mère du Christ. C'est un abri que respecte la foudre et dont n'ose approcher Satan. Couvrons-nous de la Croix du Calvaire, bouclier des forts qui assure la victoire, et sur lequel s'émoussent les glaives et se brisent les armes les plus redoutables. Soyons chrétiens, soyons Français, comme le furent les héros et les saints, nos pères dans le patriotisme et dans la foi. Exaltons Notre-Dame de la Salette, Notre-Dame de Lourdes, Notre-Dame de Pontmain, cris de la guerre sainte qui mettront en fuite les légions du mal. Préparons par nos vœux la construction de ces sanctuaires demandés pour la gloire de Notre-Dame des Anges et pour l'exaltation de la Croix, autel du Sacrifice, bûcher où brûle perpétuellement l'hostie de propitiation, symbole éternel de notre rachat ici-bas et de notre céleste félicité.

Le gage suprême de notre relèvement, de notre protection particulière, c'est le Sacre-Cœur. Portons ce signe protecteur, propageons son culte, adorons à toute heure ses perfections, les grâces qu'il nous prépare, les joies ineffables dont il est la source, et de la sorte, ayant appelé à notre défense les milices angéliques, les armées du Dieu vivant, nous verrons sans épouvante la terreur qui ébranlera l'univers, et parvenus saints et saufs au jour des triomphes de l'Eglise et de la France chrétienne, nous chanterons ensemble, transportés d'allégresse, l'hosanna du bonheur et de l'amour.

Adrien PELADAN.

Une visite à Louise Lateau.

le Vendredi-Saint.

I. — Il y a déjà un assez bon nombre d'années, un exemplaire du savant ouvrage de M. le docteur Lefebvre, professeur à l'Université de Louvain, nous étant tombé sous la main, nous en publiâmes une analyse exacte et détaillée, qui révéla partout des faits inouïs, des phénomènes extraordinaires, ignorés du public jusqu'ici. — Le temps a marché depuis lors, et beaucoup d'évènements inattendus se sont succédé. L'année dernière, ayant reçu la mission de parcourir les Pays-Bas et de voir tous les évêques, nous dûmes par circonstance rous arrêter à Mons, en Hainaut, et passer par la petite ville de Manage. Comme Bois-d'Haine, paroisse de Louise Lateau, est tout proche, nous résolûmes d'aller recommander notre mission à ses prières, et nous édifier du spectacle si merveilleux de ses incompréhensibles extases

Il y avait déjà, dès le matin, un magistrat distingué de Gand, un savant médecin d'Alost, une famille catholique d'Amsterdam, plusieurs Parisiens, une supérieure générale d'un couvent de filles, accompagnée de quelques-unes de ses religieuses, et qui obtinrent par extraordinaire la permission d'entrer : car, par ordre de l'évêque, les femmes n'étaient plus admises pendant la grande extase depuis plusieurs années, et pour bonnes raisons, comme nous le verrons dans la suite de ce récit.

Il y avait encore, arrivé de la veille, un missionnaire d'Afrique, et il survint pendant la matinée plusieurs personnes d'Italie, qui avaient entrepris tout exprès le voyage de Rome à Bois-d'Haine. Un groupe de plus de vingt personnes accourues des diverses parties de Belgique, sans avoir sollicité l'admission préalable, se tenait sur la route devant l'humble chaumière, et espérait pénétrer avec les autres ; mais le bon curé, par suite d'instructions supérieures, se montra ferme, et ils durent reprendre le chemin de leur pays sans avoir vu l'extatique, et plusieurs m'assurèrent qu'ils avaient fait à pied plus de dix lieues.

Je puis bien avouer que j'étais de leur nombre, et que j'arrivais de Tarascon, distant de 260 lieues, sans avoir obtenu la permission préalable, et de fait, le pasteur impartial m'avait déclaré carrément le matin que je n'entrerais pas. Je ne dus mon admission qu'à l'exposé des phénomènes que j'avais déjà publiés.

II. — Le voyageur, arrivé à Manage, suit la grande route pendant un quart d'heure, puis, arrivé près d'un groupe de chaumières qui lui servent d'indication, il prend à droite son chemin de traverse, à travers des terres labourables, qui le conduit vers le fond de la vallée, où passe le chemin de fer de Bruxelles. Avant d'atteindre le passage à niveau et de traverser la ligne ferrée, il passe devant une petite chaumière située à gauche et qui est la plus misérable de toute la paroisse : il n'y avait que deux étroites fenêtres, une de chaque côté de la porte ; depuis les prodigieux concours, on en a pratiqué une troisième. Mais ce simple réduit de l'indigence a gardé le même dénûment. C'est la demeure de Louise. C'est là que, depuis quinze ans, des cinq parties du monde sont venues contempler et se prosterner des myriades de pieux visiteurs ; là que des cardinaux, archevêques et évêques, là que des princes et des princesses, et des grands de ce monde de toute l'échelle sociale, là que les plus orgueilleuses ou les plus croyantes sommités de la science, là que les académiciens et les publicistes sont venus et revenus de tous les points de l'Europe pour regarder, réfléchir, adorer, et pourquoi faut-il ajouter aussi, blasphémer ce qu'ils ignoraient.

Ayant avant toute chose à nous présenter au curé, nous passâmes devant la célèbre chaumière, sans même la regarder, ignorant que c'était là qu'habitait la stigmatisée. — Le chemin de fer traversé, on remonte l'autre versant de la vallée pendant dix minutes, et l'on se trouve au village de Bois-d'Haine. L'église a été reconstruite tout entière, dans un style pur et gracieux, à l'aide des offrandes des pèlerins. Le curé se rendait chez Louise avec le missionnaire d'Afrique, pour donner la communion à la pieuse vierge. Je les accompagnai ; c'était le Vendredi-Saint, à neuf heures du matin. La chaumière n'a que deux chambrettes ; dans la première se tient la sœur ; Louise était couchée dans la seconde. Comme il arrive tous les vendredis, le sang coulait déjà des pieds et des mains par le trous des stigmates, depuis le commencement de la matinée pour continuer jusqu'au soir ; les mains étaient enveloppées de linges sans cesse renouvelés, et qui, après quelques instants, étaient complètement imbibés du sang de la patiente.

A notre entrée, elle souffrait tellement que sa tête ne pouvait pas reposer en face ; elle se mouvait sans cesse d'un endroit à un autre, sur l'oreiller, par un mouvement perpétuel ; tous les traits du visage étaient décomposés, la respiration haletante, les yeux fermés.

III. — *La Communion*. — Le prêtre dépose l'Eucharistie sur la petite table couverte d'une nappe blanche comme la neige, près de la fenêtre. Un crucifix de bois, deux bougies allumées, un vase avec de l'eau bénite, voilà tout ; le reste de la chambre est vide, on a dû sortir les choses, afin que les visiteurs admis soient plus nombreux. Pendant les prières d'usage avant la communion, le docteur Claus, d'Alost, constate ainsi l'état de Louise, avant la manifestation des phénomènes supra-naturels : « Couchée sur le dos, visage pâle, paupières et lèvres frémissantes, mains froides, soubresauts des tendons aux poignets, pouls petit, souple, dépressible, régulier, bat 120 à la minute ; respiration fréquente. La physionomie tout entière exprime une vive attente, un ardent désir se trahissant par un certain degré d'agitation générale. »

Extase. — Je m'étais placé à l'extrémité du lit, en face de Louise et de la lumière, afin de mieux percevoir les phénomènes de l'entrée en extase. Le prêtre tenait l'hostie entre ses mains ; le docteur Claus était au chevet, nulle autre personne n'était présente. A peine l'hostie fut-elle déposée sur la langue, un calme complet s'empare du corps de la jeune fille : toutes les souffrances physiques et morales s'évanouissent ; la sensibilité est suspendue, l'action des sens a disparu, elle ne voit plus, elle n'entend plus. Elle paraît n'être plus de ce monde. Le docteur pince entre ses ongles vivement les chairs de la main, du bras, du visage ; il presse fortement les blessures si sensibles des stigmates : rien, pas le moindre mouvement, nulle sensation ; il appelle à haute voix : elle demeure aussi sourde à tous les cris qu'un cadavre ; le docteur ne craint pas de soulever la paupière supérieure : le globe de l'œil reste immobile, dirigé en haut, au loin, comme s'il se perdait dans la contemplation de l'infini ; l'iris, d'un bleu clair, est insensible à son excitant habituel. La pupille, largement dilatée, reste immobile devant la flamme des bougies. La pointe d'un crayon ou de l'index, dirigée brusquement vers l'œil comme pour l'offenser, ne produit aucun clignotement. La respiration est devenue plus facile et plus paisible qu'à l'état normal, on compte seize mouvements par minute ; l'absorption est profonde ; l'existence est comme anéantie ; la percussion de la poitrine ne dénote rien d'anormal ; l'oreille de l'ausculteur perçoit un léger murmure, doux comme celui du sommeil le plus calme qui se puisse jamais imaginer ; battements parfaitement réguliers.

Sortie de l'extase. — Cet état dure vingt minutes, quelquefois davantage. M. le Curé, à l'entrée de la cellule, ayant dit à voix basse : « Louise, asseyez-vous », à l'instant la jeune fille, ouvrant les yeux, se dresse sur son séant, et enveloppe de suite ses mains dans le linge sur lequel elles reposent, et promène un regard d'une personne à l'autre ; physionomie calme, placide, sans souffrance, douleurs nulles aux stigmates, quoique le sang coule toujours, respiration parfaite, seize mouvements à la minute, le pouls relevé bat 108 ; l'ouïe nette, la pupille sensible, la vue excellente voit l'heure à la montre à trente centimètres ; sensibilité exquise, force des muscles normale. Mais soudain, pendant que le docteur écrivait ses notes, la tête est retombée sur l'oreiller ; l'extase reprenait : l'homme de l'art appelle, il crie : vains efforts. Il fallut aller chercher M. le Curé un instant absent. Louise sort de l'extase pour rentrer dans la vie réelle, brusquement, instantanément, sans nulle transition ; ses sens alors reprennent leurs fonctions et les douleurs reparaissent. En même temps toute la face se décolore, les yeux à peine entr'ouverts, les traits contractés, le pouls bat 130, et les mouvements respiratoires s'élèvent à 56.

Tels sont les phénomènes du matin dont nous avons été témoin oculaire ; ajoutons que, d'après les témoignages les plus autorisés, depuis neuf ans, Louise n'a ni bu, ni mangé, ni dormi. MM. les Académiciens de médecine de Bruxelles n'en veulent rien croire ; ils n'apportent d'autre preuve sinon que cette assertion est incompatible avec les lois de la nature et de la physiologie. Mais toute leur science et leurs commissions d'examen sont au désespoir sur bien d'autres points inexplicables. Nous avons vu toute une bibliothèque d'ouvrages publiés sur Louise dans les diverses langues de l'Europe, que le zélé pasteur a rassemblés pour les besoins de la cause, lorsque l'Eglise instruira le procès. Plus de cent médecins sont venus prendre leurs notes. Le docteur Imbert Gourbaire, de Clermont-Ferrand, s'est installé à Bois-d'Haine et a publié un volume.

Nous rentrâmes au presbytère. Au dîner, nous étions trente personnes à table. Le pasteur invite gracieusement les pèlerins que la Providence lui amène. La conversation n'a point d'autre aliment que l'histoire de Louise. Pour la millième fois comme pour le premier jour, c'est la même narration. Louise a maintenant trente ans, elle a perdu son père, mort de la petite vérole à vingt-huit ans ; elle eut deux sœurs, Rosine et Adeline ; toutes trois apprirent à être couturières, elles allaient à la journée ou travaillaient à la maison. A l'âge de quinze ans, elle a fait preuve d'héroïsme en se dévouant pour soulager les victimes du choléra. A seize, une maladie la met elle-même aux portes du tombeau. Tout à coup elle prédit sa guérison, qui se réalise. Sa mère mourut en 1874. Admise à la communion, d'abord tous les quinze jours, puis tous les huit jours, elle reçoit maintenant l'Eucharistie tous les jours. Elle prend part dans ses extases aux sentiments exprimés par l'Eglise dans ses offices récités en sa présence, dans une langue qui lui est inconnue. Depuis le 1er janvier 1876, elle n'est plus sortie de chez elle. Ses souffrances l'empêchent d'aller à l'église et la forcent quelquefois de garder le lit. Voilà ce que l'on aime sans cesse à entendre répéter, en admirant les conseils insondables du Très-Haut, qui, aujourd'hui comme au temps de Moïse, comme toujours, choisit ce qui n'est rien pour confondre ce qui est, et la dernière enfant d'un hameau pour écraser la vaine science de tous les académiciens de l'Europe.

F. Louis de Gonzague.

Les ténèbres.

Dans une vision qui semble se rapporter à notre temps, Sainte Hildegarde a dit, en parlant sans doute de la révolution : « ... Cette tête, s'élevant jusqu'à une montagne, essaya « de s'élever au ciel. Mais tout à coup le tonnerre éclata, « frappa cette tête avec tant de violence, qu'elle tomba du « haut de cette montagne, et qu'elle rendit le dernier soupir. « Et tout aussitôt une nuée noirâtre enveloppa cette monta-« gne, et dans cette nuée cette tête fut enveloppée d'une si « grande souillure, que tous les peuples voisins étaient frap-« pés de terreur, et d'autant plus qu'ils voyaient cette nuée « demeurer un peu trop longtemps... »

Sainte Catherine de Sienne, au rapport de son confesseur, le B. Raymond, de Capoue, a prophétisé sur le grand évènement : « Le malheur dont les mauvais chrétiens se rendront « coupables en persécutant la sainte Eglise, amènera pour « celle-ci l'honneur, la lumière, le parfum des vertus. Après « les tribulations et les détresses, Dieu, par *un moyen imprévu* « *des hommes*, purifiera sa sainte Eglise et renouvellera l'es-« prit de ses élus.... »

La prophétie de Prémol parle aussi des ténèbres : « .. Un « flambleau doit venir qui n'est pas le soleil, et qui viendra « du côté où se lève le soleil, disparaîtra du côté où il se couche. « Et il viendra après les ténèbres, et il éclairera le monde... »

Le P. Bernard Clansi, Clausi, ou Clauti, comme le nomme V. de Stenay (Collin la Herte), était un religieux Passioniste de Rome. Voici ses paroles : « Il viendra un grand fléau ; « il sera dirigé uniquement contre les impies ; ce sera un fléau

« tout nouveau qui n'a jamais eu lieu ; ce fléau se fera sentir
« dans le monde entier, et il sera si terrrible que ceux qui lui
« survivront s'imagineront être seuls épargnés, et alors tous
« seront bons et repentants. Ce fléau sera instantané, de
« courte durée, mais terrible. Gardez-vous bien de croire
« quiconque s'avisera de vous dire quel genre de fléau menace
« le monde, parce que ce sera une chose nouvelle que Dieu n'a
« révélée à personne et dont il s'est à lui seul réservé le
« secret. »

Cependant la vénérable Anna-Maria Taïgi annonçait que des ténèbres pestilentielles, horribles, surtout à cause de visions effrayantes de démons, apparaîtraient sur la terre durant plusieurs jours de suite ; elle disait que les ennemis apparents et cachés de Dieu mourraient alors. La même vénérable engageait les bons à se servir dans ces moments terribles de cierges bénits, dont la lumière seule brillerait dans les ténèbres. Son confident, Mgr Natali, assurait que ces ténèbres dureraient trois jours.

Mélanie, de la Salette, écrivait à sa mère en 1872 : « .... Des
« fléaux les plus terribles, et tels qu'il ne s'en est jamais vu de
« semblables, vont fondre sur la France.... Confessez-vous
« et faites la sainte communion. Soyez tous prêts à mourir,
« si le bon Dieu le veut. Priez, priez, et quand le sang cou-
« lera de tous côtés, tout à coup un autre fléau épouvantable
« apparaîtra et excèdera le premier.... Procurez-vous deux
« ou trois cierges que vous ferez bénir ; procurez-vous aussi
« de l'eau bénite, et quand vous entendrez des bruits dans les
« airs et que la nuit se fera (1), fermez bien vos portes et vos
« fenêtres et faites des prières continuelles, jusqu'à ce que nous

---

(1) On voit que Mélanie tient aussi pour le fameux coup de tonnerre et qu'il s'agit sans doute d'une nuit artificielle, des ténèbres.

« reconnaissions que Dieu seul est digne d'être adoré et servi.
« Priez pour notre Saint-Père le Pape, priez pour les prêtres... »

On peut conclure de cette dernière demande que le clergé sera dans un grand péril.

Le *Tableau des Trois Epoques*, Paris, 1829, mentionne une révélation faite par une religieuse, d'après une vision qu'elle eut dans le mois de novembre 1816. On y lit : « Je vis
» un gros nuage qui était si noir que j'en fus épouvantée ; il
» couvrait toute la France... »

Le *Nouveau recueil de prédictions*, 1840, contient une autre vision qui confirme et complète la première : « Le jour
» des Rois, 1820,... tout d'un coup je vis que le ciel devint
» une profonde nuit ; je n'avais jamais rien vu de si obscur.
» Cette obscurité fut accompagnée d'un tonnerre, où plutôt il
» me semblait que le tonnerre venait à la fois des quatre par-
» ties de la terre... » Cette religieuse vit ensuite l'embrasement de Paris.

Marie des Terreaux a dit : « Du moment que Dieu commença
» à exercer sa justice, j'entendis un coup de tonnerre si épou-
» vantable que la terre en fut ébranlée. — Ce sera le signal au-
» quel les bons reconnaîtront que l'heure est arrivée pour le
» grand coup.

« ... Retire-toi (dit Dieu), tu vas voir ce que tu n'as jamais
» vu..... Alors, Dieu fit un léger signe avec la main pour
» anéantir les méchants. Dans cet instant, la terre s'ouvrit, les
» engloutit et se referma sur eux sans qu'il y parut rien. »

Marie des Terreaux ne parle-t-elle que pour Lyon ? Elle dit ailleurs qu'au moment où le grand évènement arrivera, Dieu, dans sa miséricorde, suscitera un brouillard si épais, qu'il semblera un mur pour garantir les bons.

Marie des Brotteaux semble différer de la précédente ; elle est morte, dit-on, en odeur de sainteté, à 70 ans, à Lyon, en

1843. Les prophéties qu'on lui attribue ne sont point rapportées dans ce qu'on a publié de Marie des Terreaux. Elle a dit aussi : « L'heure du grand châtiment sera annoncée par les « éclats d'un tonnerre épouvantable ».

Le *Livre des Prophéties*, sixième édition, Rennes, sans date, après avoir donné la vaticination de Blois et plusieurs renseignements sur elle, ajoute, plus loin, en supplément, une lettre qui aurait été adressée, le 22 octobre 1870, aux Carmélites d'une ville de Bretagne. Nous y lisons ce qui suit :

« On n'a pas voulu donner cette prophétie tout entière, d'a-
» bord afin de ne pas effrayer le monde ; mais, comme les
» évènements sont sur le point d'avoir lieu, on a adressé le
» reste aux religieuses du Père Eternel.

» La vieille religieuse parle pour Blois. Elle annonce une
» grande bataille sous les murs de Paris, où le sang coulera à
» flots. Puis une autre bataille près de Blois, pendant laquelle
» on fermera les églises, mais à Blois seulement.

» La nuit du jeudi au vendredi ou du vendredi au samedi
» (elle ne dit pas au juste laquelle) sera terrible ; il est dit qu'en
» France personne ne dormira.

» Maintenant, on ne sait point si c'est la pluie, le vent ou le
» tonnerre qui empêchera de dormir, mais elle dit de se munir
» d'un cierge bénit et de l'allumer (1).

» A Paris, un coup du ciel anéantira tous nos ennemis. Le
» matin qui suivra cette nuit viendra la bonne nouvelle. »

Palma, d'Oria, va bien plus loin encore que la religieuse de Blois : « Il y aura, dit-elle, trois jours de ténèbres ; pas un seul
» démon ne restera en enfer : tous en sortiront, ou pour exci-
» ter les bourreaux, ou pour décourager les justes. Ce sera

---

(1) S'agit-il encore des ténèbres et des cierges bénits qui luiront seuls dans l'obscurité ?

» affreux ! affreux ! Mais une grande croix apparaîtra dans le
» ciel, et le triomphe de l'Eglise sera tel qu'il aura vite fait ou-
» blier tous les malheurs ! »

Palma recommande également de se munir de cierges bénits.

Le P. Hyacinthe Coma, religieux espagnol qu'on assure être mort en odeur de sainteté, parlait ainsi en 1849 : « ... La Pro-
» vidence tient en réserve un moyen imprévu, qui fera d'un
» seul coup ce qui aurait demandé beaucoup de temps en sui-
» vant le cours naturel des choses... »

La vénérable Elisabeth Canori-Mora eut, en 1820, une vision fort extraordinaire qui se rapporte à notre époque : « ... Le
» ciel se couvrit de nuages tellement denses et sombres qu'il
» était impossible de les regarder sans effroi. Soudain il s'éleva
» un vent terrible et impétueux... L'effroi et la terreur se
» répandront non-seulement parmi les hommes, mais aussi
» parmi les animaux.

» Tous les hommes seront en révolution les uns contre les
» autres et s'entre-tueront sans pitié. Durant cette époque
» sanglante, la main vengeresse de Dieu tombera sur ces mal-
» heureux ; et par sa puissance, il punira leur orgueil et leur
» présomption. Il emploiera les puissances de l'enfer pour
» exterminer ces impies et ces hérétiques, qui voulaient renver-
» ser l'Eglise et la détruire jusque dans ses bases... Dieu per-
» mettra que ces impies soient frappés de mort par la cruauté
» des *démons*, parce qu'ils se seront librement adonnés aux
» puissances infernales et qu'ils auront fait un contrat avec
» elles contre l'Eglise catholique. »

La Très-Sainte Vierge a dit à Mélanie, et pour nous la prophétie de la Salette l'emporte sur tout ce que nous venons de
citer : « Jésus-Christ, par un acte de sa justice et de sa misé-
» ricorde pour les justes, commandera à *ses anges* que tous
» ses ennemis soient mis à mort.

» Tout à coup, les persécuteurs de l'Eglise de Jésus-Christ et
» tous les hommes adonnés au péché périront, et la terre de-
» viendra comme un désert ».

Voilà le grand coup nettement affirmé et expliqué ! Comment échapperons-nous à cette catastrophe ? Lisez l'arrêté du Grand Orient de France :

« C'est, dit *la Patrie*, dans la séance tenue le second di-
» manche de Carême 1879, que la loge maçonnique du Grand-
» Orient a décidé qu'il fallait arracher du cœur de la France
» jusqu'à l'idée de Dieu.

« C'est là un fait dont nous sommes en mesure de garantir
» l'authenticité de la façon la plus absolue, sans avoir à re-
» douter le plus petit démenti.

» La guerre aux Congrégations n'est que le commencement
» de la guerre ostensible, ouverte, implacable à la religion et
» à toute idée de Dieu.

» Après l'expulsion des congrégations, on fera la chasse aux
» évêques.

» Après la chasse aux évêques, la guerre au bas clergé par
» tous les moyens possibles ».

Si, les passions se déchaînant davantage, la guerre civile survient et la Commune s'établit, d'affreux massacres n'auront-ils pas lieu ? Or, pour limiter le nombre de ces exécutions sanglantes, ce sera peut-être alors qu'apparaîtront ces ténèbres, terribles pour les méchants, propices pour les bons ? Que nos lecteurs reconnaissent donc l'utilité des cierges bénits re commandés autrefois par Anna-Maria Taïgi et la religieuse de Blois, et, de nos jours, par Palma, d'Oria, et Mélanie, de la Salette.

Mais, continuons notre revue : M. Laverdant a publié dans le *Mémorial catholique* (1866-1868) les révélations de Madeleine Porsat ; on y lit : « ... 89 n'a renversé que la France ;

» ce qui vient va être le renversement du monde.... Quant
» aux âmes mauvaises, un grand évènement doit les effrayer
» pour leur bonheur ».

Le 23 août 1873, Berguille, la Voyante de Fontet, a parlé, dans l'extase, des trois jours de ténèbres, que des événements terribles suivront.

Le R. P. Calixte de la Providence dit, dans une note de sa vie de la vénérable Anna-Maria Taïgi (Paris, 1872, 3ᵉ édition) : « L'auteur d'une autre vie d'Anna-Maria a l'air de s'étonner
» que nous parlions à nos lecteurs des ténèbres et autres évé-
» nements extraordinaires, rapportés ci-après, et dont l'an-
» nonce est attribuée à Anna-Maria. Nous pourrions nous
» contenter de répondre que notre seconde édition, qui déjà
» les citait, a été examinée attentivement à Rome, et trouvée
» conforme en tout au procès apostolique, plus complète et
» plus exacte que nulle autre... »

Ecoutons encore Marie des Terreaux : « Il y avait une ba-
» taille que les démons se livraient entre eux. Je les vis effec-
» tivement sous des formes d'oiseaux hideux et tout noirs. Ils
» jetaient des cris lugubres et épouvantables, et, battant des
» ailes avec force, ils allaient frapper contre les fenêtres de
» ceux qui n'auront cru à aucune prophétie et qui auront mé-
» prisé les avertissements ».

Les nombreux incrédules de notre siècle ne l'auront-ils pas mérité ? Mais les esprits forts ont existé de tout temps : Qui ne se moquait de l'arche et de Noé ? Ceux qui devaient épouser les filles de Loth voulurent-ils sortir de Sodome ? Notre-Seigneur a-t-il rencontré beaucoup de foi pendant les trente-trois années de son existence sur la terre ? En trouvera-t-il davantage à la fin ?

Ces textes sur les ténèbres pourraient être accrus en nombre, mais ils doivent suffire pour faire prendre au sérieux le point en question.

Nous reproduirons, en terminant, quelques extraits du livre de *la Sagesse*, pour mieux faire comprendre à nos lecteurs l'importance du conseil qui nous a été donné d'allumer des cierges bénits pendant les ténèbres, comme devant seuls luire alors. La Bible, en effet, nous apprend qu'au moment de la plaie d'Egypte des ténèbres, *le feu n'éclairait pas !* Dieu fera donc pour nous une exception en faveur des cierges bénits qui doivent préserver de mort, ainsi que les prières à la Très-Sainte Vierge et aux saints anges.

« Vos jugements, Seigneur, sont grands et vos paroles inef-
» fables ; c'est pourquoi les âmes indociles sont égarées.

» Tandis que les impies croyaient pouvoir dominer la nation
» sainte, ils ont été enchaînés dans les liens des ténèbres et
» d'une longue nuit, et ils ont langui enfermés dans leurs de-
» meures, ces fugitifs d'une Providence de tous les moments.

» Et lorsqu'ils espéraient se cacher dans la nuit de leurs pé-
» chés, ils ont été dispersés et couverts de l'oubli et des ténè-
» bres, remplis d'horreur, frappés d'un sombre étonnement, et
» troublés par des apparitions.

» Les cavernes qui les renfermaient ne les défendaient pas
» contre la crainte, parce que le bruit descendait pour les
» troubler, et que de lugubres fantômes, leur apparaissant, les
» remplissaient d'épouvante.

» Aucun feu ne pouvait répandre la lumière, et la flamme
» pure des étoiles ne pouvait éclairer cette effroyable nuit.

» Un feu terrible brillait soudain ; frappés d'épouvante, ce
» qu'ils ne pouvaient qu'entrevoir leur rendait plus effroyable
» ce qui se montrait à leurs yeux.

. . . .

» Or, Seigneur, une grande lumière était sur vos saints, et
» les impies entendaient leurs voix, et ils ne voyaient pas leurs
» visages ; et vos saints vous louaient, parce qu'ils ne souf-
» fraient pas les mêmes tourments.

» Alors la nation sainte était précédée par une colonne de
» feu dans une voie inconnue, et cette colonne lui servait
» comme d'un soleil dont les rayons éclairaient sa voie.

» Cette nuit fut prédite à nos pères, afin que, sachant la
» vérité des promesses, ils fussent pleins de confiance.

» Et votre peuple vit tout ensemble le salut des justes et la
» ruine des méchants ».

—

Paroles prophétiques

De l'abbé Mattay, curé de Saint-Meen (Ille-et-Vilaine)

Plusieurs personnes encore existantes ont entendu les paroles prophétiques de ce bon prêtre, et les ont écrites ; d'autres détails plus circonstanciés ont été fournis par Fauchux, portier du collège de Saint-Méen au temps de l'abbé Mattay. Ce dernier avait confiance en Fauchux, et lui faisait répéter comme une leçon ce qu'il voulait qu'on sût après sa mort, à mesure que les évènements se produiraient pour les prévenir à temps, à force de répéter les choses à Fauchux, qui considérait son maître comme inspiré de Dieu. Le portier, jeune alors, retint mot à mot toutes les paroles de l'abbé Mattay avec une merveilleuse exactitude, et en auditeur attentif et docile, sa croyance pour ce qu'on appelait alors les rêvasseries du curé, rendit Fauchux la risée du collège, aussi bien des professeurs que des élèves ; mais il n'en était pas ému.

Après la mort du bon, du simple curé, Fauchux ne manqua

jamais, dans les circonstances importantes, d'avertir les bonnes familles de Saint-Méen, chez lesquelles pendant sa vie M. Mattay allait journellement, et qui l'avaient défendu et protégé contre les autorités d'alors ; — Fauchux croyait que ces familles avaient plus d'influence qu'autrefois, et il ne mettait pas en doute qu'elles pussent changer l'état de choses, en le voulant bien.

A chaque avertissement de sa part, on se moquait de lui, tout en estimant cet honnête homme, simple de cœur, et d'une foi droite et ferme comme celle de son curé ; mais on lui répétait sans cesse que M. Mattay n'était qu'un fou, et lui un vrai sot, d'attacher de l'importance à de semblables niaiseries. — Fauchux répondait tranquillement que puisque les choses arrivaient comme M. Mattay les avait dites, il continuerait à y croire.

Malgré tout, on écrivit sous la dictée du bonhomme, se réservant de lui prouver ensuite qu'il en avait menti. — Mais, en écrivant, on se permettait de changer le sens des phrases, lorsqu'elles n'étaient pas d'accord avec les espérances que l'on désirait voir promptement réalisées. Cela contrariait Fauchux, qui restait invariable dans ses dires.

J'ai connu Fauchux en 1849, et j'ajoute ici des détails importants *omis volontairement* dans la prophétie *connue depuis 1818*. — Je tiens ces détails de Fauchux lui-même. Quand j'étais à Saint-Méen, mon cousin M. de M*** y était maire ; c'était à l'époque des journées de juin, et les courriers revenaient en province sans avoir pu entrer dans Paris, où éclatait la guerre civile. Je vis alors Fauchux demander à ces messieurs ce qui se passait, et j'entendis ses questions : (en 1849).

« Messieurs, les armées étrangères sont-elles entrées en
» France ? Marchent-elles sur Paris ?

On lui répondit : « Il n'est pas question d'armées étrangères,
« ce sont les Parisiens qui font des barricades. On se bat dans
» Paris qui est fermé ; personne du dehors ne peut y pénétrer
» ni savoir ce qui s'y passe ; tu vois bien que les courriers re-
» viennent sans apporter de nouvelles. »

« Eh bien, tant pis, si les armées étrangères ne menacent pas
» la France, car alors nous ne sommes pas près d'avoir fini ;
» il faudra auparavant qu'elles entrent en France, pour la
» démembrer ; alors on verra le sang couler du nord au midi,
» avec tant de force que les chevaux y nageront jusqu'au poi-
» trail.

« Tu dis toujours les mêmes contes, vieux fou ; mais si nous
» n'en sommes pas là, que vas-tu nous annoncer ?

« Messieurs, M. Mattay a-t-il dit vrai pour le règne de l'u-
» surpation, en 1830 ? Et la fuite nouvelle du roi citoyen, vous
» venez d'en être témoin ; je vous ai dit qu'il gagnerait l'An-
» gleterre, est-ce vrai ? Je vous ai dit qu'il y mourrait, vous
» verrez bien.

» Maintenant, vous laissez encore passer l'occasion de faire
» ce que vous savez bien, tout comme en 1830. — M. Mattay
« avait prédit que si l'on n'agissait pas alors, le roi républi-
» cain règnerait de 17 à 18 ans ; — cela n'est-il pas arrivé ?

» A présent, voici ce qu'a dit M. Mattay : — Un prince
» humilié jusqu'à la confusion, et qui aura passé en France
» une partie du règne précédent, prendra la couronne et se
» fera nommer empereur.

» — Comment, pauvre fou, tu dis que nous aurons un em-
» pereur, ah ! c'est trop fort !

» Oui, messieurs, et désormais nous n'aurons plus de roi en
» France (*textuel*). — Alors, Fauchux, que feras-tu du Grand
» Monarque, dont tu parles toujours ? Quel nom lui donne-
» ras-tu ?

» — Je ne sais pas son nom, mais je sais qu'il sera de l'an-
» cienne dynastie ; il ne règnera qu'après que la France aura
» été rudement châtiée, et la main de Dieu sera avec lui ; —
» il s'appellera l'empereur d'Orient et d'Occident.

» Alors, c'est donc lui qui va venir ? — Je ne le crois pas,
» puisque les ennemis ne sont pas encore entrés en France
» pour la démembrer. »

Voilà ce que j'affirme avoir entendu dire à Fauchux, en 1849.

Mme de Ub... n'a pas voulu écrire sous la dictée de Fauchux le passage : « *Un prince humilié jusqu'à la confusion.* »
« Comment, disait-elle, mais c'est absurde ; est-ce que le duc
» de Bordeaux a été humilié ? et dans la confusion ? est-ce
» qu'il est venu en France sous le règne de Louis-Philippe ? »

(Voilà comme on écrit les prophéties en les refaisant à sa guise, en les plaçant à son point de vue personnel ; à présent, on peut juger de l'exactitude de ce portrait de Napoléon III).

Voici encore une phrase que j'ai entendue de la bouche de Fauchux, toujours en 1849. Je la trouve à elle seule aussi remarquable que toute la prophétie de l'abbé Mattay. Fauchux avait promis de garder le silence sur les détails : ces messieurs en plaisantaient, parce qu'ils croyaient qu'il était question de rendre les biens nationaux, chose devenue impossible d'après leur jugement.

Voici ce passage, venu après l'énumération des grandes catastrophes et lorsque commencera la paix :

« Des arrangements se feront alors qui vous *étonneront bien,*
» *messieurs,* et vous ne serez pas *tous satisfaits ;* mais il
» faudra en prendre *votre parti...* Tant que la France sera
» voleuse, elle ne sera pas heureuse ! Rendez à *chacun ce qui*
» *lui est dû.* Je n'en dirai pas davantage, M. Mattay me l'a
» défendu ; mais vous verrez bien ! »

Je suis aise d'avoir entendu et écrit ces paroles remarquables aujourd'hui ; — il est évident que s'il s'agissait des biens nationaux, ce n'eût pas été *aux volés* qu'on eût dit « que ces arrangements ne les satisferaient pas ; » — ce serait un *non-sens* ; ce qui ne les a pas satisfaits, c'est, au contraire, la consécration de la spoliation et les mesures forcées qu'ils ont acceptées pour le bien de la paix.

Il se pourrait cependant, d'après ce que nous voyons en 1880, que de nouvelles injustices rendissent pour une large part la France de nouveau *voleuse*, et que cette fois justice fut rendue par le souverain *légitime*.

Si cela n'a pas eu lieu en 1814, peut-on penser que le Monarque n'eût pas *voulu* donner l'exemple, ou ne le pouvait pas sans déposer sa couronne?

(Copie des paroles du vieux serviteur de l'abbé Mattay.)

—

LETTRE adressée en 1819 à M. Soyer, devenu plus tard évêque de Luçon, transcrite sur l'original par M. Lussagnet, alors qu'il était vicaire général de ce diocèse.

Je suis obligé de vous dire, mon Père, que Dieu est encore irrité contre la France. Cette personne que vous savez, dit que depuis près de trois ans, elle a éprouvé à plusieurs fois différentes, et des trois mois de suite, les mêmes sollicitudes et lumières sur les évènements à venir qu'elle a éprouvées, il y a 39 ans pour la première fois, en 1782. Il y eut cette première fois dix à onze ans d'intervalle avant l'accomplissement de nos malheurs, mais elle ne croit pas qu'il en soit ainsi pour cette fois. Elle est comme sûre que tous les ans, désormais, il y aura des marques certaines de la colère de Dieu dans différentes contrées de la France et de l'Europe.

Toute la terre, et en particulier la France, est couverte d'iniquités, les plus monstrueuses et les plus insultantes à la Majesté de Dieu, présent partout. C'est surtout notre malheureuse patrie qu'il va frapper des plus grands et des plus étonnants châtiments, depuis le trône jusqu'à la chaumière. Tous en général auront leurs châtiments particuliers et éprouveront les terribles effets de la vengeance divine. Plût à Dieu que la personne pour qui j'écris n'eût que de fausses lumières et qu'elles n'eussent jamais leur exécution ; mais elle déclare que malheureusement elle ne se trompe pas et que la certitude qu'elle en a, fait le sujet de sa douleur.

Reprenons :

Un ciel d'airain, une terre de bronze, forceront toutes créatures à croire qu'il y a un Dieu dans le ciel, juste et qui se venge du crime. Le sang du juste crie vengeance, et cet attentat, joint aux autres attentats journaliers qui se commettent impunément depuis longtemps, et surtout les péchés de blasphèmes et de jurements contre le saint nom de Dieu, vont faire éclater sur nos têtes coupables tous les fléaux de la vengeance divine.

Tous les États sont encore coupables et tous seront châtiés. « O France ! » je l'ai encore entendu, ce cri, dit cette personne. « O France ! » Que devenir ? La guerre, oui la guerre intestine, d'abord demi-cachée, puis guerre civile et désastreuse qui, jointe aux éléments, en feront une terre déserte, particulièrement dans plusieurs contrées.

De longues sécheresses feront périr les plus belles espérances, auxquelles succèderont des pluies abondantes et désastreuses qui occasionneront des inondations et des débordements et feront bien du mal ; des orages et des tempêtes extraordinaires, des tremblements de terre feront frémir les impies et les libertins et qui causeront de grands malheurs, comme des renversements d'édifices, de maisons, et cela dans plusieurs contrées de l'Europe.

Il y aura des maladies extraordinaires, des pestes, des famines, qui feront périr bien du monde. Guerre au dedans, guerre au dehors. Toute l'Europe éprouvera les effets de la colère de Dieu, et la désolation sera générale. La Religion, ébranlée jusque dans ses fondements, affligera les justes, réjouira les impies.

De grands crimes se commettront dans tous les genres, et il viendra un temps où la timide innocence pourra à peine trouver à se mettre à l'abri des dangers et des pièges qui lui seront tendus de toutes parts, par les désordres qui inonderont la terre et particulièrement notre France.

Oh ! que de grands maux arriveront qui ne peuvent se détailler ! Oui, il y en aura de si grands dans l'Eglise et dans l'Etat, que les méchants qui les auront occasionnés et qui y auront contribué, étonnés eux-mêmes du mal qu'ils auront fait, courront en désespérés les rues et places publiques, en criant miséricorde vers Dieu qu'ils auront si grièvement offensé. Fasse le ciel que leurs cris partent d'un cœur contrit et repentant et que la crainte n'en soit pas la trop malheureuse cause.

O France, le théâtre de tous les crimes et de tous les malheurs, sans une pénitence longue et persévérante et sans un changement général du désordre à la vertu, si ceux qui ont les pouvoirs n'arrêtent par des punitions sévères les blasphèmes et les jurements contre le nom de Dieu ; s'ils ne font pas cesser le travail du dimanche et des fêtes et bien d'autres désordres qu'il n'est pas toujours prudent d'écrire, que l'on s'attende à tous les malheurs annoncés ci-dessus.

Il y a 24 ans que cette personne a eu connaissance pour la première fois de tous ces désastres qu'elle connut n'être pas prochains. Elle les écrivit de suite et connut sûrement qu'ils n'auraient leur entière exécution que lorsque l'Eglise de France serait établie dans une médiocre splendeur. Depuis ce temps, il est arrivé plusieurs de ces évènements dans différentes parties de l'Europe et de la France qui n'ont été que des annonces de beaucoup plus grands et qui malheureusement ne manqueront pas d'arriver, si nous ne nous convertissons et ne faisons pénitence.

Cette même personne, il y a deux ans et demi, a eu les mêmes lumières, mais d'une manière plus forte. La première fois, elle ne vit que dans un clin d'œil, et à cette seconde elle les a eues pendant plusieurs mois, et ces tristes et accablantes lumières lui ont occasionné de grandes peines d'esprit et de cœur ; elle a été même obligée d'en parler à son confesseur, ne pouvant se suffire à elle-même et croyant ne pouvoir se passer de ce soulagement.

Au verso du dernier feuillet de cette lettre, celle écrite par M. le Grand Vicaire — était noté ce qui suit, mais recouvert d'une feuille de papier blanc. M'étant placé à un jour convenable, j'ai pu le lire, le transcrire, et je vous en envoie la copie.

« Cette personne croit avoir vu en Dieu, il y a quelques mois, un grand nombre d'ecclésiastiques asssemblés dans la nef d'une église ; ils étaient éloignés du sanctuaire et un voile impénétrable leur cachait le tabernacle. Elle connut qu'une très-grande partie de ces prêtres déshonorait l'Eglise de J.-C. par leur inconduite et leur peu de foi. Elle vit que le tabernacle leur était voilé, parce qu'ils ne méritaient pas d'en approcher, quoique cependant ils dissent la Sainte Messe dont ils étaient bien indignes, et qu'il ne fallait que cette inconduite seule de la part des ministres du Seigneur pour attirer sur nous les maux qui nous menacent.

« Elle connut encore que le nombre des bons prêtres était petit, et encore qu'ils étaient presque tous bien éloignés de la perfection que demande leur état ; qu'ils ne procuraient pas à Dieu la gloire dont ils étaient capables et dont ils rendront un jour un compte rigoureux et terrible ; enfin que le nombre des parfaits était bien faible. »

Comme vous le voyez, cette prophétie est bien vague, et cependant depuis 1830, n'avons-nous pas vu se produire tous les évènements qu'elle annonce, la famine, la peste, les sécheresses, les inondations, etc., et ces révolutionnaires se frappant la tête contre les murailles, ne désignent-ils pas cette classe ouvrière qui s'apprête à piller et à tout détruire, et qui, honteuse du mal qu'elle se sera faite à elle-même, court par les rues en désespérée ? Ce reproche adressé à certains prêtres, n'est-il pas conforme à ce que disent Mélanie et tant d'autres ?

Vient maintenant la copie des prévisions adressées de Paris à Monseigneur Baillès, le 30 août 1853.

« Que toujours Jésus et Marie vivent dans nos cœurs avec leurs célestes lumières » !

« Monseigneur,

» J'ose m'adresser à Votre Grandeur pour remplir un devoir de ma conscience ; lors je dois dire que cette fois le Seigneur laissera le pouvoir aux pauvres pêcheurs. Je les vois, les malheureux, préparer des machines infernales pour faire mourir les pauvres prêtres et les chrétiens. Je vois les églises de Rome, de l'Italie et de la France couvertes de draperies noires et rouges à l'extérieur ; et à l'intérieur de l'Eglise, très malpropres et souillées, et comme dans les ténèbres de la nuit et toutes dévastées, et le long des murs de pauvres prêtres pendus et la tête prise comme dans des embouchures de canons. Je vois sortir de l'Eglise une foule immense de chrétiens

B

et de prêtres. Il y en a quelques-uns vêtus de chasubles noires du plus grand deuil, et toute la foule est dans la plus grande tristesse. Ils sont conduits par les méchants au jugement et au supplice. J'ai vu l'écrit qui renfermait leur jugement et leur condamnation. Tous les méchants sont revêtus des habits sacerdotaux pour les plus grandes fêtes, et sur leurs têtes coupables les bonnets des saints cardinaux de Rome. Ils imitent le clergé, ils vont en tête de la foule en procession. Un porte la bannière de la Très-Sainte Vierge et quatre les cordons. Ils portent la Reine du Ciel et de la terre avec mépris et dérision, en la secouant de haut en bas et en dansant avec des manière très-indécentes. Cette bannière est, je crois, celle de Rome, car jamais je n'en ai vu une aussi belle et aussi riche.

» Ah! de grâce, Monseigneur, veillez et faites veiller sur le Très-Saint Sacrement et sur les vases sacrés, sur les ornements et sur les trésors de l'Eglise, pour éviter les profanations.

» Il y aura encore avec tous ces maux la peste et la famine dans bien des contrées ; beaucoup périront de faim. Et j'ai vu depuis un orage, à faire mourir de frayeur. C'est un tonnerre comme jamais on n'en a entendu. Il semble tenir toute la terre et gronde sans relâche; une pluie de feu tombe du ciel comme quand il tombe de la neige dans la plus grande abondance, et il y a des morceaux de fer de différentes grosseurs, mais de la grosseur d'un chapeau d'homme et deux fois la longueur. Ce feu du ciel embrase les contrées les plus coupables et brûle les malheureux habitants. Les maux seront si grands que l'on se croira être à la fin du monde. J'ai supplié Notre-Seigneur de vouloir bien nous préserver de tous ces maux. Il m'a semblé qu'il me répondait qu'il fallait des exemples frappants de sa justice pour nous faire rentrer en nous-mêmes et nous amener à une réforme générale. Partout, jusque dans les couvents, jusque dans le clergé, il y a de pauvres prêtres et des religieux et religieuses qui ne sont pas comme l'exigerait leur sainte vocation et ce qu'ils enseignent. Mais nous pouvons diminuer la longueur du temps et la rigueur des maux.

» Oh ! de grâce, Monseigneur, ordonnez et faites ordonner partout des prières, des aumônes, des jeunes et des pénitences. Avertissez, je vous en supplie, Monseigneur, les évêques, les prêtres et toutes les communautés de veiller à tout cela et de se munir après cela d'habits de laïques pour prendre la fuite quand il le faudra pour éviter le massacre. Je ne sais pas l'époque, mais je puis donner un signe. Il y aura une mort à Paris, et le moment de cette mort sera le signal de la justice divine pour Paris et la France. De ce moment il fraudra quitter Paris pour n'être pas massacré et consumé par les flammes.

» Je n'ose en dire davantage, mais je désire que ce règne trouve tout prêt, et je crois que nous sommes à la veille de tous ces fléaux. Notre-Seigneur, dans sa miséricorde, m'a fait connaître la puissance de la sainte Passion de son adorable croix. Nous avons été sauvés une première fois par ces adorables mystères. Notre-Seigneur désire nous sauver encore une fois par les plus puissants moyens. Faisons le chemin de la croix et faisons le faire. Faisons connaître le scapulaire de la sainte Passion et celui de la Très-Sainte Vierge et les médailles. Adressons-nous tous là, et à N.-D. des Sept-Douleurs, à N.-D. d'Espérance pour les désespérés, à N.-D. des Victoires et à N.-D. de la Salette. Faisons méditer pourquoi la Reine du Ciel est venue, ce qu'elle nous a dit.

» Oh ! Monseigneur, je désire que partout il y ait des retraites et que toutes les âmes soient confirmées. Oh ! ne perdons pas de temps, hâtons-nous de préparer les âmes à tant de maux.

Oh! j'espère, Monseigneur, qu'avec tous ces moyens de salut, les maux seront moins grands et que bien des âmes seront sauvées et préservées. Hâtons-nous, les maux sont à la porte. Prions pour le très Saint-Père, prions pour l'Eglise, prions pour l'Eglise ! Prions pour tous les bons, prions pour tous les pauvres pécheurs qui tomberont sous les coups de la justice divine. Il y aura des bons de massacrés pour satisfaire pour tous les pécheurs à la justice divine, mais la plus grande partie seront préservés pour la consolation de voir le beau règne qui aura lieu sitôt après les châtiments. Si jamais on ne vit tant de maux, jamais on n'aura vu la sainte Religion si florissante et le Seigneur si bien servi ; car les esprits seront, grâces au ciel, changés. Voilà ce qui me console et me soutient à la vue de tant de maux. Et après cela, il faudra aller conquérir les autres nations avec zèle d'une main, et la croix de J.-C. de l'autre, et préparer les esprits à l'arrivée de l'antechrist qui viendra, après le beau règne, remettre encore la terre dans l'épouvante.

» Mais avant on jouira d'un temps béni ; on en profitera pour prêcher par toute la terre l'Evangile, et à la fin du monde qui approche, et pour les véritables apôtres, nous sommes dans le temps de la moisson des âmes.

» Monseigneur, j'ai bien l'honneur de vous saluer avec le plus profond respect, et je suis de Votre Grandeur, Monseigneur, la très-humble servante. Très-humblement pardon, Monseigneur, si je ne signe pas, mais je crains que ma lettre ne soit égarée ou ouverte. Alors je ne dois pas m'exposer à perdre mes autres missions. Je suis la servante de Notre-Seigneur et de la Très-Sainte-Vierge, et je me jette aux pieds de Votre Grandeur, Monseigneur, pour vous supplier de vouloir bien me bénir. Ah ! de grâce, Monseigneur, donnez-moi toutes vos bénédictions et le secours de vos saintes prières, pour continuer mon chemin, pour tâcher d'arriver à la plus haute perfection et suivre ma vocation pour la gloire du ciel et le salut des âmes, et pour cela, Monseigneur, bénissez-moi, bénissez-moi.»

Ces deux prophéties inédites et d'une authenticité absolue, ne concordent-elles pas avec celles qui nous sont connues, et tout ce qui est prédit sur l'année des expiations, ne s'y trouve-t-il pas ? Il n'est pas jusqu'aux ténèbres qui y soient annoncées.

—

Analogies.

Différences dans les appréciations.

Vous avez sans doute eu connaissance des apparitions de la Sainte Vierge (en 1876) à Estelle Sagette, femme de chambre de Mme la comtesse Arthur de La Rochefoucauld. Cette personne habitait alors Pellevoisin, dans l'archidiocèse de Bourges. Permettez-moi de vous faire part des analogies que je trouve entre les apparitions arrivées à Pellevoisin et celles qui ont eu lieu à Fontet, et des différences inexplicables dans les appréciations de ces deux ordres de faits :

Fontet (archidiocèse de Bordeaux).	Pellevoisin (archidiocèse de Bourges).
1º La Sainte Vierge apparaît à une femme du peuple appelée Berguille.	1º La Sainte Vierge apparaît à une femme du peuple appelée Estelle Fayette.
2º Cette femme est en danger de mort.	2º Cette femme est en danger de mort.

3º La Sainte Vierge lui annonce sa guérison.

4º Elle la guérit pendant la communion.

5º La Sainte Vierge apparait plusieurs fois lorsque Berguille est couchée et aussi lorsque Berguille est levée.

6º La S*te* Vierge annonce des malheurs pour la France.

7º Elle ordonne qu'on lui élève une église dans le lieu où elle apparaît.

8º La Sainte Vierge annonce que ce sera le Lourdes des âmes (conversion des pécheurs).

9º Elle recommande la dévotion au Sacré-Cœur, dit de faire des cœurs et d'en porter.

10º Elle annonce à la Voyante des apparitions et des épreuves.

11º Berguille voit plusieurs fois le démon et le repousse énergiquement.

12º Pendant les apparitions, la Voyante est insensible à tout ce qui l'entoure ; son regard reste fixé sur ce qu'elle voit.

3º La Sainte Vierge lui annonce sa guérison.

4º Elle la guérit pendant la communion.

5º La Sainte Vierge apparait plusieurs fois à Estelle levée et plusieurs fois à Estelle couchée.

6º La S*te* Vierge annonce des malheurs pour la France.

7º Elle dit qu'elle veut être honorée dans le lieu où elle apparaît.

8º Elle dit que par elle son Fils touchera les cœurs les plus endurcis ; qu'elle est venue particulièrement pour la conversion des pécheurs.

9º Elle montre un scapulaire du Sacré-Cœur, et dit d'en porter de semblables.

10º Elle annonce à la Voyante des oppositions et des épreuves.

11º Estelle voit plusieurs fois le démon. Elle en a peur. La Sainte Vierge le met en fuite.

12º Pendant les apparitions, la Voyante est insensible à tout ce qui l'entoure ; son regard reste fixé sur ce qu'elle voit.

Les apparitions de la Sainte Vierge à Estelle Fayette ont donné lieu à une confrérie, sous le titre de N.-D. toute Miséricordieuse, que Mgr l'archevêque de Bourges a approuvée en 1877, c'est-à-dire l'année qui a suivi les apparitions. — De plus, pour exécuter la volonté de la Sainte Vierge, Mgr l'archevêque a autorisé de transformer en chapelle provisoire la chambre des apparitions et d'y célébrer la Sainte Messe.

Les apparitions de la Sainte Vierge à Berguille n'ont pas eu le même sort. Depuis leur commencement, c'est-à-dire depuis 1873, Berguille a été traitée de la manière la plus indigne. Même des prêtres ont dit qu'elle voyait le diable ! (Des prêtres traiter la Sainte Vierge de diable ! En supposant le doute, est-ce permis ?) La chambre des apparitions, au lieu de devenir une chapelle, est devenue une espèce de prison pour Berguille, qui ne peut communiquer librement avec les personnes du dehors.

Cependant les preuves qui établissent le surnaturel divin de ces apparitions sont plus nombreuses et plus éclatantes à Fontet qu'à Pellevoisin. Il y a eu à Fontet des guérisons qui ne diffèrent en rien de celles que N.-S. J.-C. opérait sur la terre pour prouver sa divinité, entre autres la guérison de l'aveugle de Bourdelles. Ces guérisons ont été obtenues par des prières adressées à N.-D. de Fontet. Dira-t-on que Satan lui-même les a exaucées à la place de la Sainte Vierge ? — On a vu plusieurs fois une grande lumière descendre sur la maison de Berguille ; — des conversions ont été opérées à Fontet. Cependant on ne veut pas reconnaître le surnaturel divin, mais on y reconnaît plutôt le surnaturel diabolique, par *motif de prudence*. C'est bien ce que faisaient les Juifs, qui refusaient de croire aux prophètes que Dieu leur envoyait et attribuaient au démon les prodiges opérés par N.-S. J.-C. Cette conduite envers les apparitions de la Sainte Vierge à Fontet ne peut venir que de l'enfer qui cherche à empêcher le *Lourdes des âmes*. C'est l'expression de N.-D. de Fontet, annonçant de nombreuses conversions.

Si, il y a deux siècles, le clergé et les fidèles eussent cru au surnaturel divin des révélations faites à la bienheureuse Marie-Marguerite Alacoque, au lieu de s'en moquer et de les combattre, bien des malheurs eussent été évités au siècle de Louis XIV. De même, sans doute, si le clergé français et les fidèles avec lui eussent ajouté foi dès 1873 ou 1874 aux révélations faites à Berguille et honoré N.-D. de Fontet dans le lieu de ses apparitions, la source des grâces de conversion eût coulé abondamment selon les promesses de la Mère de Dieu, et peut-être que les malheurs actuels et prochains de notre coupable société eussent été éloignés pour lontemps. Pauvre France ! seconde Judée !   M.

Une stigmatisée cachée.

Lettre à une Supérieure de monastère.

En demandant à Notre-Seigneur de répandre les plus douces effusions de son amour sur toutes les Communautés d'Ursulines, et en particulier sur celle de D., il m'est venu la pensée de vous faire part de l'édifiant récit de l'entrevue de Mlle de B. avec la jeune stigmatisée de R... Mlle de B. est la présidente de l'Œuvre apostolique de L., dont les réunions ont lieu le jeudi dans les classes externes des Ursulines, et fait partie de presque toutes les bonnes œuvres diocésaines. Voici le fait dans toute la simplicité du narré que j'ai entendu. Puisse ma plume ne pas lui enlever le charme qu'il avait sur les lèvres de la pieuse pèlerine.

En octobre dernier, Mlle de B., se rendant à Notre-Dame de Lourdes et passant près de R., paroisse de l'Aveyron, eut le désir d'aller s'édifier près de la sœur Marie-Xavier. (C'est le nom de la stigmatisée dont elle avait entendu parler au Carmel de Saint-B.)

Munie d'une lettre de recommandation de Mgr Epivent et d'une autorisation de l'Evêque de Rodez, elle arriva accompagnée de Mlle de L. à la porte du couvent ; elles remirent à la portière leurs lettres de recommandation, et elles allèrent entendre la messe à la chapelle, qui s'y dit tous les jours à six heures.

A la fin de la messe, une religieuse bien simple, bien modeste, s'approche de Mlle de B., lui met la main sur l'épaule et la prie de la suivre. Ces dames se lèvent très-émues ; elles avaient aperçu sur cette main bénie les précieuses mitaines qui, leur avait-on dit, devaient servir à distinguer la favorisée de Jésus-Christ crucifié.

Elle seule, en effet, avait les mains couvertes. A peine hors de l'Eglise, Mlle de B., par un mouvement spontané, saisit la main de la religieuse et la porte à ses lèvres. Vous croirez peut-être que la sœur l'a retirée, en se confondant en d'humbles paroles ? Nullement ; sœur Marie-Xavier est aussi humble qu'elle est favorisée, mais elle est non moins simple et d'une candeur incomparable. C'est comme son cachet particulier. Elle ne retira donc point sa main, mais, fixant doucement Mlle de B., son regard semblait lui dire : « Oh ! je le sens bien, ce n'est point à moi que s'adressent ces hommages, c'est à mon Jésus ; c'est moins ma main que tu baises que les traces de sa bonté. »

Les visiteuses se mirent vite à l'aise avec la sœur M.-Xavier !

B*

elles lui parlèrent souvent ensemble et ensuite séparément. Elles lui donnèrent leurs petites commissions pour Notre-Seigneur qu'elle voit très-fréquemment, et en général quotidiennement. Le jour qui suivit les entretiens de ces deux demoiselles et amies que le cœur de Jésus unissait, la sœur M.-Xavier disait à Mlle de B., à propos des petits messages : J'en ai parlé à mon cher maître ; à ceci, il m'a répondu telle chose, à ceci, *oui*, à cela, *non* ; puis pour cette autre, il a gardé le silence. Elle répétait sans cesse : « Oh ! qu'il est bon ! si vous saviez comme il regrette qu'on ait peur de Lui, Lui qui aime tant sa créature ! Il a tant fait pour les hommes et les hommes l'oublient, et ceux qui pensent à lui s'en font une idée terrible. Cela lui fait de la peine. Oh ! oui, beaucoup de peine !... »

Sœur Marie-Xavier remplaçait la supérieure qui se trouvait absente pendant la visite de ces demoiselles, et lorsqu'elles arrivaient, la sœur se sentait poussée par Notre-Seigneur vers le petit salon où elles se voyaient, et Notre-Seigneur lui disait : « Vois, ma fille, j'ai fait venir cette âme de bien loin, tout exprès pour m'aimer. Oui, c'est mon désir que vous soyez unies dans mon cœur, pour me servir, me glorifier. » D'après les assertions de sœur Marie-Xavier, ce qui afflige le plus Notre-Seigneur dans les âmes qui le connaissent, c'est le manque de confiance : on a trop peur de Lui, on le craint plus qu'on ne l'aime. Ce qu'il désire, c'est l'abandon à sa volonté, mais un abandon tout filial. Il voudrait qu'on le consultât sur tout. « Oui, dit la sœur, il voudrait qu'on le consultât non-seulement sur les grandes choses, mais même pour les plus petites, pour ces mille riens qui occupent nos journées. Il voudrait qu'en tout on fût avec Lui comme l'on serait avec un ami avec lequel on vit dans la plus grande intimité. Il aime encore, dit la sœur, qu'on Lui donne des dénominations de tendresse, telles que : ami, époux, bien-aimé, mon frère, mon cher maître, etc., parce que tout cela marque la confiance et l'amour dont il est si jaloux. » Notre-Seigneur lui dit que ce qui nuit le plus aux âmes qui lui sont dévouées, ce sont les plaintes, les murmures, le défaut de générosité dans les petites croix de leur état ; la soumission, l'abandon à sa volonté. Le calme dans les épreuves lui plaît plus que les grandes austérités, que les actes héroïques.

Bien souvent Notre-Seigneur a appliqué sa servante à prier pour une portion spéciale du monde, pour l'Eglise d'abord, le Souverain Pontife, dont notre divin Maître lui montre les tribulations amères et le prochain triomphe. Puis c'est pour les pécheurs, les prêtres, les Communautés religieuses et les âmes du Purgatoire, dont il lui découvre la situation. Notre Seigneur lui a dit qu'on ne peut comprendre les trésors de miséricorde renfermés dans son divin cœur, si plein d'amour pour ses créatures ; qu'il ne faut point se lasser de l'implorer pour les pécheurs ; qu'il y a beaucoup plus d'âmes de sauvées qu'on ne pense, même parmi les plus grands pécheurs. Il lui dit aussi que, pendant l'horrible guerre des Prussiens, presque tous les soldats français qui ont succombé ont été sauvés. Un assez grand nombre sont même allés au ciel tout immédiatement après leur mort. Ils avaient si bien fait leur sacrifice et si bien accepté leur sort, que la mort leur a tenu lieu de Purgatoire ; que la plus grande partie des autres qui ont été détenus au lieu d'expiation y sont restés très peu de temps. Enfin, d'après les paroles de Notre-Seigneur à la sœur, il n'y a réellement à se perdre que ceux qui le veulent envers et contre tous.

Ces bonnes demoiselles l'ont vue dans l'extase, le vendredi. Elle était au lit, le sang coulait des pieds et des mains, puis de la tête. Sa supérieure dit qu'elle voit en elle ce qu'on raconte des plus grands saints, et que c'est une grande grâce que le bon Dieu accorde à leur congrégation pour la faire toute se renouveler et augmenter la ferveur dans tous ses membres.

Ces religieuses sont de l'Apparition de Saint-Joseph, dont la maison mère est à Rome.

X.

Prophétie mémorable du cardinal Baronius.

L'illustre cardinal Baronius, arrivant dans ses annales à l'année 1029, jette un coup d'œil sur la nation des Francs, sur ce royaume si longtemps florissant, le plus beau, disait-on jadis, après le royaume du ciel ; et il se demande sur quelles bases a pu être fondé un si bel empire. Ecoutons sa réponse ; elle est digne d'être gravée en lettres d'or sur tous les monuments nationaux de notre patrie :

« Considérez bien, nous dit-il, les bases sur lesquelles les fondateurs de la grande nation des Francs ont établi ce splendide édifice. Sachant que pour soutenir un empire et le sauver contre les attaques de ses ennemis, l'amitié et la protection des saints valent mieux que la force des armes, les chefs de la troisième dynastie avaient choisi pour amis et protecteurs spéciaux la bienheureuse Vierge Marie, le patriarche des moines, saint Benoît, saint Martin, saint Aignan, les glorieux martyrs du Christ, saint Corneillle et saint Cyprien, saint Denys et sainte Geneviève. »

Parmi les anges tutélaires de notre patrie, il en est un, comme on le voit, qui, après la mère de Dieu, brillait jadis aux yeux de tous les Français d'un éclat spécial. Ecoutons encore Baronius :

« Les chefs de la troisième dynastie, ajoute le célèbre annaliste, avaient une dévotion plus particulière envers saint Benoît. Voici un fait qui le prouve ; il est raconté par Helgaud, historien sincère. Hugues Capet, se trouvant sur son lit de mort, appela près de lui son fils Robert pour lui faire connaître ses dernières volontés. Le jeune prince s'étant avancé, les larmes aux yeux : « Mon fils, lui dit ce bon père, mon cher enfant, je
» t'en conjure par la sainte et adorable Trinité, ne suis pas les
» conseils des flatteurs qui voudront te corrompre . . . .
» . . . .
» Puis il est une chose que je te recommande par-dessus tou-
» tes les autres, c'est que tu aies une dévotion spéciale pour
» le glorieux saint Benoît. En lui, tu trouveras un port tran-
» quille et assuré au milieu des tempêtes et des agitations de
» ce monde ; et, après ta mort, il sera ton asile et ton refuge,
» si tu as soin ici-bas de ne point te séparer de lui. »

Après avoir cité ces belles paroles de Hugues Capet mourant, le cardinal Baronius jette sur l'avenir un regard prophétique ; et, comme s'il eût prévu une époque où la France oublierait ses puissants protecteurs, il laisse un instant le style plein de calme qui le distingue pour prendre le ton inspiré de l'apôtre et du prophète, et, s'adressant à tous ses lecteurs, mais particulièrement aux Français, il s'écrie:

« Avez-vous compris, pieux lecteur, sur quoi se trouvent affermies et consolidées les bases de ce royaume si florissant ? Les saints, tels sont les fondements sur lesquels il repose. Aussi peut-on à bon droit dire de la France ce qui est écrit dans nos Livres : « *Fondamenta ejus in montibus sanctis.*
» Cet empire a ses fondements dans les montagnes saintes. »
C'est encore à la France qu'on peut justement appliquer cette parole du saint Evangile : « Jusqu'à présent elle a tenu bon
» contre tous les assauts réunis des vents et des tempêtes. Les

» fleuves déchaînés se sont rués contre elle ; mais, comme une
» maison bâtie sur la pierre, elle est restée debout. » Toujours
la France y restera, si les fondements qui la soutiennent
demeurent à leur place. Mais si, par malheur (que Dieu ne le
permette pas), les bases saintes sur lesquelles repose cette
nation viennent à être rejetées, et si la dévotion à ses saints
protecteurs vient à être ébranlée dans les cœurs de ses enfants,
alors la France peut être certaine d'une chose, c'est qu'elle
tombera (1). »

Telles sont les paroles prophétiques du grand cardinal Baronius.

S'il en est ainsi, n'est-ce pas une œuvre toute patriotique,
dans les temps malheureux que nous traversons, de réveiller
la dévotion de la France catholique envers ses saints protecteurs ?

Qu'on nous permette, dans cet humble opuscule, d'attirer
l'attention du lecteur sur le glorieux Patriarche des moines
d'Occident, saint Benoît (2).

---

(1) Vidisti, lector, secundùm illud Job : super quo bases illius
regni solidatæ sunt : nempè sanctos, ut de eo dici jure possit : Fundamenta ejus in montibus sanctis. Et eidem Evangelicum illud aptari,
quòd steterit hactenùs contrà diversos impetus procellarum, ventorum et fluminum. quòd fundata sit domus ista supra petram, *permansura semper, si benè collocata fundamenta persistant, casura
tunc certò, si positæ bases sanctæ (quod Deus avertat), à fundamentis
impiè revellantur*. (BARONIUS, *Annal. Ecclesiastic. Christ.*, 1029.)

(2) Ce précieux document sert d'introduction à un savant opuscule
dont voici le titre : *Saint Benoît*, protecteur de la France. Se vend à
Saint-Benoît-sur-Loire (Loiret), chez les RR. PP. Bénédictins, au
profit de la basilique où repose le corps du patriarche des moines
d'Occident. Prix : 50 cent. 1879.

Secret de Maximin, de la Salette.

Voici quelques pages sur le secret jusqu'ici inédit de Maximin. Ces pages sont détachées d'un épais volume écrit par un homme de valeur, d'après les *mémoires* laissés par le Berger, et les informations les plus consciencieuses. Communiqué à Rome, ce précieux ouvrage est revenu avec la recommandation *egregium opus*, ouvrage excellent. A ce titre, le public religieux sera édifié et recherchera avidement des communications qui doivent l'entretenir de faits élevés et de chères espérances. Cet intérêt sera accru par l'annonce que nous faisons ici de la publication prochaine de l'ouvrage entier.

Nous le mettrons sous presse dès que nous aurons reçu un nombre convenable de souscriptions. C'est une dépense assez forte que celle de l'impression de ce gros volume. En outre, cette publication a pour objet, après la glorification de la Très-Sainte Vierge, de soulager une infortune digne des sympathies et du concours de toutes âmes vraiment catholiques, et en particulier des amis déclarés de la Salette.

C'est une histoire des plus attrayantes que celle de Maximin et des choses mémorables auxquelles il a été mêlé. Elle présente une belle étude sur ce qui a trait au surnaturel au XIXe siècle, et fait passer sous les yeux du lecteur une imposante galerie de personnages aimés et qui ont occupé les plus hautes situations. Les clartés répandues par le livre que nous annonçons jettent un jour considérable sur les annales contemporaines en général, et dépouillent de tout nuage les erreurs de notre âge et leur marche dans leur travail de renversements sociaux. Avec la précision et l'utilité de la narration historique, l'auteur a su donner à son œuvre le charme d'un roman bien écrit et savamment distribué.

La souscription au *Triomphe de la Salette dans les témoins de son apparition, Maximin peint par lui-même d'après ses mémoires*, etc., etc., est ouverte à partir de ce jour, chez Adrien PELADAN, rue de la Vierge, 10, à Nîmes (Gard). Un fort volume, format charpentier, franco-poste : 3 fr. 50. Au profit d'une noble infortune cachée.

Voici donc quelques extraits du Livre de Maximin de la Salette, peint par lui-même, qui a été examiné au Vatican, qualifié, comme il a été dit, *d'egregium opus*, et auquel le maître du Sacré Palais se montre tout favorable.

NATURE DU SECRET.

.. En même temps que la Mère de Dieu parlait à Mélanie et à Maximin, leur esprit était élevé à une des plus sublimes visions, dans laquelle ils voyaient clairement tout ce qui leur était dit. Un grand voile était levé et les évènements se découvraient à leurs yeux et à leur imagination à mesure que la Très-Sainte Vierge s'exprimait.

Ils auraient pu deviner ou pénétrer le reste de ce qu'elle leur disait en paroles.

Ils voyaient s'exécuter ce qu'elle leur disait, les évènements, les changements d'opération de la terre dans un espace qui se déroulait immense devant eux, sous les regards de Dieu qui, immuable dans sa gloire, contemplait la Vierge s'abaissant à parler à deux pâtres.

Ils voyaient, comme s'ils avaient été à une hauteur qui n'était pas pourtant le ciel, les complots qui se trament.

Ils voyaient la Révolution s'agiter, faire et défaire les rois de la terre. Ils voyaient la jalousie des uns, l'ambition des autres, le sang de ceux qui étaient mis à mort et le sang des martyrs, comme Maximin vit, entre autres, Mgr Darboy fusillé, de même que l'invasion prussienne et l'avènement d'Henri V. Car le secret leur a été donné pour le Pape, pour le clergé, pour certaines personnes, religieuses, couronnées et autres, en raison de certaines villes, de certaines nations et de certains évènements. Et ils voyaient tout cela à travers une parole s'échappant des lèvres de Celle qui fait trembler l'enfer.

Ou plutôt les paroles du Ciel ne sont pas seulement des paroles. Les expressions des plus grands savants n'arrivent pas à l'ombre de la vérité des expressions dont on se sert là-haut pour se parler. Le langage d'en haut est un mouvement de l'âme, des souhaits de l'âme, des élans de l'âme, et les yeux vifs de l'âme se comprennent par illumination.

L'on voit et l'on entend tout. L'on comprend ce qui est dit, sans s'arrêter à la parole. Chaque parole céleste se développe, et l'on voit mille fois plus de choses que ce que les oreilles entendent. L'action future a lieu dans le moment. C'était un tableau en action, et sans le vouloir on entre dans l'esprit joyeux ou triste des tableaux qui sont exposés.

Or, depuis l'apparition, Mélanie et Maximin n'ont cessé de conserver une vue claire et distincte de toutes les parties du secret, bien que le secret soit d'une grande étendue et fort complexe.

Ils ont gardé le souvenir fidèle de toutes les paroles de la Belle Dame, et l'intelligence de tout ce qu'ils ont entendu et vu.......

Paris et le Secret de Maximin

« *Novembre 1872......* Une partie des maux passés était prévue dans l'apparition de N.-D. de la Salette. Tous les malheurs ne sont pas encore finis pour notre pauvre patrie... Je ne puis en dire davantage, pas plus pour l'avenir que pour le passé. Je ne fais en cela qu'obéir à une force toute spéciale et toute miraculeuse de la Très-Sainte Vierge, plus qu'à ma force de volonté qui cependant est respectée et peut s'exercer très-librement à loisir.. Je ne me sens porté à rien divulguer sans une autorisation expresse de l'Eglise.... »

Si Maximin a parfois joué au prophète, jamais il n'a eu la pensée de divulguer sous une forme ou sous une autre rien de ce qui lui avait été défendu de divulguer à d'autres qu'au Pape, quoique puissent dire M. Dausse et autres croyants et pèlerins de N.-D. de la Salette. Non, le secret, tout le secret du Berger au Pape, il ne l'a point divulgué formellement, pas plus de vive voix que par écrit.

Nous voulons bien croire qu'il a tenu, à cause de l'amitié qu'il avait pour M. Dausse, à lui faire un cadeau, comme nous le lisons dans la vie de l'abbé Gérin en ces termes : « Peu après l'envoi des secrets à Rome, le 11 août 1851, je demandai à Maximin s'il était sûr de n'avoir rien omis le 2 juillet en écrivant le sien. — Oh ! non, moi, je sais bien mon secret ! me répondit-il. — Et trouvant une plume et du papier sous sa main, il se mit à écrire. Puis, peu après, il me tendit son écrit ; c'était son secret, qu'il avait effectivement bâclé très-vite ! »

Maximin a-t-il dit à M. Dausse que ce qu'il lui avait écrit était bien son secret, tel qu'il avait eu mission de l'écrire pour le Souverain Pontife, en un mot les paroles secrètes de Marie, ou ce que Marie lui a fait voir surnaturellement sans paroles ? N'était-ce pas plutôt un mélange de son secret et de son imagination, une fantaisie, comme certaines prophéties contenues dans ses lettres aux religieuses de Corps ? L'émotion empêcha son vénérable confident de le bien discerner, et il oublie trop quelles protestations lui fit Maximin à Corps, un an ou deux avant de mourir.

Néanmoins il convient que si c'était le secret du Berger, ce ne devait pas être tout le secret. Il avait si vite bâclé son petit écrit, tandis qu'il avait mis une heure et demie à écrire le premier brouillon le 2 juillet. Dans l'autographe que posséderait M. Dausse, il n'est point question de Paris. Et pourtant, en novembre 1847, Maximin, en entendant Mélanie dire : Paris sera brûlé, s'écrie : « Oh ! voilà Mélanie qui nous dit son secret ! »

Le 29 juillet 1851, il affirme qu'il y aura quatre rois autour de Paris, quand Paris brûlera. Il prie M. Dausse, qui partait pour Paris, de n'y pas rester longtemps, quoique les bons n'y doivent avoir que peu de victimes.

Et quand on lui insinuait que Paris serait brûlé par les Prussiens, il répliquait vivement : « Ce n'est pas par les Prussiens que Paris sera brûlé, c'est par la canaille ! »

Il n'y a pas d'évènement de ce siècle qui comportât plus une prophétie. L'effroyable embrasement de Paris, allumé par sa canaille est prédit plus de vingt années à l'avance sans se trouver dans l'écrit donné à M. Dausse. Et c'est ce qui lui fait dire : « Qui sait s'il n'y a pas dans les secrets de la Salette d'autres graves prophéties qu'on s'étonnera de ne comprendre qu'après leur accomplissement ! »

Dans une lettre en date du 31 novembre 1874, M. l'abbé Boiragon le prie de lui dire ce qu'il entrevoyait pour notre France.

« ..... Rappelez-vous, mon cher Maximin, qu'à Grenoble, dans la rue des Prêtres, six mois au moins avant les évènements, vous m'avez annoncé le siège de Paris, la famine des Parisiens, l'entrée des Prussiens dans la capitale et, ce qui était le plus fort, l'incendie allumé par les Parisiens qui devait purifier par le feu le palais des Tuileries.

» Toutes ces choses que je prenais, je l'avoue, pour des blagues, et qui mettaient furieusement en colère ceux à qui je les répétais, se sont accomplies d'une manière si précise que j'ai foi en vos prédictions..... »

Henri V et le secret de Maximin.

« 14 février 1875.... Vous me parlez de Napoléon dont le parti n'est pas mort, mais divisé, heureusement.

» Je compte toujours sur mon bon Henri tant aimé de la Très-Sainte-Vierge. De lui viendra le bonheur pour la France et la délivrance de la Papauté qui est dans la prison de Pierre, moins les chaînes.

» Je redoute qu'auparavant, nous n'ayons à traverser de nouvelles et sanglantes épreuves, la guerre étrangère et la guerre civile, d'autant plus que les hommes, loin de se convertir, deviennent de jour en jour plus méchants, plus cupides et plus ambitieux, voulant tous arriver au pouvoir à l'instar des Nap. et des Gam., et de tous ceux entre les mains de qui se corrompent, s'affaiblissent et disparaissent les nations. Je redoute fort que la majorité de la Chambre n'abîme, dans une Terreur encore plus épouvantable qu'en 1793, Paris et le reste de la France. Nous ne tenons qu'à un fil, ou plutôt notre salut ne tient qu'à nous et à nous seuls.

» Laisserons-nous arriver notre sauveur jusqu'à nous ? Je ne pense pas que tout se termine en 1873... »

— *12 septembre*. « Tous les bons esprits sont pleins d'espérance, soit sur l'avènement du comte de Chambord, soit sur la délivrance du Saint-Père par nos armes... Pour moi, je ne me rassure pas aussi facilement.

» J'ai peur d'une seconde invasion prussienne par le mont Cenis, du fait soit de l'Italie poussée et soutenue par l'Allemagne, soit de l'Allemagne intervenant directement. J'ai peur aussi d'une guerre civile allumée par les nombreux sectaires internationaux de Bismark, l'âme damnée de toutes les sociétés secrètes et à qui nous devons la commune de Paris et la Révolution d'Espagne.... »

— *24 juillet 1874*.... « J'ai toujours confiance que notre Roi viendra. Mais pour lui il faudrait faire ce que l'on a fait, sans effusion de sang, pour Mac-Mahon, le 24 mai et le 20 novembre. La droite et l'extrême droite de la Chambre manquent à leur devoir, ainsi que les conservateurs de la gauche. Ils ne veulent pas, disent-ils, assumer une révolution sur leur tête, et ils ne craignent pas d'assumer une nouvelle invasion, une autre commune, d'autres horreurs qui en découlent, et cela ayant en tête.... tous les acolytes que Bismark paiera très-bien avec notre argent, pour faire danser tous les antifrançais, tous ces hideux reptiles, devant le bûcher parisien.

» Oui, la Chambre manque à sa mission, et Mac-Mahon à son devoir en n'allant pas chercher le Roi et lui offrir ce qui lui est dû, au moins pour sauver la France. Moi, Mac-Mahon, si je n'avais agi de la sorte, j'aurais certainement pesé de tout mon poids dans l'assemblée pour cette politique royale et française.... »

Maximin ajoutait de vive voix qu'il n'aurait pas suivi les perfides conseils de celui qui, chassant de race, n'a jamais aimé que les choses et les constitutions bâtardes, de celui qui, croyant l'âme de la France personnifiée dans la sienne, prononçait du haut de sa fatuité que Henri V ne pouvait pas lui donner plus hautement raison, en écrivant à M. de Foresta pour le remercier de son discours prononcé au milieu des plus nobles protestations, qui s'élèvent de tous les points de la France contre l'oppression des consciences et l'anéantissement de nos plus chères libertés....

En attendant mieux, voici l'année terrible qui s'ouvre et va nous livrer aux agitations populaires en face des trônes renversés, de l'Europe bousculée et de la société sur le penchant d'une ruine sans égale.

Qui nous a préservés et nous préservera de malheurs plus grands encore que les malheurs annoncés par des voix venues de la Montagne, voix d'enfants, voix de prophètes, voix du ciel, pour nous ramener à la loi de Dieu, au respect du nom et du jour du Seigneur et de son Eglise ? Qui nous préservera si ce n'est Celle qui descendit sur les hauteurs des Alpes françaises, pour y planter un signe de ralliement et de salut, un phare lumineux, un serpent d'airain vers lequel les croyants ont les yeux, afin de détourner le courroux céleste et de nous guérir de blessures incurables jusque-là ?

Tel est le langage de Léon XIII lui-même, que l'an dernier félicitait Mgr Fava, en donnant de justes louanges aux constants efforts qu'il fait pour exciter et favoriser dans le peuple chrétien un ardent amour envers la Vierge immaculée :

« L'amour et le culte de Marie, qui progressent de toutes parts, nous donne l'espoir certain de son secours efficace et de sa puissante protection en faveur non-seulement des fidèles du diocèse de Grenoble, mais encore de toute la nation française, pour échapper au suprême danger qui les menace ! »

Pié IX et le secret de Maximin.

.... Le but divin des secrets de la Salette devant être atteint par le Pape dans la mesure du possible, Pie IX en eut connaissance au moment opportun dans l'intérêt de l'Eglise et des peuples. Il leur devait la sérénité qui brillait sur son front au milieu de tous les attentats et fléaux dont sa grande et belle âme, toujours si admirablement résignée, connaissait la fin.

Oui, au milieu de tant de complications à l'étranger et dans le gouvernement de l'Eglise, Notre-Dame de la Salette ne pouvait mieux réussir que par le moyen de son Pape répétant à diverses reprises : « La prophétie de la Salette commence à s'accomplir ! » ou bien déclarant qu'il lui a été utile d'en savoir le contenu, dans les circonstances douloureuses que traverse l'Eglise.

Il n'y a qu'une voix pour dire qu'il s'est inspiré de cette prophétie dans sa bulle *Mirari* où il nous montre tout grand ouvert le puits de l'abîme dont saint Jean vit sortir....

« Non, s'écrie-t-il en plusieurs de ses discours, je ne me fais plus d'illusion sur l'avenir. Je vois dans un temps fort prochain le triomphe momentané de la Révolution. L'Eglise aura beaucoup à souffrir. Ses ministres et son chef tout le premier seront outragés, persécutés, martyrisés. Cela est vrai. Il nous faudra passer encore par le sang. Point de pardon sans effusion de sang ! »

« *20 janvier 1871.* — Pie IX jamais ne sortira de Rome, à moins que la Révolution garibaldienne ne s'y introduise. Et encore je croirais alors plutôt à son martyre qu'à sa délivrance, la plus belle récompense qui puisse lui être réservée après avoir défini le dogme de l'Immaculée-Conception et celui de l'Infaillibilité. »

Pie IX, qui disait en 1871 à Mgr de Dreux-Brézé : « Si la France venait à être amoindrie, ce serait le signe précurseur des mauvais jours qui doivent précéder la fin des temps ! » Pie IX verra-t-il l'Eglise triomphante et foulant aux pieds ses oppresseurs humiliés et vaincus ? A cette question Maximin répondait invariablement : Non !

« Je ne me lasse pas, écrivait-il en 1869 au comte de Penalver, de prier pour celui qui est le plus grand homme que nous possédions de nos jours. Il aime beaucoup N.-D. de la Salette. Il ne cesse d'en parler. Il en recommande fort la dévotion. Il l'invoque dans ses indispositions comme aussi dans ses allocutions.

» C'est N.-D. de la Salette qui le soutient dans ses peines et l'assiste dans le gouvernement de l'Eglise. Et lui, il fait souvent allusion aux moindres paroles publiques et secrètes de la Belle-Dame.

» Je ne dis pas cela au préjudice de mon secret que j'a confié au Pape seul et que je ne dévoilerai point qu'il ne m'y autorise. »

Non, le Pape n'a point cru en vain à la Salette. Et ce n'est pas sans raison de sa part que la définition du dogme de l'Immaculée-Conception a suivi de si près l'apparition de Marie aux bergers des Alpes et le voyage de Maximin à Rome. Tant de chrétiens ont partagé ce pressentiment ou plutôt fait ce rapprochement entre la remise du secret au Pape et la proclamation d'un privilège qui ne pouvait que conjurer les catastrophes universelles dont par notre faute et malgré tout, nous sommes toujours de plus en plus menacés !

Ne pourrions-nous pas faire un autre rapprochement et conclure de la foi absolue et si zélée de Maximin en l'infaillibilité pontificale que ce nouveau dogme était compris dans le secret livré à Pie IX ?

C'est encore un secret que voudraient savoir, comme tous les secrets de Dieu, nombre de croyants qui ne se trouvent point isolés de l'épiscopat et du Pape.

Non pas qu'ils demandent et réclament l'honneur de compter un jour l'apparition parmi les dogmes du christianisme. Ils savent le Pape bien incapable de se faire complice d'un fanatisme religieux, quel qu'il soit, jamais par son silence, jamais par ses approbations réitérées.

Et puis l'apparition, de même que l'Assomption, peut être une vérité des plus croyables et des mieux fondées sans devenir un article de foi, ils le comprennent.

Mais pour empêcher les railleries, les sarcasmes des impies et de leurs frères eux-mêmes, — pour ne pas dire de certains membres du clergé et de l'épiscopat, — de se développer à l'aventure, que désirent-ils de la part de Rome ? La sûre et authentique divulgation du secret qui serait le plus grand miracle, la preuve suprême forçant le respect sinon la conviction des émules du cardinal de Bonald et des autres opposants, entrés dans la voie qu'il a frayée le premier et qui l'ont dépassée à son éternelle confusion.

Asssurément, si la divulgation des secrets eût pu favoriser les desseins de la divine Providence, si les hommes eussent pu les comprendre et ne pas en abuser et devenir plus dociles à la grâce, la Très-Sainte Vierge l'aurait permise.

Mais, hélas ! comment publier ce qu'il y a de plus fort dans le secret, quand déjà l'on a si mal reçu ce qu'il y a de plus doux dans l'apparition ? Ses enseignements, l'apparition elle-même, qui faisait dire au cardinal Fornari que la société devait être épouvantablement malade pour que la Très-Sainte Vierge recoure à de tels remèdes, rien de tout ce qu'elle a fait et dit à la Salette, aucune des calamités qui se sont si effroyablement succédé n'a pu vaincre nos passions et la stupidité de nos gouvernants et provoquer un sincère, universel repentir.

Aurait-elle empêché la révélation des secrets, aurait-elle fait, ferait-elle davantage ! Aurait-elle empêché la guere d'Italie et le reste ?

Loin que le bien voulu de Marie se produise, mal disposés comme le sont nos contemporains, nul n'aurait voulu croire d'avance à toutes les hypocrisies, à toutes les ingratitudes, à toutes les trahisons de Napoléon. On aurait haussé les épaules à l'annonce des maux dont nous devions être écrasés et comme foudroyés.

Il en aurait été des Français comme des Juifs, qui ayant Moïse et les prophètes, ne les écoutaient pas. Ils n'auraient pas écouté la Très-Sainte Vierge plus qu'un mort ressuscité. N'écoutant ni l'Evangile, ni l'Eglise de J.-C., ils ne sont pas plus disposés à écouter la Très-Sainte Vierge ; ou s'ils l'écoutent, s'ils croient ce qu'elle prédit des futures épreuves de la France, sans se récrier contre son langage si simple et si naturel, ils ne s'enquièrent pas pour cela du moyen d'apaiser le courroux d'un Dieu vengeur, du moyen de procurer amplement la conversion du monde, de replanter les vrais et solides principes qui font la force des nations et le bonheur des familles et des individus, de rétablir parmi nous l'autorité divine, ecclésiastique, paternelle et civile.

Bref, à quoi servirait de bien connaître à l'avance les malheurs inouïs, les évènements extraordinaires, les incomparables merveilles qui surprendront la France et toute l'Europe, si nous ne nous y préparons pas en entrant d'abord dans les desseins de Dieu, en nous offrant à lui pour ses coopérateurs et les défenseurs de son Eglise et de la Papauté !

L'a-t-on fait ? Le ferons-nous ? Remplirons-nous nos devoirs désormais à l'égard de la Papauté dans ces temps de trouble, d'abomination, de séduction, de persécution, alors qu'il faut plus que jamais demeurer unis par une parfaite obéissance au

Pape Pie IX, que Maximin proclamait grande image de Saint Pierre crucifié, et à qui seul il attribuait toute la gloire de ce misérable siècle ?

« Pour moi, s'écriait-il souvent, je promets, je jure, je prends devant Dieu et devant les hommes l'engagement de reconnaître toujours l'autorité du Pape, de lui obéir toujours, même quand il ne fait que conseiller une dévotion comme celle de N.-D. de la Salette, de croire ce qu'il enseigne, de rejeter ce qu'il condamne absolument selon ses infaillibles enseignements, lesquels ont été, sont et seront pour moi, jusqu'à mon dernier soupir, l'enseignement de Dieu même ! »

Effectivement, depuis 1846, rien au monde ne lui aurait pu faire révéler son secret ni aux cardinaux, ni aux évêques, ni aux prêtres, ni aux puissants du jour, ni aux riches de la terre, ni aux amis les plus dignes de confiance. Il se fût plutôt laissé hacher en mille morceaux, il eût plutôt versé jusqu'à la dernière goutte de son sang que de parler malgré la défense de Marie et sans l'ordre du pape.

C'était en Maximin une constante, absolue obéissance aux ordres du pape Eût-il vu prélats, prêtres, laïques, succomber au milieu de tous les naufrages dans une apostasie générale, n'importe. Il restait filialement uni au pape. Il ne cessait de prier pour le pasteur des brebis et des agneaux, de compatir à toutes ses douleurs, de vouloir défendre ardemment ses droits et propager ses enseignements avec une dévorante activité.

Il a fait ses preuves en qualité de zouave pontifical, et s'il n'est point demeuré dans l'armée du pape jusqu'à la dernière heure, avant toutes choses son secret ne lui avait-il pas révélé cette défense du pouvoir temporel inutile pour un temps ?

Mais avec quelle invincible et toute religieuse espérance il se rattachait à l'idée du grand Monarque, défenseur de la papauté, tel qu'il s'est manifesté dans notre chevaleresque Henri V, si hautement empressé de relever le drapeau des vieilles et nobles traditions de la France catholique envers le Saint-Siège !

Enfin y eût-il simple fidèle plus heureux et plus fier d'acclamer le dogme de l'infaillibilité, et plus saintement reconnaissant pourtant pour tout ce que le Pontife des pontifes a fait en faveur de l'apparition, comme nous le démontrons au Livre des Triomphes de Notre-Dame de la Salette, qui suivra celui-ci.

D'après Maximin, de cruelles épreuves, qui seront de bien courte durée, vont préparer à l'Eglise aujourd'hui gémissante et dans une douleur extrême un magnifique triomphe dans lequel Satan sera vaincu, écrasé sous le talon de Notre-Dame de la Salette immaculée.

Elle n'a pas eu ce triomphe sur ses ennemis modernes, qui lui dénient toute utilité terrestre, sociale et politique. Elle aura bientôt un triomphe complet, admirable, qui sera l'accomplissement de sa mission, celle de faire entrer la plénitude des nations dans le bercail du céleste pasteur.

Bientôt elle sera délivrée des chaînes dont l'ont chargée ses bourreaux qui vont se châtier eux-mêmes, saisis et glacés d'épouvante à l'aspect de l'Eglise sortant miraculeusement de ses ruines plus glorieuse et plus belle que jamais, resplendissante à l'égal du soleil, parée d'un vêtement d'or et allant s'asseoir comme une reine à la droite de son divin fondateur, le sceptre de fer de la discipline à la main et sur sa tête la couronne de tous ses dogmes enfin plus splendides que des diamants..... » — 8 décembre 1880.

Nous prions nos amis de nous transmettre leurs souscriptions, afin d'imprimer promptement le précieux ouvrage.

LETTRE de la personne qui a reçu mission de faire connaître l'association du Sacré-Cœur de Jésus pénitent pour nous, — au R. Père G., lazariste, à O.

Mon Père,

Mon directeur me remet à l'instant une lettre, que je viens de lire aux pieds du Sacré-Cœur ; — permettez qu'avant de répondre aux questions que vous me faites, je vous prie instamment, au nom du bon Maître lui-même, de tenir complètement ignoré mon nom, le pays que j'habite, mon intérieur, ma vie surtout, si peu digne et répondant si mal aux grâces du Sacré-Cœur ; je ne pourrais que tout gâter, tout perdre. — Je puis répondre sans hésitation, mon père, à vos questions, parce que le Sacré-Cœur, dans tout ce qu'il a daigné me montrer depuis 9 ans, m'a bien fixée sur tous les points.

1º Je ne puis dire que le Sacré-Cœur m'ait nominativement désigné M. le curé de X... ; il m'a seulement montré que je n'avais d'autre mission que celle de tout dire à mon directeur. Que celui-ci devait ensuite transmettre ce que je lui aurais confié à l'autorité ecclésiastique, mais qu'à cela se bornerait notre rôle ; que nous devions ensuite rester inconnus tous les deux, et qu'il trouverait quelqu'un pour être son instrument et porter ses désirs à la connaissance des fidèles. — J'ai vu ensuite que le divin Maître cherchait cet instrument, et frappait à la porte de plusieurs cœurs, pour le trouver.

2º Je puis ensuite assurer que le divin Maître m'a suggéré le règlement, non pas tel qu'il est, Monseigneur l'a abrégé ; — je l'avais écrit sous la dictée du Sacré-Cœur lui-même, avec plus de détails, mais, je ne me suis pas trop oubliée de n'en voir imprimer que le résumé ; le bon Maître m'a toujours dit

B***

qu'il fallait s'en rapporter à l'autorité ecclésiastique, et que si l'on ne faisait pas d'abord tout ce qu'il voulait, il y remédierait.

Entre autres choses, Monseigneur a changé le titre ; le Sacré-Cœur avait fait mettre, « *Association de pénitents sous le patronage du Sacré-Cœur, pour le triomphe de l'Eglise et le salut de la France.*

» 3° Le divin Maître m'a promis, indépendamment du but principal (le triomphe de l'Eglise et le salut de la France) , des grâces spirituelles et temporelles en rapport avec le besoin des associés. — Il m'a montré que si actuellement il avait les mains liées, pour des grâces générales, elles restaient ouvertes pour des grâces particulières.

» 4° On m'a fait demander plusieurs fois à Notre-Seigneur, si l'association du Sacré-Cœur National à Montmartre, ou les autres associations analogues, comme *l'Apostolat de la prière*, la *Communion réparatrice*, n'étaient pas l'équivalent de l'association proposée par le Sacré-Cœur ? Le bon Maître m'a toujours dit que les associations établies sous son inspiration commençaient l'œuvre, mais n'étaient pas suffisantes ; qu'il fallait faire pénitence, et demander aux membres de ces œuvres la pénitence positivement exigée par la justice divine ; les associés ne refuseront pas au Sacré-Cœur ce qu'il demande comme remède suprême et complément d'expiation.

5° C'est aux ecclésiastiques et aux communautés religieuses que le Sacré-Cœur adresse le premier appel ; c'est sur eux, sur ses amis qu'il compte, surtout s'il m'était donné en son nom de supplier les communautés d'apporter dans la balance de la justice divine tant de mérites acquis dans les œuvres de la charité et de l'enseignement — je voudrais le leur demander à genoux — ce sont eux qui périront pour les faibles gens du monde, et pour eux qui sont habituellement recueillis et pénitents, ces pratiques demandées sont si faciles : le règlement d'ailleurs prévoit qu'elles sont réglées suivant les fortunes et les obligations des associés.

Permettez-moi, mon père, de vous rapporter une comparaison par laquelle Notre-Seigneur, d'une manière frappante, me faisait un appel suppliant et me montrait un édifice en feu, et me disait : « Je suis un père de famille dont la maison brûle ; j'appelle tous mes serviteurs pour venir éteindre l'incendie : les plus forts montent sur les toits pour couper la part à la flamme, tout le monde peut faire la chaîne, apporter de l'eau ; les plus faibles portent toujours les seaux vides, j'y appelle tout le monde, beaucoup travaillent dans mes vignes, dans mes champs, et oublient que la maison paternelle, qui contient la fortune, brûle.

— D'autres s'en vont, hélas ! s'amuser et se divertir. — Il m'explique ensuite que ceux qui travaillent dans ses champs et dans les vignes doivent offrir, pour éteindre l'incendie, les mérites qu'ils acquièrent et ne pas se croire dispensés, parce qu'ils s'occupent d'œuvres méritoires, d'apporter leur concours pour le salut commun.

» — Le péril est si pressant !.. Les pécheurs, qu'un peu d'amour de Dieu et de zèle pour les intérêts sociaux porterait à entrer dans l'association, obtiendraient, je crois, du Seigneur leur conversion et leur affermissement dans la bonne voie.

7º Dès le commencement, le Sacré-Cœur m'a montré que nous ne réussirions à faire accepter l'association, que lorsque les dangers seraient pressants ; il me fit pressentir qu'alors, elle serait goûtée des fidèles et se propagerait rapidement.

— Je sais qu'il y a grande urgence de l'organiser.

Veuillez recevoir, etc.

Récentes apparitions.

Monsieur,

J'aime à venir vous donner un aperçu de ce que racontent des personnes graves, touchant des apparitions récentes de la Sainte Vierge, à Gouy-l'Hôpital (Somme).

En attendant qu'une enquête canonique ait lieu, voici les faits.

L'heureux privilégié de ces manifestations d'en haut est un simple ouvrier qui, il faut l'avouer, était bien chrétien, mais ne se distinguait point par une solide pratique. Un dimanche, son indifférence est émue par quelque chose d'insolite. Il était allé au café pour faire une partie de billard. Etant sorti dans le jardin, il entendit un grand bruit, et soudain un tableau ravissant captive ses regards. Une Dame majestueuse est devant lui, et l'invite à se trouver le lendemain dans le bois nommé dans le pays la Chapelle.

Les autres personnes qui se trouvaient dans le café, au bruit qu'elles ont entendu, sortent et trouvent leur ami prosterné et dans un complet bouleversement. Il croit avoir vu la sainte Vierge.

La Mère de Dieu veut lui faire des révélations ; mais auparavant il est tenu de se confesser et de communier publiquement à la paroisse. Cette double prescription, il la remplit et la foule en est édifiée.

Dans la troisième apparition, la visiteuse céleste lui dit qu'à l'endroit même où elle lui parle exista une belle statue de la Mère de Dieu, détruite par l'impiété révolutionnaire. Elle lui montre, un peu plus loin, l'emplacement d'une ancienne chapelle qu'elle désire voir se relever. On en retrouvera facilement le fondations où se trouve caché un trésor inappréciable, une couronne servant de reliquaire à une épine authentique de la couronne de notre divin Maitre.

Le souvenir de ce lieu saint était effacé dans la contrée, bien que le bois où elle attira jadis les fidèles en eût reçu son nom. Le récit de ces évènements surnaturels remplit les campagnes voisines, et la foule accourt de toutes parts et entoure le voyant. Le jour de l'Assomption, la multitude l'environnait, s'attendant à des prodiges exceptionnels. L'extase avait commencé, et les spectateurs s'efforçaient à l'envi de contempler les traits de l'ouvrier favorisé du Seigneur. Sa figure était recueillie, mais empreinte d'une grande tristesse.

Au sortir de l'extase, le voyant interrogé a répondu : « Aujourd'hui l'apparition ne m'a pas parlé, mais elle était plongée dans la douleur, à cause sans doute des malheurs prêts à fondre sur notre infortunée patrie. »

Les apparitions qui ont suivi ont confirmé cette déclaration, surtout pendant l'octave de la Nativité. Voici cette prophétie en substance :

« Le temps de la persécution est arrivé. Une terrible mor-
» talité se verra bientôt sur les enfants. Les prêtres si dévoués
» au Sacré-Cœur de mon fils, seront expulsés, afin que leur
» sang ne soit pas répandu.

« Les méchants paraîtront triomphants, malgré la belle dé-
» fense et la résistance des bons, mais la durée de leur victoire
» sera courte. Les églises seront fermées très peu de temps.
» Alors, Dieu, dans sa miséricorde pour la France, suscitera
» le nouveau Cyrus, de race antique, lequel viendra nous sau-
» ver. Un grand nombre du camp des méchants passera dans
» celui des bons ; alors commencera un règne de paix et de
» bonheur où la religion reprendra son doux empire sur les
» âmes ».

La mission de cet ouvrier, naguère d'une foi tiède, aujourd'hui devenu un ardent adorateur des mystères catholiques, est de prêcher la pénitence et d'annoncer par elle et par la prière des jours meilleurs. Il est des choses sur lesquelles il garde le silence pour le moment. L'Alsace-Lorraine reviendra à la mère-patrie. Le nouveau Cyrus chassera les Prussiens comme le Cyrus antique humilia l'orgueil de Babylone.

L'emplacement de la chapelle est désigné, les travaux commenceront bientôt. Il y aura des jours de tempête pour notre pays, après lesquels ce sera la félicité.

Le clergé, quoique attentif à ces prodiges, garde une réserve prudente. Mgr l'évêque, sans se prononcer, a voulu être tenu au courant.

Amiens, 15 décembre 1880.

X.

Prédictions de M. de la Gervaisais.

Ce personnage a possédé à un degré supérieur le don de prévoir et de prédire ; il a eu en partage la prophétie de la logique. Il naquit le 17 juin 1765, à Saint-Servan (Ille-et-Vilaine). Elevé au collège de Saint-Malo, il entra, à l'âge de vingt ans, comme lieutenant aux carabiniers de Monsieur. Il quitta bientôt le service. En 1790, nous le trouvons à Paris, où il assiste à la prise de la Bastille, et où il publie sa première brochure : *Mes amis, voici comment tout irait bien.* Ayant quitté la France, il fit un séjour de deux ans au pays de Galles. Il revint en France, se maria, et vécut jusqu'à la Restauration, dans un vieux château breton, sur le bord de la mer.

En 1823, M. de la Gervaisais est fixé à Versailles, d'où il lance au sein du public une suite de brochures pleines de solennelles prévisions, jusqu'en 1838, époque de sa mort. M. Damas-Hinard a extrait de ces opuscules une série de fragments qui appartiennent à l'histoire. En voici quelques-uns qui prouvent à quel haut degré le prophète inconnu avait le don de prescience et de prévision.

PRÉDICTION DE LA MORT DE LOUIS XVI.

Mes amis, voici comment tout irait bien. (avril 1790, p. 57).

« *Et votre Roi!...* si l'insurrection du peuple est excitée dans tous les sens, il est en vue, il paraît puissant : *la vengeance peut monter les marches du trône.* »

PRÉDICTION DE LA TERREUR, DE LA BANQUEROUTE ET DE L'INVASION ÉTRANGÈRE. (*Ibid.*, p. 31.)

« *Voyez-vous sur nos têtes la banqueroute, la guerre civile, l'anarchie,* la division du royaume, *l'invasion de l'ennemi,* la dissolution de l'Etat, ou, *s'il est encore permis de l'espérer, le plus affreux despotisme ?...* »

PRÉDICTION DU RENVERSEMENT DE L'ANCIENNE SOCIÉTÉ. (*Ibid.*, p. 51.)

« 3. Ah! vous ne savez pas jusqu'où s'emportera cette masse frappée d'une impulsion violente, irritée par le temps et par ses succès. Elle se jettera çà et là sans projet et sans frein ; *elle confondra sous sa main de feu toutes les classes, toutes les richesses, toutes les existences ; elle dévorera d'un trait liberté et monarchie, religion et philosophie; elle foulera aux pieds les tristes restes des rapports sociaux.* Un jour enfin, l'association sera dissoute ; et son chaos interminable offrira toutes les forces nues et isolées, opposées les unes aux autres, et s'entre-déchirant tour à tour. »

PRÉDICTION DE LA RÉVOLUTION DE 1830.

Les Journaux, (1827, p. 20).

« L'opposition, rejetée dans les rangs libéraux, est irritée sans cesse, est recrutée au-delà de toute mesure ; et l'opinion qui se forme, se concentre en un foyer ardent, *menace d'une explosion terrible*, d'une RÉVOLUTION, puisqu'il faut dire le mot. »

La Censure, (1827, p. 34).

« L'ère de gloire, l'ère d'intrigue, doivent aboutir en la même façon. Déjà n'est-ce pas la campagne de 1814, qui se joue sur le théâtre de la politique ministérielle ? Brienne, Craonne, Saint-Dizier, ces trois pointes d'un triangle démesuré, projettent et croisent leurs ombres fidèles sur la carte des guerres de cabinet. *Bientôt se répètera, sous d'autres formes, le mouvement rétrograde vers Paris*, suite naturelle, conséquence finale d'un triomphe ravi aux noirs destins ; *puis, surviendront les transactions honteuses, la démission forcée l'expulsion irrévocable,* afin que rien ne manque au parallèle. »

(Lettre à M. de Peyronnet, juin 1830).

« Vous trouverez ci-joint mon opinion sur le parti à tirer de la conquête d'Alger, cette faveur du ciel, la dernière peut-être. »

PRÉDICTIONS RELATIVES A LA RÉVOLUTION DE 1848.

(La loi des circonstances, 1830, p. 8).

« Une monarchie de huit siècles, une charte de quinze ans, se sont évanouies en un clin d'œil. Cela était juste, était légitime ; tous le disent et beaucoup le croient... Des gens viendront, sont déjà venus, qui se représenteront le juste sous des formes opposées... Pour eux, cela sera juste aussi, cela sera légitime de détruire ce trône, cet acte érigé d'hier... Un souffle suffira, quand naguère il a fallu la foudre. »

(*La Vérité politique*, 1831, p. 19).

« Un roi héréditaire !... Cela est décrété ; mais cela sera-t-il accompli dans le temps ? Qu'on tire les cartes ! »

(*Les droits de l'homme dans le vrai sens*, 1832, p. 14).

« Nous en sommes à une révolution qui, tôt ou tard, en éclatant de nouveau, fera sauter ceux qui ont mis le feu aux poudres. »

(*La République*, 1836, p. 3).

« Le premier tiers du siècle est marqué de ce signe lugubre : que tout commence et rien ne dure. C'était à tort que quinze ans d'empire, quinze ans de royauté semblaient un à-compte sortable à valoir sur le terme de la prescription. Quand deux blocs massifs de puissance ont été broyés, brisés comme verre, que doit-il advenir des grains de sable logés au faîte par le souffle du sort ? »

(*La République*, 1833, p. 21).

« Pourquoi la branche cadette, moins en titre et de source et de date, sera-t-elle abattue au premier souffle ? C'est qu'autour d'elle se range et se serre l'oligarchie du jour, vaine parodie de l'aristocratie des siècles : à son exemple, inspirant au prince une confiance démesurée, obtenant du prince des faveurs exorbitantes. »

(*L'état de guerre dans la société*, 1833, p. 33).

« Un célèbre publiciste, M. Bergasse, écrivait, il y a douze ou quinze ans : « Qu'est-ce que je vois ! un ministère qui est tout, et une nation qui n'est rien ; un trône en l'air sur deux chambres en l'air : au-dessous, *une multitude inquiète.* »

C'était vrai alors : c'est plus vrai à présent.

Un second juillet est capable de venir en preuve.

(*Premières ombres de la barbarie*, 1836, p. 14).

« Jadis une première révolution ; naguère une seconde révolution ; *bientôt une troisième révolution !!!* »

PRÉDICTIONS RELATIVES A LA DESTRUCTION DE LA PAIRIE.

(*De la Chambre inamovible*, 1831, p. 6).

« Allez, nobles pairs, allez, illustres seigneuries ; faites courte vie, mais bonne. Sera-ce demain ? après-demain ? Il n'y a de doute qu'entre ces deux termes. »

(*La Vérité politique*, 1831, p. 15.)

« Qu'on fasse la pairie héréditaire de droit ; de fait, elle ne sera pas même viagère. »

PRÉDICTIONS RELATIVES A LA RÉPUBLIQUE.

(*La République*, 1833, p. 4).

« La royauté, tour à tour blessant les sentiments, froissant les intérêts, frappe l'homme, et dans sa vie animale et dans sa vie intellectuelle ; la royauté se fait haïr au plus juste titre, au plus haut point, par les puissances morales, par les appétits physiques. Elle se fait mettre au ban de l'humanité. Or, une forme trop connue étant ainsi répudiée, une autre forme encore inconnue est recherchée, est convoitée. La forme ancienne ayant ainsi abdiqué tout ascendant, la forme nouvelle est investie du legs, au moins en espérance. Malencontreux princes ! la République est dans vos propres actes, soit en France, soit en Europe. »

(*La République*, 1833, p. 9.)

« Les rois s'en vont : c'est le prologue de la pièce, dont chaque acte n'est que le développement. »

(*La Catastrophe*, 1835, p. 16.)

« La République se meurt, la propagande est morte. » Ainsi parle une feuille impudemment menteuse, ou imbécilement trompée. « La République est immanquable ! » répond l'homme loyal et sensé.

« Ce ne sont pas les républicains qui font la République : ce sont tous les autres, sauf eux. Tous à l'envi, ce semble, pendant que les sectateurs de la République éloignent d'elle par leur âpre franchise, s'en rendent les fauteurs aveugles, lui rejetant, lui renvoyant comme au dernier asile, tout ce qui souffre de l'âme et du corps. »

(*La Catastrophe*, 1835, p. 18.)

« Bientôt la République arrive...

» Qu'est-ce qui s'efface chaque jour ? Les habitudes du passé, les atteintes du présent, les craintes de l'avenir. Qu'est-ce qui s'avance à la place ? Le passé en mépris, le présent en horreur, l'avenir en espoir. Ce qui était, ce qui est, dégoûtant l'esprit ou soulevant le cœur, point de refuge, de repos, qu'en ce qui sera. »

PRÉDICTION RELATIVE AU SOCIALISME.

(*Des Journaux*, 1837, p. 24.)

« Les jours ne sont pas aussi loin qu'on pense, où le théâtre de nos dissensions civiles, envahi par des factions encore inconnues, offrira aux regards du spectateur, à droite, les longues douleurs, à gauche, les courtes joies. »

(*Exposé de la ligne politique*, 1835, p. 83.)

« Si ce n'est aujourd'hui, ce sera demain, ce sera tôt ou tard qu'éclatera la lutte entre ceux qui ont et ceux qui n'ont pas, lutte épouvantable, attendu que, d'après ses suites, ceux qui n'ont pas manqueront encore davantage, et ceux qui ont, perdront de plus en plus. »

PRÉDICTIONS RELATIVES AUX RÉVOLUTIONS D'ITALIE, DE HONGRIE, DE CRACOVIE, DU GRAND-DUCHÉ DE BADE, ETC., EN 1848.

(*La République*, 1833, p. 6.)

« A peine la révolution de 1789 émeut les peuples, qui, heureux ou malheureux, jouissent ou souffrent à la manière de la brute. Mais les armées françaises sillonnent l'Europe en tout sens, et la routine est violemment rompue ; et l'idée éclate au choc des têtes.

» Aussi la révolution de 1830 se fait presque européenne : mettant partout les esprits en mouvement et souvent les bras en action.

» Vienne une autre encore, ce sera bien pis ! »

PRÉDICTIONS RELATIVES A UNE JACQUERIE.

(*La loi des circonstances*, 1830, p. 13.)

« L'industrie est entrée sur le monopole des mécaniques, lequel a créé une race d'ilotes ; et quand l'autorité maintenait à grand peine cet état de servage, voilà qu'on a remis en leurs mains la bannière, les armes du libéralisme. Sparte, si prudente, ne se préservera pas de la révolte ; Paris, si inconsidéré, ne se sauvera pas de la ruine. L'hiver et la faim, les journaux et les cabarets, la guerre surtout, se chargeront de mettre le feu aux poudres. Viennent maintenant les campagnes ! On se rappelle la jacquerie ; pourtant, en ces temps, l'ascendant des curés, le patronage des seigneurs, subsistaient. En France, il n'y a personne pour guider et retenir, pour surveiller et punir. La prééminence native, la prééminence conquise est détestée. Même la commune n'existe pas : institution hostile à l'autorité et propice contre l'anarchie. Qu'une tête s'échauffe, qu'un bras se lève, aussitôt tous les esprits, toutes les forces s'unissent, se meuvent et dévastent, ravagent, ruinent le pays.

» C'est la dissolution de la société. »

PRÉDICTIONS RELATIVES AUX RÉVOLUTIONS FUTURES.

(*La Loi des circonstances*, 1830, p. 13.)

« Le char des révolutions ne s'arrête qu'au fond de l'abîme.

» Sur une pente aussi rapide, chaque tour de roue en se succédant cause de plus en plus un mouvement accéléré, précipité. »

(*La Loi des circonstances*, 1830, p. 2.)

» Nulle puissance humaine n'est capable de faire rebrousser le cours des choses. Un jour ou l'autre, l'ordre social sera bouleversé de fond en comble ; l'Europe passera sous le coup des vicissitudes subies par l'Amérique. Ce n'est qu'après une période prolongée que ces contrées épuisées parviendront à une nouvelle organisation. »

(*La Vérité diplomatique*, 1831, p. 9.)

« L'Europe est entrée dans une ère climatérique qui s'accroît par la révolution de France, qui aboutira à la dissolution de la société, et les gens à vue courte, à vue trouble, tous insensés au même degré, n'apercevront dans cette crise qu'un épisode fortuit, en se promettant à son terme un dénoûment prospère.»

(*Le Pouvoir et le droit*, 1832, p. 38.)

« Le problème de l'avenir n'est plus susceptible que de l'une ou de l'autre de ces solutions : savoir, que le despotisme advienne avant ou survienne après la crise de brutalisme, de vandalisme, de subversion sociale. »

(*La République*, 1833, p. 9.)

« Le terrible drame aura son cours ; de scène en scène dévorant les acteurs ; en leur place attirant les spectateurs ; enfin abîmant et le théâtre et le parterre. »

(*La Crise sociale*, 1833, p. 31.)

« Déjà, l'équilibre est difficile à garder en repos ; au moindre mouvement, la machine se détraque.

» Une crise encore ! L'ouvrier expulsé du travail, exténué du besoin, se fait justice, fait sa part lui-même.

» Une crise encore ! le paysan, excité par le double exemple des fortunes spoliées et des fortunes spoliatrices, se rue sur la grande et la moyenne propriété ; et aigri par la résistance ou enivré de la victoire, brûle châteaux, maisons...

» Rien ne retient : ni les habitudes dès longtemps rompues, ni les lois maintenant méprisées, ni les mœurs enfin anéanties. »

(*Exposé de la Ligne politique*, 1835, p. 93.)

« Royalistes, impérialistes, républicains, ministériels, allez donc, marchez ! Vous vous rencontrerez tous à ce terme fatal : la subversion de l'ordre social. »

(*L'Etat de guerre dans la société*, 1833, p. 15.)

Après tant de révolutions qui toujours promettent, qui jamais ne tiennent, le désespoir tournant en un accès de rage, on voit s'ouvrir l'ère de subversion, d'extermination. Ère formidable où le passé est mis à néant, où l'avenir surgit du chaos, où les existences suspendues dans le vide se heurtent, se froissent, se brisent. Il semble une immense hécatombe de vies et de fortunes, que commande la vindicte céleste. *Ceux qui avaient, ceux qui étaient, sont perdus corps et biens, sans que nul recueille l'héritage.* »

(*La Royauté possible*, 1835, p. 12.)

« L'avenir accourt. Voilà qu'elle est commencée, la ruine de ce qui existait ; qu'elle est close à jamais, l'ère sous laquelle tout vivait encore, et sur l'instant, c'est un autre cycle qui s'ouvre, dévoué à la même destinée ; c'est un ordre nouveau qui surgit à travers le chaos. »

(*La Raison des temps*, 1836, p. 9.)

« Vient d'abord une crise première où nous sommes, puis une crise seconde où nous allons, enfin une crise dernière où nous resterons. »

Nouvelle et curieuse interprétation de la prophétie des Pontifes romains.

Depuis Clément XIV jusqu'à Pie IX.

CURSUS VELOX. — CLÉMENT XIV. 1769.
GANGANELLI.

Armes : Un soleil se couchant derrière une montagne.
Devise prophétique : Course rapide.

L'acte saillant du règne de Clément XIV fut l'abolition de

la société de Jésus. Cette société portait pour armes, le *chiffre de Jésus dans un soleil*.

Cette société éteinte, obscurcie, *éclipsée*, par la volonté du chef de la sainte montagne de l'Église, symbolisée par le mont Vatican, ne se voit-elle pas figurée par le blason de Clément XIV ?...

La devise prophétique, nous avons dit, est *Course Rapide*.

Le jour même de l'élection du Pape Clément XIV, 19 mai 1769, eut lieu à Newmarket, en Angleterre, la première course du cheval l'Eclipse, la célébrité de son époque. Remarquons que l'H du chiffre de Jésus représente un *frein* de bride de cheval, et que le nom même d'*Éclipse* est en accord avec le soleil des Jésuites, éclipsé par la montagne du blason de Clément XIV.

Nous observerons que la Devise *Cursus Velox* fut primitivement mal copiée par Arnold Wion, dans le manuscrit en sa possession. La lettre C ayant été effacée, ou peu lisible sur le manuscrit, il fut réduit à donner à la devise une version plausible, et il transcrivit Ursus Velox. Moreri ajoute : Vel Visus Velox.

Mais, dira-t-on, quel rapport peut avoir la course d'un cheval en Angleterre, si peu soucieuse de Rome, avec le règne d'un Pape à Rome ?

Tout est solidaire dans l'économie religieuse.

Dans l'Apocalypse, n'est-il point dit qu'à la fin des temps, le Sauveur paraîtrait monté sur un cheval blanc ? Et ce cheval blanc, ne serait-ce point l'antique nation gauloise, symbolisée jadis par un cheval blanc ? Nation dite très-chrétiennne dans son Roi de l'époque, et fille aînée de Rome. La terre du Lis encore. Le cheval ne porte-t-il pas l'empreinte du Lis de France sous la plante de son pied, sous le nom de *fourchette* ?

L'Angleterre ne se disait-elle pas reine de la France à l'époque de la Course d'*Éclipse ?* Elle en portait même les Fleurs-de-Lis dans son blason.

La Providence n'a-t-elle pas pu décider dans ses décrets que telle figure providentielle, d'un évènement futur, se passât dans telle partie précise de la chrétienté, du globe même, plutôt que dans un autre ?

L'Angleterre ne se pare-t-elle point d'un titre catholique émané de Rome, celui de *Défenseur de la Foi ?*

Une réunion d'hommes religieux s'est dite Société de Jésus, ou du Sauveur.

Cette Société a surgi avec le Protestantisme, a fait de grandes choses en Europe, dans l'Inde, au Paraguay, au Canada, a été en butte aux attaques de l'esprit philosophique anti-religieux ; personne ne le conteste.

Ses membres ont été désignés comme troupes d'élite, ou grenadiers du Pape ; ils n'en rougissent point.

Honnis, chassés, rappelés, rechassés, rappelés encore, comme la raison après l'ébriété, en ballottement continuel, n'offrent-ils point une figure des oscillations de la barque de Pierre, où sommeillait le Sauveur, sur la mer de Tibériade, le navire de l'Eglise universelle ?

Nulle nation, on le sait, n'a été plus hostile à cette Société que celle de l'Angleterre. Dieu, qui se plaît aux drames imprévus des hommes, n'a-t-il pas pu vouloir qu'un cheval de race Arabe, propriété d'un homme de race proscrite, honnie et foulée de l'Angleterre, un Irlandais... qu'un tel cheval, vainqueur de tous les chevaux d'Angleterre, n'ait pu être la figure d'une Société proscrite par cette Angleterre, qui fit scission avec Rome, à l'époque précise où elle commença à amputer la queue de ses chevaux. Ceci n'est point une niaise plaisanterie : la queue des animaux est un symbole de force. *Force* est une des significations du nom de Rome.

Ce même coursier *Eclipse*, ne pourrait-il pas figurer le cheval qui paraîtra, un jour prochain peut-être, portant fièrement le Sauveur, éclipsé, renié, conspué souvent, mais alors vainqueur ?

Newmarket signifie *nouveau marché, nouvel état de choses* : un nouvel état de choses n'est-il pas à l'ordre du jour au moment où nous écrivons ?

Le cheval ne joue-t-il pas un rôle des plus figuratifs dans l'Ecriture-Sainte ? Voir les chevaux de feu du chariot d'Elie, les chevaux de diverses couleurs de l'Apocalypse. La Vierge du Cantique n'y est-elle pas comparée à la cavale égyptienne du char de Pharaon ?

Relativement au frein de bride de cheval, dont il a été parlé, voici un passage du prophète Zacharie (ch. xiv, v. 20) :

« En ces jours (les derniers jours) il sera inscrit sur le *frein du cheval* : Ceci est consacré au Seigneur. (*Sanctum Domino*). »

Clément XIV ne voulut point se servir de ses armes de famille ; il adopta pour le Saint-Siège celles de l'Ordre de Saint-François, dont il était membre, et y joignit en coupé celles de Sixte-Quint, Pontife du même ordre. Le *Soleil*, ou *Astre*, ne se trouve point sur toutes les armoiries qu'on a données de lui.

Ces armes, portées par Sixte-Quint et par Clément XIV, sont proprement celles du nom de Monte-Alto (*Haute-Montagne*), titre du Cardinalat de Sixte-Quint.

Ce fut le colonel irlandais Denis ô Kelly qui dressa *Eclipse*, et le fit paraître sur le terrain. La carrière de ce cheval fut courte, tout compétiteur lui ayant été refusé, après les premières épreuves. Son dernier triomphe, le prix Royal, lui fut décerné sur une simple promenade au pas, sur le sol de Newmarket. Sa retraite coïncida avec l'abolition de la Société de Jésus.

PEREGRINUS APOSTOLICUS. — PIE VI. 1775.

Braschi.

Armes : Un aquilon soufflant du Nord-Ouest, ou du chef dextre de l'Écu, sur une colline d'où se détachent des lis qui s'envolent au loin

Devise prophétique : Pèlerin apostolique.

Ce Blason s'explique de lui-même, pour qui connaît l'histoire de Pie VI.

Les Lis du chef de l'Eglise, c'est-à-dire la puissance Pontificale, le Pape et le Sacré-Collège, chassés de la colline du Vatican, par les Français venus du Nord-Ouest, et forçant le Saint-Père à un pèlerinage, qui se termina par sa mort, à Valence, en Dauphiné.

Sous ce Pontificat eut lieu :

La guerre de l'indépendance de l'Amérique septentrionale ; l'immense Révolution française ; le supplice de Louis XVI, de sa famille, et tant d'autres supplices ; du sang humain répandu par torrents ; l'expédition française à la terre d'Egypte ; l'explosion du vaisseau *l'Orient,* comme pour constater un essai d'avenir en Orient ; enfin, l'apparition des troupes françaises aux abords de la grande Jérusalem, on dirait pour figurer l'avant-garde de l'armée du Sauveur.

Les armes de Pie VI étant fort rares, indiquons l'*Encyclopédie méthodique,* où elles se trouvent aux planches de l'article *Blason*.

Ces armes, ignorées de nos jours, sont frappantes, à confondre le scepticisme au Blason.

AQUILA RAPAX. — PIE VII. 1800.

Chiaramonti.

Armes : Une bande blanche figurant une montagne, pour Chiaramont (Clairement), la bande chargée de trois têtes de Sarrasins.

Devise prophétique : Aigle ravissant.

Pie VII fut victime de Napoléon, qui avait adopté un aigle pour emblême de sa dynastie. La Corse, patrie de Napoléon, porte pour Blason une *Tête de Sarrasin.*

Le règne de Pie VII coïncida avec celui de Napoléon !

En 1814, eut lieu enfin une paix générale, qui se trouve symbolisée par le mot Pax, du Blason de religion porté au premier parti de Pie VII. On nomme Blason de religion les armoiries de l'ordre religieux auquel appartenait le Pontife avant son élection ; ici ce sont les armoiries de l'ordre des Bénédictins.

Sous le Pontificat de Pie VII eut lieu la création de l'Ordre de la *Réunion*, spécial pour l'Italie.

A Bordeaux, un ordre religieux de femmes fut également fondé sous le nom de *Réunion* ; nous en reparlerons plus loin.

Au même Bordeaux, en 1822, et comme clôturant le règne du Pontife, eut lieu la fondation d'une association religieuse de saintes femmes, dite de la *Sainte Famille de Lorette*, qui, dans ses ramifications, donnerait l'idée de l'élite la plus sublime des vierges de la charité chrétienne ; comme symbole, elles ont adopté *trois cœurs réunis*. N'est-ce point là la poésie de l'amour divin ?

Pesons bien, en passant, ces mots : *Réunion*, *Famille*.

Rappelons encore que, sous le Pontificat de Pie VII, eut lieu l'étrange apparition de l'Ange de Dieu, Raphaël, trop officiellement constatée pour être classée parmi les hallucinations humaines. Nous ne sommes point au siècle des croyances aux yeux bandés ; mais ne fermons pas les yeux non plus.

CANIS ET COLUBER. — LÉON XII. 1823.
Della Genga

Armes : Un Aigle.
Devise Prophétique : Chien et serpent.

Les évènements saillants du règne de Léon XII ont été, en 1823, la lutte de la fidélité du *chien*, contre l'astuce *du serpent*, dans la guerre d'Espagne.

Puis l'émancipation des catholiques d'Irlande, restés si longtemps fidèles.

L'évènement physique saillant du règne de Léon XII a été un vent, un ouragan, une tempête effroyable, qui ravagea le nord ou *l'Aquilon* de l'Europe, dans la nuit du 18 janvier 1824. Le nom d'Aquilon est donné au vent des quartiers du nord, parce qu'ils fondent avec la rapidité de *l'aigle*. L'ouragan de 1824 ne peut-il pas être une figure, une annonciation, de cette effroyable tempête qui doit être un des moyens de destruction du globe à la fin des temps, selon les paroles de l'Esprit-Saint.

Cet ouragan... ne serait-ce point un présage déjà, de cette tempête morale qui renverse les trônes de l'Europe, ébranle la société entière, et que momentanément un *aigle* conjure, dit-on, comme une amulette passagère du destin ?

Ce fut sous le Pontificat de Léon XII, qu'eut lieu à Migné, petit village du Poitou, le 17 décembre 1826, le signe miraculeux d'une croix horizontalement tracée dans les airs, semblant attendre un redressement triomphal !

VIR RELIGIOSUS. — PIE VIII, 1829.

Castiglione.

Armes : Un Lion soutenant une petite Tour.
Devise prophétique : Homme religieux.

Le règne de ce Pontife a été fort court. L'évènement en correspondance fut la conquête de l'Algérie à la France, à la civilisation et au catholicisme. Le premier débarquement eut lieu à *Torre-Chica*, ou la *Petite Tour*.

La tour du Blason des Castiglione, nom de famille de Pie VIII, est censée représenter le château de Milan, protecteur de ses nombreuses églises.

L'homme figuré par un lion, protecteur d'églises, n'est-il point un *homme religieux* ?

Ne verrait-on point encore dans ce Blason de Pie VIII le lion de Juda, soutenant la tour d'Ader ou du *Troupeau*, figure de l'Eglise chrétienne, et cette fois en annonciation d'un évènement futur et rapproché ?

Ce lion de Pie VIII, semblant transporter cette tour, ne serait-il point une annonciation, disons-nous, du lion de Pie IX, son successeur homonyme, forcé un jour de transporter le Tabernacle de l'Eglise universelle en lieu de refuge ?

Sous le Ponticat de Pie VIII, eut lieu au couvent de la Charité de la rue du Bac ou de la *Nacelle*, à Paris, l'apparition d'un signe d'une toute nouvelle combinaison dans le blason du Christianisme... *une Croix soutenue du chiffre de* Marie, *environnée d'étoiles, deux cœurs pour piédestal.*

Cette apparition n'a d'autre fondement que le récit d'une jeune novice dont le nom, d'abord ignoré des fidèles, est aujourd'hui connu de tous, la sœur Catherine Labouré, la même qui a prophétisé les évènements de 1870 et ceux qui doivent éclater en 1881.

Beau jeu pour les forts qui ne se paient point d'enfantillages... illusion pour le moins... imposture peut-être, disent les incrédules.

Mais en 1836, déjà *quinze millions* de médailles représentant ce signe avaient été frappées par le graveur Vachette, et répandues par les fidèles dans les quatre parties du globe ; et combien de *millions* depuis !

Jamais objet matériel, depuis que le monde existe, n'a eu une pareille émission, et répétons-le, le point de départ fut le simple dire d'une jeune fille... mais d'une fille de Joël !...

La vérité parfois porte un cachet qui déroute la raison humaine et se jouerait des mathématiciens. Le mensonge de Mahomet portait son appât matériel ; la médaille du signe de 1830 tire son prestige de l'eau qui guérit les sourds et les aveugles, par la volonté de celui qui soutient notre sphère de ses trois doigts. La médaille miraculeuse a précédé la Salette, Lourdes et Pontmain.

DE BALNEIS ETRURIÆ. — GRÉGOIRE XVI. 1831.

CAPELLARI.

Armes : Un chapeau correspondant à son nom de famille Capellari ou Chapelier.

Ces armes étaient partie de celles de l'ordre des Camaldules, auquel appartenait Grégoire XVI : un calice plein de sang, dans lequel s'abreuvent deux colombes ; en dessus, une comète dont la queue se dirige vers l'ouverture du calice.

Ces armes furent données à l'ordre des Camaldules par leur fondateur, saint Romuald, à la suite d'une vision où ses religieux étaient figurés, dit-on, par des colombes s'abreuvant dans le sang du Sauveur.

Devise Prophétique : Des bains d'Etrurie.

L'ordre des Camaldules fut fondé par saint Romuald, en un lieu nommé Campo Maldoli, dans les montagnes de l'Étrurie ou de la Toscane, où se trouvaient des *bains* d'eaux thermales.

Le nom d'Etrurie vient du grec *Othrus (montagne)*, ce pays étant très-montagneux vers son Orient.

La devise des *Bains d'Etrurie* pourrait-elle mieux s'accorder qu'avec les armoiries des Camaldules, portées par Grégoire XVI ?

Notons que, précisément en correspondance avec le règne du Pontife, *des Bains d'Etrurie*, a eu lieu l'usage en France de papier à lettre dit *Bath Paper*, portant pour vignette le mot anglais BATH ou BAIN.

Bath est le nom d'une ville d'Angleterre, fameuse par ses eaux thermales, et où se fabriqua le premier *Bath Paper*.

Notons encore, qu'à la vignette BATH, a succédé celle de la couronne de l'Angleterre : c'est la couronne de la reine VICTORIA, reine qui peut aussi figurer LA REINE de la place des Victoires, à Paris, que la veuve de Béthulie put la figurer jadis. Ces vignettes passent inobservées, comme tant d'autres choses. Aux hommes, il faut un Tamerlan ou un Napoléon pour leur ouvrir les yeux, oubliant que le Très-Haut a dit qu'il voyait, « *de près les petites choses, et de loin les grandes.* »

Revenons à un autre signe du Pontife Capellari.

Le clergé d'une partie des diocèses de France, sans se douter qu'il se prêtait insciemment à l'accomplissement d'un signe providentiel, a commencé à adopter pour coiffure un chapeau de forme identique à celle du Blason du Saint-Père Capellari, précisément sous son règne.

Or, le nom de chapeau vient du grec *Kapaliso, j'entoure*,

je *réunis*, d'où les mots *chapelet*, etc. Ce nom de *réunisseur* ne s'accorde-t-il pas encore avec celui de *Grégoire*, qui a la même signification ? Ne dit-on pas partout qu'une *réunion* universelle se prépare ?

Ajoutons ici, en passant, que Notre-Dame du Chapelet est l'invocation spéciale de la Patronne de Bordeaux, ou de la *Tour des Eaux (Burgum aquarum)*. L'eau est l'élément des *bains*.

A Bordeaux a été fondé un ordre religieux, encore existant, dit de *la Réunion* : l'approbation en fut signée sur un tambour par l'empereur Napoléon, au champ de bataille d'Austerlitz. Choses qui passent toutes inobservées, comme le pigeon voyageur, qui porte pourtant sous son aile le secret de bourse, qui décidera d'une opération financière, où des millions seront gagnés par les uns, perdus par les autres... Dieu sourit et marche... tirant parti, à ses fins, des châteaux de cartes de l'homme.

Puisque le mot de *Réunion* nous a porté à parler encore de Bordeaux, la ville du grand penseur, l'homme à part, qui retrouva, dit-on, les titres perdus du genre humain, comme Wion les Prophéties de Malachie ; ce Montesquieu, qui, par prévision, l'on dirait, tamisa, il y a cent ans et plus, nos théories du jour...

Puisque le mot de *Réunion*, nous le répétons avec amour, nous a entraîné à parler du nom de Bordeaux, nous demandons à nos lecteurs, si ce serait le HASARD qui aurait donné ce nom à l'homme, au Prince du moins, le plus effacé de l'Europe, et effacé du gré de sa propre et si sage dignité ?

Ce prince de la *tour des eaux* du *fleuve* de *Bordeaux*, naquit sur la rue des *Ruisseaux (Rivoli)*. Ses épreuves, ses pèlerinages, commencèrent, coïncidèrent avec le règne du Pontife des *bains d'Etrurie*. Et c'est en Etrurie, au pays des *sources* et des montagnes, des *eaux* thermales de *purification* et de *renouvellement*, que la Providence lui fut chercher la mystérieuse compagne de son exil.

Comme de la folie, et qu'on nous passe la rime pour la chose, comme de la folie, envoyons *le hasard* en Icarie.

CRUX DE CRUCE. — PIE IX. 1846.

MASTAI FERRETTI.

Armes : Un lion rampant, reposant sur un besant, pour Mastaï, puis deux bandes couleur de feu, pour Ferretti.

Devise prophétique : La Croix de la Croix.

Le mot *Mastaï*, venu du grec *masso*, équivaut à la signification de *pétrissage, assemblage*... Le Saint-Père assiste à un assemblage en travail ; il le voudrait universel, de toute la chaleur de son cœur paternel. Cet assemblage se symbolise par la *crinière* du lion de Mastaï, se groupant autour de la tête de son chef.

Ce lion est soutenu par un besant. Or le besant de Bysance, qui a été le type du besant du blason, portait pour signe, *le chiffre de* MARIE, *accompagné de croix* : c'est l'Eglise, croix mystique elle-même, et entourée de croix. Cela se trouve en parfait accord avec la devise : *Croix de la Croix* !

Nous parlons ici de la figure matérielle, et laissons au lecteur l'appréciation morale.

Ce lion de Pie IX ne rappellerait-il point le lion de son prédécesseur homonyme, Pie VIII, comme nous l'avons annoncé ? Ne le verrait-on point dans un voyage indignement forcé, faisant halte sur la roche, la colline de Gaëte, sur la *mamelle* de la nourrice du voyageur Enée ?

Mastos, en grec, signifie *mamelle, colline*,

Le nom de besant, tiré de Byzance, nous disons plus haut, remonte son étymologie à la nymphe Bysia, ou la *mamelue*, la nourrice de Bysas, le chef de la mer de l'Hellespont, le gardien du Bosphore.

La grande Byzance aux sept collines, aux sept tours, aux sept mamelles, n'aurait-elle plus un rôle pour la fin des jours du globe ?

Le nom additionnel de Sa Sainteté est Ferretti. Les deux *bandes de fer rouge* du Blason de Ferretti, symbolisant ce nom, ne figurent-elles point les deux jumelles, les *rails* des chemins de fer qui ont commencé à sillonner l'Europe, et dont l'ère concorde avec le Pontificat de Pie IX ?

Ne dit-on pas que les chemins de fer sont destinés à *relier* entre elles les nations de l'Europe ? Et pour tout homme religieux un peu haut placé dans l'échelle intellectuelle, ce résultat ne serait-il pas un moyen voulu par la Providence, d'amener l'humanité à l'unité de la foi ?

Le type du besant est celui du besant primitif du blason, l'initiale M étant une allusion au surnom de Byzance, dite *la ville de la Mère de Dieu* (MARIE), et la nouvelle Rome !!!

Ne songez-vous pas au dogme de l'Immaculée Conception proclamé ; à celui de l'Infaillibilité qui a suivi, Marie étant la puissance qui a renversé toutes les hérésies ? Enfin la *Croix de la Croix*, la devise du pontife, ne signale-t-elle point un règne tourmenté, une voie douloureuse, mais aussi le signe dominateur, le labarum rédempteur, à la vue duquel disparaîtront bientôt les bandes infernales et les démons qui les conduisent ?

Voici les devises restantes de la Prophétie de saint Malachie, d'après lesquelles onze Pontifes seulement dirigeraient encore l'Église de Dieu.

Tout homme de cinquante ans, a vu le règne de six Papes.

Onze Pontifes à venir donneraient une approximation de cent ans encore au monde. Ceci ne précise, redisons-le, ni *jour* ni *année*.

Hâtons-nous donc d'enfanter nos utopies de perfectibilité sociale : nos petits-fils en verront terminer l'épreuve.

Lumen in Cœlo. (Léon XIII)	La Lumière dans le Ciel.
Ignis ardens.	Le Feu ardent.
Religio depopulata.	La Religion dépeuplée.
Fides intrepida.	La Foi intrépide.
Pastor Angelicus.	Pasteur Angélique.
Pastor et Nauta.	Pasteur et Marinier.
Flos Florum.	La Fleur des Fleurs.
De medietate Lunæ.	De la moitié de la Lune.
De Labore Solis.	Du Travail du Soleil.
De Gloria Olivæ.	De la Gloire de l'Olive.
In persecutione extrema Sacræ Romanæ Ecclesiæ, sedebit Petrus Romanus, qui pascet oves in multis tribulationibus ; quibus transactis, civitas septicollis diruetur, et judex tremendus judicabit populum.	Dans la dernière persécution de la Sainte Église Romaine, il y aura un Pierre Romain élevé au Pontificat. Celui-là paîtra les ouailles dans de grandes tribulations ; et ce temps fâcheux étant passé, la ville aux sept collines sera détruite, et le Juge redoutable jugera le peuple (le monde).

Prophétie de la Sœur de la Nativité.

Jeanne le Royer, en religion Sœur de la Nativité, naquit à Fougères, en 1731. Ses parents étaient laboureurs. Orpheline à l'âge de quinze ans, sa piété, déjà vive, s'enflamma davantage, et elle résolut de se consacrer à Dieu. Elle prononça ses vœux au couvent des Clarisses de Fougères, en qualité de sœur converse. Un prêtre distingué de la ville annonça aux religieuses que le Saint-Esprit conduisait la servante de Dieu.

Ses prophéties, recueillies par M. l'Abbé Gevet, son directeur, annoncent les désastres de la révolution, la mort de Louis XVI, la crise actuelle, et comme le secret de Mélanie et d'autres révélations, s'étendent jusqu'à la fin des temps. Plus de cent théologiens éminents ont examiné d'abord ces révélations, qui les ont constamment édifiés. Nous en donnons quelques extraits qui seront lus, nous le croyons, avec une pieuse avidité. La Sœur de la Nativité, entourée de vénération, s'éteignit à Fougères, en 1798.

VISION PROPHÉTIQUE.

Voici ce que le Seigneur m'a fait connaître au sujet de la Révolution. L'Esprit du Seigneur m'a fait voir un arbre prodigieusement élevé et fort gros (1) ; il tenait à la terre, dans laquelle il était enraciné, par quatre racines aussi grosses que des tonneaux. Trois de ces racines paraissaient sur la terre et formaient comme un trépied ou trois jambes de force pour appuyer ce grand arbre ; la quatrième racine était dans les entrailles de la terre avec ses trois autres racines, et on eût dit

---

(1) La Révolution.

qu'elles tiraient leur force et leur vigueur de la malice diabobolique de l'enfer ainsi que me l'a dit l'Esprit du Seigneur.

Cet arbre n'avait ni feuilles ni verdure ; son écorce ressemblait au métal d'un canon et était aussi dure. Il me fut dit que cela signifiait que son esprit serait toujours guerrier. Ce gros arbre était si haut que je ne pouvais voir la coupelle (cime). Il était penché sur une église et se courbait sur elle comme pour l'écraser et la détruire. L'Esprit du Seigneur me dit qu'il n'en serait rien, qu'il conserverait son Eglise et qu'il la soutiendrait jusqu'à la fin des siècles ; qu'on pouvait bien l'opprimer, mais que, malgré les persécutions, elle n'en deviendrait que plus florissante... J'ai vu plusieurs personnes de piété qui montaient et descendaient de cet arbre. Je voyais encore des ouvriers autour, avec des pics, des haches et plusieurs autres outils, comme dans la disposition de le déraciner et de l'abattre.

Je demandai à Notre-Seigneur ce que voulaient ces personnes qui montaient et descendaient de cet arbre ; il me répondit : « Ils montent pour disposer et arranger de gros câ-
« bles qui sont attachés à la coupelle de cet arbre, afin de l'at-
« tirer hors de l'endroit où il penche sur l'Eglise. » Ensuite Notre-Seigneur me fit connaître d'une manière plus claire tout ce qui regardait cet arbre, en me disant : « Toute l'Eglise est
» en action pour abattre cet arbre ; on voudrait le déraciner,
« mais je ne le veux pas. Les fidèles me sollicitent par leurs
« prières et par leurs gémissements qui me touchent le cœur ;
« leurs larmes seront écoutées. J'avancerai le temps d'abattre
« cet arbre (1), mais c'est ma volonté, il ne sera coupé qu'à ras
« de terre. Voyez-vous, ajouta le Seigneur, comme tout
« ce pauvre peuple s'agite, dont plusieurs sont au pied de l'ar-
« bre avec des outils pour le déraciner ? Mais vous voyez,

(1) La venue du Grand Monarque.

« leurs efforts sont inutiles, ils ne peuvent rien faire. C'est
« ma volonté qui les arrête. Je connais la férocité et la dureté
« de ces mauvais esprits, qui sont plus durs que l'écorce de
« cet arbre où la hache ne peut entrer ; mais j'opérerai un
« miracle par ma grâce. Sans moi les hommes ne peuvent rien
« faire. »

J'ai vu en Dieu les personnes dont les prières touchaient le cœur de Dieu et lui faisaient comme une sainte violence, par laquelle ce Dieu de charité, qui n'est qu'amour, se laisse attendrir. Ce sont les bons prêtres qui gémissent et prient sous le joug de la pénitence, en s'unissant aux saints martyrs de nos jours qui prient dans l'ardeur de la charité divine qui est pure et parfaite. Prosternés devant le trône de Dieu, en union avec l'agneau de Dieu qui a souffert pour nous, ils crient miséricorde pour l'Eglise militante.

Je vois encore en Dieu que ces ouvriers avec leurs outils représentent les guerres faites pour la bonne cause, dans les bonnes intentions et suivant les règles légitimes.

Je vois en Dieu les peuples de la sainte Eglise qui sont en grâce se mettre en mouvement, et dans un grand silence agir et combattre avec les armes spirituelles pour abattre l'arbre par leurs prières, qui sont figurées par ces câbles avec lesquels ils tirent l'arbre de son penchant pour qu'il n'opprime pas davantage la sainte Eglise.

Enfin il viendra un temps (1) où ce grand arbre que l'on voit à présent si fort en malice et en corruption, et qui ne produit que des fruits empoisonnés et pestiférés, sera abattu. Quand l'heure du Seigneur sera venue, il arrêtera dans un moment ce fort armé de Satan, et renversera ce grand arbre par terre plus vite que le petit David ne renversa le grand géant Goliath.

(1) Celui où nous sommes.

Alors on s'écriera : « Réjouissons-nous, les ouvriers d'iniquité sont vaincus par la force du bras tout-puissant du Seigneur. »

Je vois en Dieu que notre mère la sainte Eglise s'étendra en plusieurs royaumes, même en des endroits où il y a plusieurs siècles elle n'existait plus. Elle produira des fruits en abondance, comme pour se venger des outrages quelle aura soufferts par l'oppression de l'impiété et par les persécutions de ses ennemis.

Dieu s'est servi de la verge de l'impiété révolutionnaire pour réveiller les royaumes chrétiens où s'affaiblissaient la foi et la religion.

Mais après qu'il aura satisfait sa justice, il versera des grâces abondantes sur son Eglise, il étendra la foi et ranimera la discipline de l'Eglise dans toutes les contrées où elle était devenue tiède et lâche.

AUTRE VISION.

J'étais en esprit sur le sommet d'une belle montagne où je jouissais d'un air pur et du coup d'œil d'un horizon des plus charmants. Sur cette belle montagne s'élevait une maison très-régulièrement construite et d'une apparence des plus importantes ; ce qui me choquait, c'était d'en voir toutes les avenues libres et toutes les entrées ouvertes de toutes parts aux étrangers qui y accouraient en foule avec un air très-dissipé.

Pendant que j'admirais tout avec des yeux très-attentifs, j'observai que l'air fut tout à coup obscurci par une vapeur qui s'élevait de la terre, et qui parvenue à la moyenne région, forma un nuage noir et épais qui fut insensiblement poussé vers la montagne par un vent brûlant qui partait d'un certain point de l'horizon. Cette vapeur malfaisante, qui dérobait la clarté du jour, annonçait un orage terrible, aussi bien que le tourbillon qui l'agitait. Je soupçonnais un désastre, mais j'aperçus sous le nuage un objet sensible qui pendant un instant me fit compter sur un secours d'en haut. C'était un espèce de croissant de couleur rousse qui s'agitait en tout sens par un mouvement très-précipité. Je ne savais si je devais espérer ou craindre de cette apparition que je ne pouvais comprendre.

Enfin, arrivé jusque sur la montagne, il se détache du nuage qui vient pour ainsi dire tomber à mes pieds. O Dieu ! quelle frayeur ! C'était un épouvantable dragon dont le corps couvert d'écailles de différentes couleurs présentait un aspect effrayant; il avait du feu dans les yeux et la rage dans le cœur, il dressait fièrement la tête et la queue, et, armé de griffes et d'un double rang de dents longues et meurtrières, il menaçait de tout mettre en pièces. Il se précipita aussitôt vers la belle maison, en prenant pourtant un certain détour comme pour m'éviter, quoiqu'il parût très-animé contre moi. Je frémis à cette vue, et mon premier mouvement fut de crier de toutes mes forces qu'on fermât les portes et qu'on prît garde à la fureur du dragon... On m'écouta d'un air distrait et moqueur, on me prit pour une folle et une extravagante. Personne ne se mit en peine de profiter de mes avis, et mon zèle ne fut payé que par des insultes.

Cependant le dragon s'avançait et déjà il avait fait des victimes de sa rage. On commençait à ouvrir les yeux et à demander du secours, lorsque Dieu me commanda d'attaquer le monstre et de l'empêcher de nuire. Mais quelle apparence, disais-je, qu'une pauvre fille comme moi, sans armes et sans force, puisse jamais en venir à bout ? J'eus beau m'en défendre, il fallait obéir à l'ordre qui exigeait le sacrifice de ma vie pour le salut de tous. Je me précipitai donc sur le dragon pour l'arrêter et le combattre... O prodige ! à peine l'eus-je attaqué qu'il ne put me résister : ce fut le lion entre les mains de Samson. Dans ce moment, je le mis en pièces malgré ses efforts... Je déchirai dans un transport véhément ses membres palpitants ; et les spectateurs comprirent le danger dont je les avais délivrés.

Voici l'explication que Jésus-Christ m'a donnée de cette vision : La montagne et la maison représentent le royaume de France ; les portes et les avenues en sont ouvertes, parce que depuis longtemps la dissipation et la curiosité du Français, plus encore l'amour de la liberté, qui lui sont comme naturels, le rendent susceptible de nouveautés en fait de croyance et très-capable de donner dans les systèmes les plus extravagants. Il n'est rien que l'on ne puisse admettre avec de pareilles dispositions.

Ces vapeurs grossières qui se sont élevées de la terre et qui ont obscurci la lumière du soleil, ce sont les principes d'irréligion et de libertinage qui, produits en partie de la France et en partie venus de l'étranger, sont parvenus à confondre tous les principes, à répandre partout les ténèbres et à obscurcir jusqu'au flambeau de la foi comme celui de la raison... L'orage s'est poussé vers la France, qui doit être le premier théâtre de son ravage après en avoir été le foyer... L'objet qui paraissait sous le nuage figurait la révolution ou la nouvelle constitution (1) qu'on prépare à la France ; il vous paraissait venir du ciel, quoiqu'il ne fût formé que des vapeurs de la terre ; vous ne l'avez bien connu qu'en le voyant d'après sa forme et ses projets destructeurs. De même la nouvelle constitution paraîtra à plusieurs tout autre qu'elle n'est ; on la bénira comme un présent du ciel, quoiqu'elle ne soit qu'un

(1) En 1789.

présent de l'enfer que le ciel permet dans sa juste colère ; ce ne sera que par ses effets qu'on sera forcé de reconnaître le dragon qui voulait tout détruire et tout dévorer... enfin par mon ordre et mon secours vous avez triomphé. Ici, ma fille, vous représentiez *mon Eglise assemblée* (1) *qui doit un jour foudroyer et détruire le principe vicieux* de cette criminelle constitution.

J'ai vu en esprit *une grande salle qui avait assez l'air d'une église* (2) ; elle était presque remplie de prêtres revêtus d'aubes très-belles et très-fines, comme pour une grande fête, mais il n'avaient point de chasubles ni de chapes. Ils étaient tous poudrés à blanc (3) ; leur contenance et leur figure annonçaient le contentement et la gaîté. Ils chantaient des airs de jubilation. Quelques-uns d'eux lisaient tout haut des productions en vers et en prose auxquelles les autres applaudissaient en s'écriant : « Cela est bon, cela est excellent, cela est de toute beauté ; il n'y a pas moyen d'y répondre... » C'étaient différents ouvrages, différentes preuves composées pour la défense de la bonne cause (4)... J'étais ravie de joie en voyant leur contentement... Bon ! me disais-je à moi-même, voilà pourtant quelque chose qui annonce une pleine victoire !... Que Dieu soit béni, et que sa religion et sa cause triomphent !... Enfin le bon ordre va reparaître !...

Mais pendant que j'allais me livrer à ces doux transports, j'aperçus auprès de moi l'Enfant Jésus qui en eut bientôt modéré toutes les saillies par le peu de paroles qu'il m'adressa.

(1) Le Concile du Vatican.
(2) La Basilique de Saint-Pierre.
(3) Comme c'était l'usage autrefois pour les grandes cérémonies.
(4) Les heureuses décisions du Concile n'étaient pas encore le triomphe ; nous l'avons vu depuis.

Il me parut âgé comme de trois ans : il tenait en main une grande croix, et me dit en me regardant d'un air triste : « Ma » fille, ne vous y fiez pas, vous allez bientôt voir du change- » ment ; tout n'est pas fini, et ils ne sont pas au bout, comme » ils le pensent. Non, croyez-moi, il n'est pas encore temps de » chanter victoire. Voilà bien l'aurore qui commence, mais le » jour qui la suivra sera pénible et orageux. »

Je vois dans la Divinité *une grande puissance* conduite par le Saint-Esprit, et qui par un second bouleversement rétablira le bon ordre... Je vois en Dieu une assemblée nombreuse des ministres de l'Eglise (1) qui, comme une armée rangée en bataille, et comme une colonne forte et inébranlable, soutiendra *les droits de l'Eglise et de son Chef*, rétablira *son ancienne discipline* ; en particulier, je vois deux ministres du Seigneur qui se signaleront dans ce glorieux combat par la vertu du Saint-Esprit, qui enflammera d'un zèle ardent tous les cœurs de cette illustre assemblée.

Tous les faux cultes seront abolis, je veux dire tous les abus de la révolution seront détruits et les autels du vrai Dieu rétablis. Les anciens usages seront en vigueur, et la religion, du moins à quelques égards, deviendra plus florissante que jamais.

Je vois tous les pauvres peuples, fatigués des travaux et des épreuves si rudes que Dieu avait envoyés, tressaillir par la joie et l'allégresse que Dieu répandra dans leur cœur. Ils diront : Seigneur, vous avez versé dans nos cœurs la joie et la force de la jeunesse ; nous ne ressentons plus ni les travaux, ni les fatigues, ni les persécutions que nous avons endurées. L'Eglise deviendra, par sa foi et par son amour, plus fervente et plus florissante que jamais. Cette bonne mère verra plusieurs

(1) La reprise du Concile, sous le grand monarque.

choses éclatantes, même de la part des persécuteurs, qui viendront se jeter à ses pieds, la reconnaître, et demander pardon à Dieu et à elle de tous les forfaits et de tous les outrages qu'ils lui ont faits. Cette sainte mère les recevra dans la charité de Jésus-Christ.

Je vois en Dieu que l'Eglise jouira d'une profonde paix pendant quelque temps, qui me paraît devoir être un peu long. La trève sera plus longue cette fois-ci qu'elle ne le sera d'ici au jugement général, dans l'intervalle des révolutions. Plus on approchera du jugement général, plus les révolutions contre l'Eglise seront abrégées, et la paix qui se fera ensuite sera aussi plus courte, parce qu'on avancera vers la fin des temps, où il ne restera presque plus de temps à employer, soit pour le juste à faire le bien, soit pour l'impie à faire le mal.

L'Eglise sera rétablie, et j'ai dit qu'elle jouira d'une assez longue paix, mais toujours un peu dans la crainte, parce qu'elle verra beaucoup de guerres, à plusieurs reprises, entre plusieurs rois et princes des royaumes. Les trêves des guerres seront courtes, et il y aura beaucoup d'agitation dans les lois civiles.

LUTTES DE L'ÉGLISE APRÈS LE GRAND TRIOMPHE.

J'ai dit ci-dessus que l'arbre sera abattu ; mais comme il ne sera coupé qu'à ras de terre, les quatre racines pousseront leurs malices ordinaires, qui seront pires encore qu'auparavant. J'ai dit aussi que la paix de l'Eglise, lorsqu'elle sera rétablie, sera cette fois-ci un peu de longue durée. Voici ce que le Seigneur m'a montré à l'égard des quatre racines :

Il me conduisit sur une haute montagne, où je vis un grand arbre bien garni de branches et chargé de fleurs et de fruits de plusieurs espèces. Sa belle verdure, sa grande vigueur et la beauté variée de ses fruits présentaient à la vue un coup d'œil admirable. A quinze ou vingt pieds de ce bel arbre, je vis sortir de terre quatre jets vis-à-vis les uns des autres en carré et distants l'un de l'autre de quatre ou cinq pieds. Dans un instant ils grandirent tous les quatre également, en poussant leurs coupelles (cimes) jusqu'au dessus de ce bel arbre chargé de fruits, et devinrent gros comme la cuisse, bien verts et droits comme des flèches. Incontinent j'entendis parler plusieurs personnes qui étaient dans l'arbre chargé de fruits, et qui dirent : « Voilà des sauvageons qui vont offusquer notre arbre : il ne faut pas les épargner, parce qu'ils sont mauvais et que leurs fruits sont très-amers. » Dans le moment même il parut des ouvriers qui les scièrent à ras de terre.

Il me fut fait connaître que ce grand et bel arbre, si chargé de fruits, représentait l'Eglise, et que ces quatre jets que j'avais vu croître et aussitôt détruits étaient les ennemis de l'Eglise, qui, après avoir formé dans le secret leurs projets et leurs complots, se hâteraient d'arriver en toute diligence pour attaquer notre mère la sainte Eglise, figurée par ce bel arbre.

—

La sœur de la Nativité découvre ensuite les attaques des chefs de l'impiété contre l'Eglise, et les triomphes de celle-ci. Ce sont tous ces écrits subversifs qui gâtent les populations et les asservissent au joug de l'enfer. L'Eglise se sert des armes spirituelles, donne des missions et retire de l'égarement un grand nombre d'âmes. Plusieurs chefs du mal se convertissent et brillent par leur repentir et leur piété. L'erreur se réveille, marche de nouveau haut la tête et l'Antechrist paraît.

Prophéties de la Sœur Marie-Agnès-Claire Steiner.

Cette servante de Dieu naquit dans le Tyrol allemand, le 29 août 1813. Comme sainte Thérèse, dont le nom lui fut donné au baptême, elle était appelée à de grandes faveurs célestes, mais aussi à de cruelles souffrances. Elle appartint à cette famille de pieuses affligées qui, dans notre âge, ont reçu l'éminent privilège d'être des victimes d'expiation et de réparation pour les iniquités d'ici-bas.

A l'âge de dix ans, elle possédait déjà le don de lire dans les consciences et d'annoncer les évènements futurs. En 1844, elle fit sa profession au couvent des franciscaines d'Assise, et prit le nom de sœur Marie-Agnès-Claire. Les prodiges et les afflictions remplissent cette vie que le Sauveur des hommes voulut associer à sa passion. Elle avança constamment dans la grâce et fut admise à connaître sans obscurité les évènements présents et ceux qui devaient s'accomplir. Elle avait la mission d'établir une réforme dans l'Ordre de Sainte-Claire et de fonder trois monastères dont les saintes invocations auraient fortement contribué à éloigner, à réduire les fléaux mérités par nos générations dégradées ; ses efforts obtinrent d'abord d'heureux résultats, mais n'aboutirent pas, malgré un zèle héroïque, à une plénitude de succès. « Sœur Marie-Agnès est sainte, vraiment sainte », disait Pie IX, en une occasion. Elle s'éteignit dans la paix des héros de la foi, le 29 août 1862.

Le P. François de Reus, pendant dix-huit ans le confesseur de la Mère Agnès, a écrit et publié sa vie en italien. Elle a paru en 1878, à Foligno, chez le libraire Compitelli.

Parmi les dons surnaturels dont fut comblée la Mère Agnès, brille éminemment celui de prophétie. Elle a annoncé à l'avance un grand nombre d'évènements concernant l'Eglise, le Saint-Siège, les Congrégations religieuses, les Etats Pontificaux, l'Italie. Ces prédictions ont retracé par anticipation l'avènement et le règne de Pie IX, et s'étendent plus ou moins à toutes les nations du globe.

Le 25 mars 1844, Notre-Seigneur gourmandait en ces termes ses hésitations dans l'accomplissement des ordres qui lui étaient donnés :

« Jusques à quand refuseras-tu de manifester les desseins que j'ai formés pour le bien de la sainte Eglise ? Voilà des mois écoulés sans que tu aies ouvert la bouche. »

Dès 1842, le Seigneur lui avait fait connaître l'objet de sa mission : c'était l'annonce des fléaux qui ont fondu, depuis, sur l'Italie et sur la société chrétienne ; la crise qui nous emporte et son heureuse issue, le complet triomphe du catholicisme et la rénovation du monde. Mais la condition du prompt accomplissement de ces promesses était la réforme des communautés religieuses, c'est-à-dire le parfait détachement des choses d'ici-bas et l'abandon absolu aux volontés divines. C'est le même fond que dans le secret de la Salette.

Notre-Seigneur lui dit : « Prie-moi par mon Cœur, afin d'obtenir ainsi que mon Père use de miséricorde. Je t'ai fait pour cela entrer en partage de mes douleurs. Je t'ai montré les guerres, les bouleversements et les misères que je me dispose à envoyer. Ne tarde donc pas davantage à accomplir ma volonté et à faire connaître mes exigences. » Un peu plus tard, la Mère Agnès écrivait : « Dieu m'a fait voir que le châtiment des péchés du monde ne pouvait être différé plus longtemps, à cause du relâchement de la ferveur au sein des Ordres religieux et du clergé en général. Elle s'ouvrit au Saint Père et elle trouva une protection bienveillante auprès du saint évêque de Pérouse, destiné à succéder à Pie IX sur le Siège de Pierre.

Le 24 octobre 1852, elle écrivait : « J'entends fréquemment les plaintes du Seigneur. Il me dit : « Ce ne sont pas les lumiè-
» res qui manquent, mais on refuse d'accomplir ma volonté.
» Vois l'Italie et les autres royaumes. Vois comme on s'atta-
» che à me ravir mon honneur... Combien j'ai de persécuteurs
» parmi ceux qui devraient être des candélabres ! O Rome, je
» pleure sur toi comme je pleurais sur Jérusalem ! »

« Le 26 janvier 1854, le soir, j'éprouvai un vif sentiment de foi, dit la servante de Dieu, et je m'écriai : O amour, ô amour, amour ! et je n'en sus pas dire davantage. Je me tournai vers la Sainte Vierge et je lui présentai le cœur de mon Jésus, pour qu'elle eût compassion de moi et de tous les hommes ; il était assez puissant pour délivrer non pas un monde, mais mille mondes. Elle me répondit : « Ma fille, ta foi me plaît, ne crains rien pour toi. Mais intercéder pour l'éloignement des fléaux qui menacent le monde, je ne le puis. Il faut qu'on prenne les moyens, et ceux qui voudront les prendre seront assurés de mon aide et de ma protection. Qu'on porte le remède aux besoins spirituels du clergé, et mon peuple en recueillera des fruits abondants. Dis de ma part qu'on se mette à l'œuvre ; c'est par ce chemin qu'on arrivera. Il est des choses qui déplaisent et auxquelles on ne veut pas croire ; mais toi, tu n'as qu'à obéir et tu peux me laisser le soin du reste. *Il y aura encore une autre tempête, et puis viendra* la tranquillité. Alors tous ou presque tous seront renouvelés, si on met la main à l'œuvre. »

Le lecteur doit remarquer ici la corcordance des prophéties sur les temps présents : toutes relatent une catastrophe immense, puis une pacification merveilleuse. Ces dernières paroles de la Sainte Vierge, qui ont leurs équivalentes dans plusieurs autres textes, sont particulièrement à noter : « Vois combien d'hommes auront disparu de la terre. Mais je ne sais comment ils seront détruits. »

Quelle précision dans la prédiction suivante (1845) : « La Madone m'a révélé que le monde mérite d'être châtié dans un an, si l'on ne porte remède au mal, et Rome sera privée du Saint-Père. Je ne sais pas comment, mais tout ne sera pas fini. — Je voyais souvent des yeux de l'âme un pays voisin de Rome (Naples) qui me causait une grande affliction par les tribulations et les croix qui allaient fondre sur lui. La Madone me dit : « Si l'on n'obtient pas grâce par les prières, le temps viendra dans lequel on verra l'épée et la mort, et Rome sera sans Pasteur. »

La double révolution de Rome et de Naples ont accompli à la lettre cette prophétie.

Elle avait annoncé l'invasion du choléra en 1856 et le tremblement de terre dans l'Ombrie, dans la nuit du 11 au 12 février 1854.

Le Sauveur n'a cessé de répéter à la Sainte : « Le triomphe
» viendra sûrement ; mais il peut être hâté ou retardé suivant
» que les chrétiens, et spécialement les Religieux, seront
» plus ou moins fidèles à opérer, chacun en lui-même et dans
» son Ordre, la parfaite réforme que la divine Justice exige
» comme expiation des crimes des hommes. »

Consolée par l'attente de ce triomphe, mais affligée souvent jusqu'à en répandre des larmes, par la vue des fléaux qui doivent le précéder, la Mère Agnès termina sa vie par une mort entourée de toutes les plus douces espérances.

La Mère Agnès vit souvent la Mère de Dieu priant avec larmes, s'efforçant d'apaiser le courroux de Jésus-Christ. Marie dit à la servante de son Fils : « Je veux que tu découvres ces choses au Saint-Siège, c'est-à-dire la réforme que je désire, et les châtiments viendront, si l'on ne remédie promptement au mal, et tu me rendras compte, si tu ne le manifestes pas. Peu importe qu'on te croie ; si tu ne le déclares pas, le châtiment viendra. »

Saint-François d'Assise, apparaissant à la Mère Steiner, lui signale les ruines morales qui s'étendent au loin et lui dit : « Dieu veut que le Chef de l'Eglise travaille par lui-même, et il recevra pour cela lumière, grâce et force. »

La Voyante vint à Rome en 1848, et ne négligea rien pour qu'il fût avisé au moyen de préserver l'Italie des désastres qui l'ont frappée. Mais les évènements de 1848 et 1849 se consommèrent, et la servante de Dieu en éprouva de cruelles angoisses.

Dans sa correspondance avec Mgr Stella, secrétaire de Pie IX, elle lui parla constamment des besoins de la société, tels qu'elle les connaissait par les révélations reçues par elle. « Je ne me souviens pas, disait-elle un jour, d'avoir vu les hommes apporter des remèdes aux maux spirituels du monde. Ces remèdes ne viendront que du ciel. »

La longueur du règne de Pie IX lui fut révélée ; elle connut la grandeur de ce règne signalé par tant d'actes éclatants, par la définition de plusieurs dogmes et par la solennité du Concile du Vatican. « Mais, dit-elle, il me semble en même temps que, peu avant la fin du règne, Rome pleurerait dans Saint-Pierre et j'ignore en quelle année cela arrivera. » C'était la prise de Rome et la spoliation du domaine pontifical.

Le tremblement de terre en Italie, du 11 au 12 février 1852, le choléra qui sévit en 1856, les guerres entre la France et l'Autriche, les trahisons des gouvernements contre le Saint-Siège, celui de la France en particulier ; les calamités qui suivirent, rien ne fut inconnu bien avant l'accomplissement des faits à la Mère Agnès.

A Nocera, où elle se trouvait en 1858, dans une conversation avec Mgr Madrigali, elle s'écria soudainement : « Oh ! que le ciel est sombre ! — Comment ! reprit le prélat, mais le ciel est serein ! — Ah ! je ne parle pas du temps, mais du monde. Oh ! que de troubles ! Oh ! que d'infortunes ! Pauvres religieux et pauvres religieuses ! On chasse les uns de leurs couvents, les autres de leurs monastères, et cela non pas (seulement) dans le pays au delà des monts, mais en Italie et dans l'Etat pontifical. »

C'était bien annoncer ce qui devait suivre la convention de septembre 1864, la domination Piémontaise à Rome, en 1870, et même le spectacle des proscriptions qui atteignent, en ce moment en France, les congrégations. Puissent ces tristes évictions ne pas préluder à des fureurs démagogiques, mères des meurtres et à la profanations des lieux saints !

La mère Agnès, avec les maux de l'Italie, connut des temps heureux. En 1860, pendant l'oraison, le Seigneur lui fit entendre ces paroles : « *Pax tibi, pax Italiœ*. Paix à toi, paix à l'Italie. » Quand viendra-t-elle, cette paix ? demanda l'humble religieuse, et une voix répondit : « D'abord le châtiment... Maintenant je visite Rome... Ne vois-tu pas en quel état sont les cœurs et comment ils répondent mal à mes grâces ? Agissez, dit-elle, Seigneur. » Et elle pria pour que le châtiment fût amoindri, le triomphe du bien hâté.

Peu de temps avant de mourir, elle dit à son confesseur : « Mon père, hier matin, priant pour le monde en présence du Saint-Sacrement exposé, Jésus m'a fait voir ce que doit devenir l'Italie, en me montrant la campagne telle qu'elle est au cœur de l'hiver, et m'a dit : Vois comme les arbres sont dépouillés, arides et desséchés, et comment les plantes sont raidies. Ainsi, avant que le monde revienne à l'ordre, l'Italie sera dépouillée, aride et desséchée.

« Ensuite, en un clin d'œil, j'ai vu ces plantes et ces arbres reverdir, pousser des germes, se couvrir de feuilles et de fleurs, en sorte que j'apercevais les terrains changés, et ils prenaient l'aspect qu'ils ont dans un beau printemps. Désirant savoir si je me trouverais dans ce monde renouvelé, je le demandai au Seigneur, mais il ne me donna aucune réponse. »

Nos voyantes, selon la terre qu'elles habitent, ont prédit ce qui doit affliger et ensuite consoler cette terre, mais elles ont aussi enfoncé leurs regards en de lointains horizons, et leurs vaticinations ont embrassé le monde.

Le 20 août 1842, la Sainte-Vierge dit à la mère Agrès : « Il faut que mon Fils châtie le monde, à cause de sa grande ingratitude et de ses péchés ; à cause de l'indifférence des chrétiens qui devraient être cependant de véritables enfants de l'Eglise. Alors, je me mis à prier, à pleurer et à conjurer le Père éternel de s'apaiser par les mérites du sang de Jésus, et d'éloigner les fléaux prêts à fondre sur le monde... Quelque temps après la Très-Sainte-Vierge se jeta aux pieds de Jésus et implora sa miséricorde en lui offrant ses douleurs, et aussitôt la colère de Dieu Tout-Puissant se calma, mais j'ignore pour combien de temps. »

Peinture de la dégradation sociale. Ce texte fut écrit en 1843 : « Plusieurs fois j'ai vu le monde et le cœur de ses habitants ; j'avoue que je crus mourir à cette vue. Une fois la Madone me dit : Les châtiments viendront, si les homme ne se corrigent pas et s'ils n'implorent pas miséricorde... — Mais il y a beaucoup de justes, m'écriai-je... et la Madone me les montra et je constatai qu'ils étaient peu nombreux. Plusieurs, à la vérité, étaient en état de grâce ou sans avoir commis de péché grave : mais leurs prières n'étaient pas agréables, parce qu'ils avaient le cœur divisé en deux ou plusieurs parties. Je demandai quels sont les châtiments qui viendront. Elle me répondit : Plusieurs ; mais le plus grand effet du courroux de Dieu, c'est de ne pas sauver tant de chrétiens qui ont abusé de grâces et d'inspirations innombrables qui leur avaient été données. Il y a ensuite trois sortes de châtiments : les morts subites, la perte de la foi et la persécution contre la sainte Eglise, avec des troubles dans les villages et les cités. »

Ce qui suit est daté de 1843 : « Après la communion, lorsque je priais pour les pécheurs, il me fut montré un papier écrit, où je lisais avec épouvante que par la privation du Pasteur, la fin du monde arriverait plus tôt, que le châtiment était proche. J'ai compris plusieurs autres choses, mais je ne sais rien dire de plus, sinon qu'il y aura une grande désolation. »

« L'ingratitude des chrétiens crie vers moi, lui dit un jour le Sauveur. Oh ! combien d'autres se seraient sauvés ! mais ils ne me reconnaissent pas pour leur Créateur, et venant dans ma maison, au lieu de m'adorer ils m'offensent. Ils sont endurcis ; rien ne les touche, ni les grâces ni les châtiments ; ils me reconnaîtront seulement lorsque je viendrai juger mon peuple. Dieu veut la pénitence et non toutes ces commodités. »

Continuation des menaces (1844) :

« Je suis l'époux céleste des âmes religieuses; je leur ai enseigné, pendant trente-trois ans, la vie qu'elles doivent mener. Ma grâce leur suffira. Ce qui me plaît, c'est l'amour joint à la pauvreté; mais plusieurs personnes me lient les mains, de mamière que je ne puis leur faire de plus grandes grâces et de plus grandes lumières, parce qu'elles ont elles-mêmes certaines attaches secrètes. C'est pourquoi je ne puis retenir ma main, prête à châtier un peuple qui redouble ses iniquités ; je veux que les chrétiens me confessent non-seulement de bouche, mais encore par les œuvres, et qu'ils ne me persécutent pas plus que les infidèles qui n'ont pas les lumières de l'Evangile.»

Les fléaux prédits se réalisaient bientôt dans le résultat final de la guerre du Sonderbund, dans la révolution de 1848, en France, en Allemagne, en Autriche, dans le royaume Lombard-Vénitien, dans le royaume de Naples, dans les Etats Sardes; en Toscane, Charles-Albert prenait les armes pour être vaincu. Les journées de juin faisaient explosion. Tous les Etats étaient en effervescence. Et comme la société ne revenait pas à Dieu, en 1852, la mère Agnès écrivait : « J'entends fréquemment les plaintes du Seigneur ; il me dit : Ce ne sont pas les lumières qui manquent, mais on refuse d'accomplir ma volonté. Vois l'état des âmes et de la foi. Regarde l'Italie et les autres royaumes. Mais ils s'instruiront par les châtiments, et ma main sera aussi sur le clergé. »

La voyante écrivait ce qui suit, deux ans plus tard :

« Le soir du 26 janvier 1854, pendant ma méditation, dans un vif sentiment de foi, je me tournai vers la très-sainte Vierge et lui présentai le Cœur de Jésus, afin qu'elle eut compassion de moi et de tous les hommes, et qu'elle nous obtînt lumière et grâce, étant assez puissante pour délivrer non pas un monde, mais mille mondes. Elle me répondit : « Ma fille, ta foi me fait plaisir, ne crains rien pour toi, mais intercéder pour obtenir l'éloignement des fléaux qui menacent le monde : je ne le puis pas, il faut qu'on prenne les moyens ; et ceux qui voudront les prendre seront assurés de ma protection. Qu'on porte remède aux besoins spirituels du Clergé, et mon peuple en recueillera des fruits abondants ; dis de ma part qu'on se mette à l'œuvre : c'est par ce chemin qu'on arrivera.

« Il est des choses qui déplaisent, et auxquelles on ne veut pas croire ; mais toi, tu n'as qu'à obéir et tu peux me laisser le soin du reste. *Il y aura une autre tempête et puis viendra la tranquillité*; alors tous ou presque tous *seront renouvelés* si on met la main à l'œuvre. » Elle dit aussi : » *Vois combien d'hommes auront alors disparu de la terre ;* mais je ne sais comment ils seront détruits. »

Jésus-Christ déclara que par son Cœur, l'extatique prierait efficacement pour le monde et pour l'Eglise, et qu'elle recevrait de nouvelles connaissances. Les fléaux annoncés lui furent montrés. Elle connut à l'avance les évènements qui se sont succédé et qui continuent. Elle vit la bataille de Mentana, qui devait se livrer en 1867.

Mgr Madrigali a déposé comme suit, relativement à la servante de Dieu :

« Un jour la mère Agnès me dit, à moitié triste, à moitié joyeuse : Le Seigneur m'a permis de voir le monde renouvelé. Oh ! qu'il était beau ! Bien peu, bien peu resteront du monde ancien. Ce petit nombre apparaissait plein de ferveur, et appliqué à louer le Seigneur, à le remercier et à le bénir. Ils ne pensaient pas aux choses de la terre et à ses intérêts, mais ils se montraient tous appliqués à leur sanctification. En résumé, ils étaient comme les fidèles de la première Eglise.

« En contemplant ce monde si beau, je me réjouissais et j'étais consolée, et il me vint le désir de vivre encore à cette époque si heureuse. Dans cette pensée, je me tournai vers la Madone en lui disant : Ma Mère, existerai-je à cette époque ? La Madone ne répondit pas. Une seconde fois je l'interrogeai encore, elle garda le silence. Ainsi, don Vincent, je ne verrai pas ce triomphe, à mon grand déplaisir. Que la sainte volonté de Dieu soit faite ! »

La Mère Steiner pleurait un jour à chaudes larmes et paraissait déchirée par une très-grande douleur. « Mère, pourquoi pleurez-vous ainsi, lui dit une de ses religieuses, et pourquoi cette grande douleur ! » « Ah ! ma fille, lui répondit la Mère Steiner, j'ai vu le Seigneur qui, la verge en main, allait frappant le monde et le châtiant d'une manière épouvantable, afin que le petit nombre d'hommes et de femmes qui y resteront soient vraiment droits de cœur et bons chrétiens. »

Le Seigneur avait encouragé sa servante à satisfaire à sa justice par ses prières et ses pénitences, en faisant passer sous ses yeux les fléaux qui devaient punir la terre coupable. Nul doute que ses mérites n'aient obtenu des délais aux rigueurs des justices divines. La vie entière de la Mère Steiner est une leçon vivante pour nous arracher au mal ou à l'indifférence et pour nous faire mériter la protection de Jésus-Christ pendant les temps désastreux.

Prophéties astronomiques.

COMÈTES.

Une croyance populaire attribue aux comètes de prédire de grands évènements. Voici une nomenclature de ces apparitions astrales et des évènements qui les ont accompagnées. Nous laissons au lecteur la liberté de croire ce qu'il voudra de ces rapprochements ; nous lui aurons toujours présenté un tableau historique digne de son attention.

Avant J.-C. 480. Comète courbée, dite Cératias, si funeste à l'armée innombrable de Xerxès, aux Thermopyles et à Salamine.

451. Comète de couleur sanglante, précédant les cruelles guerres du Peloponèse.

401. Comète à longue queue, après la mort de Socrate.

372. Comète d'une lumière éblouissante, occupant un tiers du ciel, suivie d'horribles tremblements de terre qui ruinèrent

l'Achaïe, et de débordements de la mer qui submergèrent Buris et Helicin, villes florissantes.

356. Comète prodigieuse à la naissance d'Alexandre-le-Grand. 336. Comète chevelue à la première année de son règne, 324. Comète à sa mort.

146. Comète aussi grande que le soleil en apparence, ornée d'une chevelure qui s'étendait par tout le ciel, et si lumineuse qu'elle faisait un autre jour de la nuit. Elle marqua la destruction de Carthage par Scipion le jeune, et précéda immédiatement la guerre des Romains contre les Grecs.

139. Comète rouge. Naissance de Sylla.

130. Comète aussi grosse que le soleil pendant 80 jours, et d'un éclat même supérieur ; elle couvrait la quatrième partie de l'hémisphère céleste, et sa queue employait chaque jour quatre heures à monter obliquement dans le ciel, et autant à descendre sous l'horizon. Naissance de Mithridate, fameux roi de Pont.

118. Comète à traînée très-longue et large comme la Voie lactée. Débordement des Cimbres et des Teutons.

60. Comète magnifique. César, Pompée et Crassus s'unissent et forment le premier triumvirat.

44. Comète belle et grande, accompagnée de plusieurs autres, au temps de la mort de César.

Naissance de J.-C. Comète blanche à longue chevelure argentine, et présentant aux regards comme une forme humaine, qui se partagea en plusieurs petites comètes.

Après J.-C. 14. Comète sombre. Mort d'Auguste.

69. Comète effroyable qui parut au-dessus de Jérusalem comme présage de sa ruine.

79. Comète nébuleuse. Mort de Vespasien.

117. Comète très-effrayante. Mort de Trajan.

191. Comète éclatante qui se fit voir en plein midi. Elle fut suivie du massacre de trois empereurs en 165 jours.

240. Comète avec une queue enflammée. Désordres dans l'empire romain : la capitale est saccagée et brûlée.

312. Comète très-brillante où l'on remarquait plusieurs étoiles en forme de croix ; ce fut le labarum qui présida à la grande victoire de Constantin dans les Gaules.

337. Comète. Mort de Constantin.

363. Comète. Mort de Julien l'Apostat.

400. Comète étincelante sous la forme d'une épée qui s'allongeait du zénith à l'horizon. Naissance d'Attila.

454. Comète échevelée. Irruption d'Attila.

479. Comète si grande qu'elle a éclipsé extraordinairement le soleil. Elle illustra le règne de Clovis, véritable fondateur de la monarchie française.

570. Comète effroyable après la naissance de Mahomet. Elle parut pendant six mois.

632. Comète à chevelure immense tournée vers l'Orient, pendant que le calife Omar étendait son cimeterre sanglant sur le royaume des Perses.

674. Comète horrible qui se manifesta pendant trois mois, accompagnée d'épouvantables tonnerres et de pluies orageuses continuelles qui ravagèrent tout le littoral de la Méditerranée, et tellement l'Italie que le pape Adéodat ordonna des processions et des prières publiques. Ce fut l'époque des conquêtes de Moaviah, quatrième successeur de Mahomet, qui s'avança jusqu'à Constantinople.

678. Comète brillante et large qui parut pendant trois mois et fut suivie pendant trois ans de la plus grande sécheresse et d'une peste affreuse, en même temps que de l'invasion des Bulgares en Hongrie.

726. Deux comètes épouvantables parurent pendant quatorze jours au-dessus de l'Europe, l'une au commencement de la nuit et l'autre à la fin. Ce fut alors qu'Abdérame pénétra en France

à la tête de 400,000 combattants, et que Charles-Martel s'apprêta à les repousser.

763. Comète accompagnée d'un si grand froid que la mer en gela à plus de quarante lieues devant ses rivages.

800. Comète désastreuse par les tremblements de terre qui renversèrent alors les villes et les montagnes. Charlemagne fut sacré empereur d'Occident.

818. Comète chevelue que Charlemagne annonça lui-même comme l'avant-courrière de sa mort.

833. Comète. Mort du grand calife Al-Mamoun.

1000. Comète semblable à une torche ardente et déroulant une queue en forme de serpent. Elle fut, l'année suivante, accompagnée d'une autre, chevelue et immense. Ce fut l'époque de la mort de beaucoup de souverains, de longues pestes et de famines.

1066. Comète plus grosse que la lune en apparence. Guillaume-le-Conquérant triomphe en Angleterre.

1077. Comète singulière qui brille à Rome en plein midi. Epoque de la puissance de Grégoire VII.

1099. Comète immense et barbue à la prise de Jérusalem par Godefroy de Bouillon,

1169. Cinq comètes à longue chevelure, dont deux brillantes et grosses comme le soleil et deux autres comme la lune. Avènement de Saladin à l'empire arabe. Naissance de Gengis-Khan. Grandes inondations.

1200. Comète horrible. Les Tartares jettent les fondements de leur domination asiatique.

1211. Comète blanche qui tourne sa queue vers le septentrion. Conquête des Tartares en Moscovie.

1250. Comète ornée d'une barbe immense qui couvre le pôle boréal pendant six mois. Tous les rois du Nord meurent, et les Tartares frappent d'effroi l'Europe entière.

1264. Comète toute rougeâtre. Guerre civile en Angleterre au sujet de la grande charte.

1337. Deux comètes brillantes armées d'aigrettes. Naissance de Tamerlan et de Bajazet.

1402. Ces deux comètes reparaissent lors de la fameuse bataille d'Ancyre, livrée par ces deux conquérants entre 800,000 Tartares et 400,000 Turcs.

1450. Comète aux plus belles couleurs, s'avançant de l'Occident à l'Orient avec une lumière qui éclipse celle de la lune. Bataille de Formigny, où Charles VII achève la délivrance de la France.

1456. Comète occupant une zone de 60 degrés dans le ciel ; elle semblait quatre fois plus grande que Vénus et jetait le quart de la lumière de la lune. Son immense queue avait la forme d'un grand sabre. Cette apparition, qui avait lieu après la prise de Constantinople et lorsque les Turcs marchaient sur Belgrade, devint un sujet universel d'épouvante, surtout lorsque l'Europe vit la tête cométaire s'approcher de la lune dans son plein au moment même d'une éclipse.

1472. Comète rouge couvrant la 6e partie du ciel et causant une sécheresse de trois années ; elle se rapprocha beaucoup de la terre, et elle était si rapide qu'elle décrivit en un jour 120° du ciel. Iwan fondait alors l'empire de Russie.

1477. Comète noire qui amène la peste.

1500. Comète. Naissance de Charles-Quint.

1529. Quatre comètes aux quatre points cardinaux. Diète de Spire contre Luther.

1596. Comète qui illumine le Nord. Naissance de Gustave-Adolphe.

1652. Comète dont la tête, entourée de petites étoiles, semblait large comme la pleine lune, lorsque Cromwel chassait le parlement d'Angleterre et se faisait nommer protecteur à vie.

1759. La même que celle de 1456, ayant une figure étrange, et une de celles qui se sont approchées le plus du soleil. C'est la date de la naissance de Robespierre.

1769. Comète étincelante et magnifique qui préside à la naissance de Napoléon.

1778. Comète nébuleuse venant vers la fin de cette année, qui vit mourir Voltaire et Rousseau.

1790, 1792, 1793. Comètes nombreuses. Evènements extraordinaires.

1811. Comète. Une des plus belles qui aient jamais paru. Apogée de la puissance de Napoléon.

1821. Comète. Napoléon l'aperçut à Sainte-Hélène, et, comme Charlemagne, il prédit lui-même sa mort.

1833. Plusieurs comètes paraissaient sur l'horizon au temps du choléra-morbus. Une d'elles s'approcha tellement de notre globe qu'elle l'aurait heurté s'il avait été en avance d'un mois seulement dans son orbite.

1835. Comète. Eruption du Vésuve, pleine de phénomènes extraordinaires. Mort de François Ier, empereur d'Autriche. Tentative d'assassinat sur la personne de Louis-Philippe, par Fieschi.

1843. La comète de cette année pronostique le tremblement de terre de Richdales, Manchester et Liverpool, puis des tempêtes affreuses suivies de beaucoup de naufrages.

1852. Cette comète a trait à l'avènement de Napoléon III à l'Empire.

1854. Un astre chevelu marque l'expédition de la flotte française en Orient et la prise de Sébastopol.

Evènements de 1859-60 et 61. Grande comète. Garibaldi, instrument des sectes, soulève l'Italie. Siège de Gaëte. Victor-Emmanuel roi d'Italie. Massacre des chrétiens en Syrie.

1860. Une comète paraît en juin. Le prince Jérome, ex-roi de Westphalie, meurt.

1861. 30 juin. Retour de la comète de Charles-Quint. Elle fut visible en France pendant quinze jours. Cet astre brille sur la mort d'Abd-ul-Medjid ; la France reconnaît le nouveau royaume d'Italie.

La comète de 1861 n'a-t-elle pas annoncé les évènements qui ont suivi jusqu'à ce jour : la spoliation du Pape, la chute de Napoléon III, la nouvelle République française ? N'a-t-elle pas prédit 1880 et 1881 avec leur cortège d'afflictions pour les catholiques et les tristesses vers lesquelles nous marchons ?

Prophétie de l'Extatique du Tyrol.

Cette prophétie est le résumé fidèle d'un entretien qui eut lieu en 1867, entre l'extatique du Tyrol et un prêtre italien député auprès de la Voyante par le Souverain-Pontife lui-même. Peu de temps après, le prêtre italien vint en France et communiqua lui-même à quelques Pères Maristes ce que l'Extatique lui avait dévoilé sur l'avenir. La lettre que nous citons plus bas confirme ce que nous avons exposé et ce que nous continuerons à dire :

« Ce qu'il y a aujourd'hui, dit l'Extatique, de grandement déplorable pour le salut des âmes, c'est l'aveuglement où sont tombés, dans ces derniers temps, un nombre infini de catholiques, qui n'étant pas assez attachés à l'Eglise de Dieu, c'est-à-dire au Souverain-Pontife, se sont laissés séduire par de mauvais ouvrages et de mauvais journaux et ont subi, de la part de rusés hypocrites haut placés, des influences pernicieuses. Les voilà, ces mauvais catholiques ! qui font plus ou moins parade de religion ! Les voilà qui déblatèrent contre l'infortuné Pie IX ! A quoi bon le temporel ? L'Eglise et le Pape ne seraient-ils pas plus heureux s'ils en étaient débarrassés ? Pourquoi ne pas tolérer ce que les savants écrivent ? Nous ne sommes plus dans le moyen-âge. Pourquoi ne pas s'en rapporter pour la religion à l'Empereur et à Victor-Emmanuel ? Pourquoi tenir un Concile qui n'amènera rien de bon ? Savoir si le Pape est dans le vrai ? Peut-être bien que ses adversaires pourraient avoir raison, etc., etc. Une fausse science, un courant d'idées impies vous ont aveuglés, insensés, qui tenez de pareils langages. Attendez quelques années seulement, et vous verrez ce qui arrivera, par vos préjugés et vos faux principes.

» Vous ne savez donc pas que l'Europe, en ce moment, est une grande malade qui ne tardera pas d'être en proie aux plus désespérantes convulsions ? L'enseignement athée qui fait depuis plus d'un siècle une guerre impie et acharnée à la foi, les fausses idées qu'on décore du nom de sciences nouvelles et de progrès préparent à la société, dans un avenir qui nous touche de près, un cataclysme affreux. Dans un an (1870), la série de maux qui doit promener sur l'Europe la torche de l'incendie et le glaive de la mort, commencera par une guerre atroce entre la France et la Prusse. Ce sera l'hypocrite, l'orgueilleux et l'insensé souverain de la France qui provoquera cette guerre folle. Elle lui sera fatale ; car elle lui fera perdre la couronne qu'il avait usurpée ; il sera vaincu et fait prisonnier.

» On essaiera par différents moyens de relever cet empire de corruption ; mais on ne le pourra pas ; toutes les ruses du monde, toutes les forces de la terre ne peuvent relever ce que Dieu a renversé et ce qu'il veut qui soit renversé à jamais. Ainsi la dynastie napoléonienne, malgré tous les efforts qu'elle fera de nouveau pour escamoter une couronne qui ne lui appartient pas, ne réussira point ; elle a perdu le trône pour toujours. Des hommes, dont les principes et les actes fomenteront une guerre civile affreuse, escamoteront le pouvoir, et la malheureuse France sera plus opprimée que jamais, jusqu'au moment où la révolution, mise en déroute complète, au milieu de luttes sanglantes et de fumantes ruines, se jettera frémissante sur les autres Etats de l'Europe, qui, à leur tour, seront bouleversés et saccagés...

» La République ne sera pas de longue durée en France; ses excès de tous genres la perdront; elle finira par une insurrection formidable que ses partisans feront éclater au moment où ils croiront vaincre et triompher. La France trouvera alors son salut, la paix et le repos dans la monarchie légitime qui sera proclamée. De tous les pays que la révolution souillera, agitera et bouleversera, celui qui aura le moins à souffrir sera la France; elle devra cette grâce spéciale à la très-sainte Vierge, qui l'a prise sous sa protection, à cause du culte filial qu'elle lui rend. Le Concile sera suspendu forcément pendant quelques années. Le grand Monarque, qui doit unir le lis au lion, (*la vertu à la force probablement*), le fera rouvrir solennellement et continuer, malgré quelques obstacles, jusqu'à sa clôture, qui se terminera glorieusement.

» Ce sera dix-huit ans après son ouverture que le Concile se terminera; ce sera à Lyon, sous le quatrième successeur de Pie IX, lequel sera un grand pape, un grand saint et un français de naissance. Rome sera prise par les Garibaldiens; Pie IX sera dépouillé de tout et retenu captif; le triomphe de l'Eglise qu'il doit voir consistera dans la fermeté du pontife à être fidèle à Dieu, dans la persécution qu'il supportera avec une grande force d'âme et avec un rare courage, et dans le retour de presque toute l'Angleterre à la foi catholique. Il y aura un grand combat en Allemagne, qui modifiera beaucoup les victoires de la Prusse. (*Ce doit être la bataille du Boul-*

leau). L'empire d'Autriche disparaîtra, et la Pologne, ayant reformé sa nationalité, rétablira son ancien royaume. Avant que la révolution ait été étouffée en France sous l'étreinte du grand monarque, plusieurs villes des plus importantes de cet Etat seront brûlées. »

Rétablissement de la Pologne.

(Document anonyme).

« Rome et Paris, dit l'Extatique, verront couler le sang de leurs prêtres martyrs ; plusieurs religieux de la Compagnie de Jésus seront impitoyablement massacrés par des scélérats qui auront les instincts du tigre, instincts qui leur viendront de l'athéisme et de l'impiété. Les couvents, ces asiles de la vertu, ces maisons de paix et de prières, seront pillés, détruits et incendiés ; les religieux et religieuses seront expulsés, détestés et honnis ; les églises seront saccagées, dévastées et mises en ruines : ces maux seront grands ; mais Dieu, pour la consolation de ses justes et pour leur montrer qu'il ne les a pas totalement abandonnés, ne permettra pas qu'ils s'étendent partout. Un assez grand nombre de contrées en seront préservées, du moins en souffriront peu, et pendant un temps assez court.

» La France sera grandement bouleversée, et par ses ennemis du dehors et par les ennemis du dedans qui voudront tout détruire. Dans différentes parties de l'Europe on ne verra qu'émeutes, combats, effusion de sang, pillages, incendies, tortures, projets sinistres, projets infernaux, projets diaboliques toujours médités, toujours menaçants et effrayants ; tel sera l'état social par où il faudra que les générations passent pour arriver à cette ère de calme et de paix, après laquelle soupirent depuis longtemps les peuples.

» Ce sera alors le règne du mal, le passage des méchants et des égarés dont le nombre sera grand. Il y aura parmi les hommes un aveuglement tel, que tout ce qu'ils croiront faire pour l'ordre n'engendrera que le désordre. On finira par dire : « Où pourrons-nous donc enfin trouver un remède à nos maux ? »

» Ce temps d'aveuglement et ce règne du mal durera jusqu'au moment où l'Eglise récupérera Rome, à l'aide de la France de Charlemagne, qui alors aura un roi. Mais avant que ce moment tant désiré arrive, que de maux encore aura à souffrir la malheureuse Europe ! Elle éprouvera de grandes agitations ; une guerre terrible, sanglante et sauvage, aura lieu entre deux grandes nations ; viendra ensuite une révolution plus menaçante et plus atroce encore ; elle égorgera, pillera et incendiera tout dans la grande ville.

» Elle commencera en France, comme toujours, sous le régime et par le régime républicain qui est toute sa force. Elle se jettera de là sur tous les points de l'Europe en menaçant de tout détruire et de tout anéantir dans le sang.

» De grands troubles auront lieu presque partout ; la Russie, la Prusse, l'Autriche, la Turquie, la France, l'Angleterre, l'Espagne, l'Italie, seront livrées tour à tour aux horreurs de la guerre. Dans ce cataclysme toute la politique sombrera. On comprendra unanimement le besoin de revenir à une politique chrétienne ; on verra que c'est là que se trouve la grande question de vie ou de mort. L'ordre et la paix rétablis, on s'empressera de donner de solides et de nouvelles bases à l'état social de l'Europe ; et c'est alors, et alors seulement, que la Pologne ressuscitera comme état et reprendra glorieusement son rang parmi les peuples et les états de nouvelle création, ou plutôt de création ancienne. »

Les désastres de 1871 annoncés en 1866.

« Je me penchai sur le sol, et j'y posai mon oreille et je frissonnai d'un frisson de mort ; j'entendais un bruit sourd, comme le bruit d'un tourbillon de poussière que le vent soulève et chasse furieusement devant lui. Et ce tourbillon était plein de hennissements de chevaux effarés, de chocs d'armes, de roulements de canons et de voix confuses, comme d'une armée qui approchait.

» Et des menaces retentissaient de toutes parts, comme si des combattants s'excitaient les uns les autres ; et ils proféraient des cris de mort et d'extermination..... Malheur à toi, cité rebelle, qui joues avec l'émeute comme l'enfant joue avec le disque! Malheur à toi, race incrédule, qui te railles des pontifes du Seigneur et refuses de voir les signes de Dieu ! Malheur à toi, peuple de chair, qui n'as plus foi qu'à l'or et à la matière et aux âpres joies du vice ! parce que le règne du Seigneur est proche ; le jour de colère et de malédiction s'avance vers toi comme un géant.

» La mort gronde sur ta tête, et tu dors, et tu ne veux rien entendre. Cependant les deux tiers de tes défenseurs ont posé leurs fronts dans la poussière, et ceux qui sont encore debout n'ont plus la force de se défendre et de combattre, et ils envient le sort de ceux qui sont tombés à temps, et qui ne verront pas le triomphe des ennemis.

» Les javelots ont des ailes et la mort vole avec eux. La fureur du glaive ne connaît ni le sexe, ni le rang, ni l'âge. Qu'est devenu ton orgueil, ô ville superbe, qui te croyais invincible et insultais aux aigles des Césars ? où sont tes fameux devins et tes oracles menteurs qui t'assuraient la victoire ?

Où sont ces dieux en qui tu avais mis ta confiance? ne les as-tu pas invoqués ? Le danger passe pourtant ; pourquoi ne te sauvent-ils pas ? Ils se sont enfuis, les lâches, ils se sont cachés ; et tu es seule en présence de tes farouches vainqueurs (*les communeux*), tu n'as pas voulu t'incliner devant le vrai Dieu, incline-toi à cet heure devant le fer et devant la flamme (*le pétrole*) ; car il faut périr. »

(Appelly. — *Rosier de Marie* du 28 février 1866.)

—

Prédictions relatives à la révolution.

Le mémorial religieux du 19 septembre 1825, parlant du Recueil de discours publié en 1792, et duquel nous extrayons les citations suivantes, s'exprime ainsi :

« On y trouve annoncées, dès avant la révolution, les catas-
» trophes de cette révolution, la mort de Louis XVI, le peuple
» s'armant contre les rois, et les rois s'armant pour défen-
» dre leur cause, les crimes d'une folle ambition appelant dans
» la France l'Europe armée et tous les malheurs de la guerre. »

I. — « Hélas ! justice, que tu commences à tourner d'une manière terrible sur l'*héritage du Seigneur !* Que tu commences à tourner d'une manière terrible sur ce royaume ! Que tu tourneras encore d'une manière terrible sur les princes et les grands ! Que je me cache dans un petit coin, afin qu'il n'y ait que les murs qui entendent les vengeances du Seigneur ! (Gémissements). Mon Dieu ! mon Dieu ! Justice, tu tiens donc une épée tranchante, afin de commencer à couper par le milieu ce qui fait le soutien et l'appui de ce royaume. Hélas ! tu ne te borneras pas là ; tu retrancheras jusqu'aux extrémités de cet appui et ensuite, quand les moments seront venus, *tu renverseras la tête.* Hélas ! mon père, quelles ténèbres ! quelle nuit ! quel temps de désordre ! quels jours de ravage ! quel *moment de renversement,* de violence et de fureur ! (En gémissant.) Pourquoi a-t-il les yeux fermés ? Et *pourquoi avez-vous arraché le sceptre et renversé le trône ?* Seigneur mon Dieu, que vos jugements sont terribles et profonds ! Sera-t-il relevé ? Mon père, sera-t-il relevé ? Hélas ! je ne vois que sujets d'affliction ; je ne vois que justice et colère ; je ne vois que renversement, que violence ; je ne vois que nuit et que justice. Mon père, mon père, *souvenez-vous de celui que vous avez sacré ;* faites-lui miséricorde ; qu'il connaisse votre justice, qu'il l'adore, qu'il pleure et qu'il s'y soumette. »

II. — « Mon père, épargnerez-vous une partie de ce royaume, et la foi sera-t-elle conservée pure dans quelque canton de cette contrée ? Aurez-vous compassion de cette ville qui est devenue le théâtre de vos miséricordes (Paris) et le témoin des prodiges de votre amour ? Hélas ! vous me criez : « Il n'y a plus rien de sain dès à présent dans ce royaume ; toutes les villes sont infectées, non-seulement du péché, mais encore de l'impiété, de scandale et de blasphème. Le péché et le mensonge sont sortis des villes et ont infecté les montagnes et les vallées, les champs et les bois. Tout a participé à l'injustice et a pris le mensonge pour son roi. Je vois éparse de côté et d'autre une petite poignée qui n'a pas fléchi les genoux devant l'idole, et encore de cette poignée beaucoup veulent sortir de ma main pour courir suivant la vanité de leur cœur. Qui peut prier pour cette ville ? qui peut fléchir ma colère contre ce royaume ? » (14 août 1764.) A la fin de ce discours, on invoque pour la France la protection de la sainte Vierge.

III. — Ce qui regarde les églises qui ont été fermées est annoncé en ces termes :

« Il viendra un jour où le Seigneur, pour venger le mépris qu'on aura fait de lui, et le peu de faim et de soif qu'on aura eu pour le grand don qu'il a fait de lui-même, permettra à ses ennemis d'exercer toutes sortes d'injustices, de fermer aux enfants la porte de leur propre maison, et de les empêcher de manger de leur propre pain » (du 7 août 1765). Aussi « le culte changera-t-il d'une manière si étonnante, que *l'on ne reconnaîtra presque plus de vestiges de l'ancien* » (13 juin 1762) ; les croix seront abattues et traitées avec les derniers outrages (23 septembre 1757) ; des prêtres même donneront alors les mains au renversement de la religion. « Dans quel état est devenu le prêtre !... Quoi donc ! vous me faites voir que cette portion qui devait être la plus noble de Sion, sa force et sa consolation, doit tomber dans des prévarications si terribles, qu'à peine pourra-t-on reconnaître même le culte extérieur, tant nos temple seront profanés *et nos jours de fêtes changés.* » (4 septembre 1762 et 27 décembre 1761). Pour comble d'abomination, *une idole nouvelle* sera portée dans le temple du Seigneur ; idole dont le seul souvenir fera frémir d'horreur nos descendants, *quand la sombre nuit sera passée* (du 7 avril 1764.) Enfin d'impiété en impiété les choses en viendront au point qu'on verra *transporter le Seigneur* lui-même dans des temples devenus, par un *mélange affreux, des temples de Dagon, où la voix de l'époux sera confondue avec Bélial.* » (27 décembre 1761.) Cette prédiction ne semble-t-elle pas avoir eu un premier accomplissement durant le temps du culte théophilanthropique dont on a vu les tableaux dérisoires suspendus dans les églises même, en sorte qu'on y exerçait alternativement un culte réputé catholique et un culte impie et abominable ?

IV. — « Priez, enfants, et suppliez le Seigneur qu'il ne vous laisse pas voir ces assemblées toutes formées de fourbes et de brigands, afin que vous ne soyez point exposés à aller montrer votre visage devant ces impies et effrénés » (6 mars 1766). Les traits suivants peuvent s'appliquer au même temps :

« Il n'y aura plus de lieu ni d'asile pour se mettre à couvert. Il n'y aura plus de tribunal pour faire entendre une voix entrecoupée de sanglots et de gémissements ; le sang sera repoussé par le sang, l'injustice par l'injustice, la violence par la violence (du 21 janvier 1761), » [parce que] « le temps de vos vengeances, Seigneur, arrive à grands pas. Vous allez livrer cette terre à un si grand désordre, à une confusion si terrible, qu'on ne verra qu'exécuteurs de votre justice ; chacun s'arrachera la verge pour frapper, et celui qui aura frappé sera frappé. Cela arrivera ainsi successivement à tous ces hommes, afin qu'ils soient abreuvés de leur propre sang, après s'être enivrés de celui des autres. » (19 février 1764).

V. — « La chute de Napoléon paraît bien annoncée dans les passages suivants : « Vous ferez connaître, Seigneur, à toute la terre que nulle puissance, nulle force ne peut résister à la vôtre, et que vous vous plaisez à briser la force du LION même, après l'avoir laissé longtemps rugir et ravager, pour ainsi dire toute la terre. Oui, Seigneur, vous abattrez la force des furieux, et vous ferez d'eux un exemple terrible aux yeux de toute la terre (2 juillet 1756, et au 17 février 1758). Chacun a son temps, après lequel vous le renversez ; vous en renverserez donc encore, ô mon Dieu ! et celui qui est au comble de l'honneur et de la puissance sera donc encore *brisé et mis en oubli*. Hélas ! Seigneur, renversement sur renversement ; vous humiliez le pécheur, vous renversez l'impie, et que devenons-nous ? Nos maux croissent toujours, et après de beaux projets et desseins de paix, une foule de maux viendra donc inonder notre âme... Enfants du Seigneur, s'il vous laisse encore quelques jours dans sa miséricorde, que vous verrez de changements différents ! et pour une apparence de paix, que de jours de larmes ! Mais c'est par la patience que vous entrerez en possession du royaume où l'injustice n'aura plus aucun accès. »

VI. — « ..... Tu seras brisée en quatre, et chacun à l'envi se jettera sur toi pour partager tes dépouilles : car c'est ainsi que tu mérites d'être traitée. J'ai fait des merveilles au milieu de toi qu'un autre que moi n'aurait pu faire ; je t'en destine encore d'étonnantes. Je te forcerai de voir dans le fort de ta malice ; j'apporterai même la conviction sous tes yeux dans le plus fort de ton déchaînement, de tes ténèbres et de tes injustices. Mais pourquoi est-ce que je t'avertis, ô peuple qui n'es plus mon peuple, puisque tu dois te rendre toutes choses inutiles ? Mais si ce n'est pas pour toi, c'est pour mes enfants et pour ceux qui doivent être arrachés du milieu de toi. Je t'avertis, afin que mes enfants apprennent à me connaître, à vivre dans l'attente de mes desseins, de ma justice et de mes miséricordes, afin qu'ils apprennent à vivre de leur foi et à persévérer dans la foi ; au lieu que pour toi, je ne te parle que pour augmenter ton injustice, et donner lieu à la force de ma fureur. » (Du 6 mai 1764).

VII. — « Je viendrai juger la terre, dit le Seigneur ; j'en frapperai les habitants... J'ai commencé à étendre mon bras sur ce royaume ; je l'ai frappé dans ses chefs ; je l'ai frappé dans les plus illustres de ses membres ; j'ai laissé le peuple en proie à ses ennemis domestiques ; je l'ai laissé tomber dans la confusion ; et, après lui avoir montré ma lumière en différentes fois dans le fort de ses maux, il ne s'en est servi que pour demeurer dans l'injustice de son cœur, et pour porter un remède feint et simulé à ses maux. C'est pourquoi j'ai dit à la folie : Entrez par ses yeux et par tous ses sens ; dévorez ce peuple, faites-en votre jouet, afin qu'il rachète à longs traits l'injuste préférence qu'il a faite du mensonge à ma lumière, de l'injustice à ma justice, et des lois du prince des ténèbres à ma loi sainte et adorable. » (5 janvier 1767.)

VIII. — C'est la France qui, selon le Recueil imprimé, aura donné la première impulsion à cette commotion universelle. « Que de révolutions ! que d'empires changés à cause de tes iniquités, ô France injuste, perverse, impie et sanguinaire ! Pourquoi t'es-tu laissé corrompre? Pourquoi as-tu voulu être allaitée d'un sang impur ?... Hélas ! tout s'est changé au milieu de toi. C'est pourquoi l'injustice va pénétrer jusqu'au fond de tes os, et une foule de tigres va naître dans ton sein. » (15 juillet 1762). Aussi quels châtiments sont réservés à notre nation, si elle ne fait point pénitence ! On ne finirait pas sur les maux qui lui sont prédits. La dernière catastrophe qui doit y mettre le comble arrivera par une irruption de peuples circoncis qui, comme *une pluie d'hommes*, doivent inonder et ravager particulièrement l'Italie et la France, après avoir traversé l'Europe. La mer aussi et les rivières serviront à porter de semblables ennemis pour exécuter les vengeances du Seigneur. (11 août 1765). Fasse le ciel que nous détournions l'effet de si terribles prédictions ! En renvoyant le lecteur aux principaux extraits qui les renferment, on donnera ici un seul morceau de ce genre qui, à la suite des plus grands malheurs prédits contre la nation, contient les plus belles promesses pour le peuple d'Israël, dont la dernière attente fait, comme l'a dit Tertullien, toute la ressource et l'espoir de l'Eglise. »

Ces prédictions, écrites au siècle dernier, sont aussi applicables à notre âge, et on peut y voir les mêmes égarements déterminant les mêmes malédictions.

Diversion à travers l'histoire

RELATIVEMENT AUX PROPHÉTIES.

Nous possédons un volumineux recueil de textes sur le don de prophétie constaté dans les âges. Des faits nombreux y sont extraits en outre des auteurs grecs et latins et concernent la pluralité des nations antiques. Nous détachons de ce curieux répertoire les pages suivantes, qui ont trait surtout à l'histoire de France. Ces citations sont de nature à donner du poids aux textes révélateurs que nous publions et à déterminer le public à se tourner du côté de nos études sur les révélations contemporaines.

Extraits de l'Histoire de Jeanne d'Arc, par M. Le Brun de Charmettes ; vol. in-8° ; Paris, 1817.

Des prophéties, anciennes et récentes, annonçaient l'envoi d'une vierge au secours de la France. L'évêque de Castrie, ancien confesseur du roi, attestait qu'il avait vu autrefois en écrit qu'une certaine fille devait venir, qui secourrait la France. » Voy. t. I, p. 362.)

« Pierre Miger, prieur de Longueville, déclara qu'il avait trouvé dans un livre où était racontée la profession de Merlin, « qu'une certaine fille devait venir de certain Bois-Chenu (1) (*nemore canuto*), des parties de la Lorraine. » Le célèbre comte Dunois dit que cette prédiction était contenue en quatre vers et portait en substance : « qu'une fille viendrait du Bois-

---

(1) Il y avait effectivement, près du village de Domremy, un bois de ce nom. On le voyait de la maison de Jeanne d'Arc.

« Chenu et chevaucherait sur le dos des architenans, et contre « eux. » Il prétend également que cette prédiction fut montrée au comte de Suffolk, prisonnier, après la prise de Jargeau et la bataille de Patay. (Voy. t. i, p. 363. — *Id.* t. ii, p. 248. — *Id.* t. iv, p. 449.)

« Jeanne d'Arc avait connaissance de quelques-unes de ces prophéties. « N'avez-vous pas ouï raconter, disait-elle un jour à une femme chez qui elle logeait, à Vaucouleurs, qu'il a été prophétisé que la France serait perdue par une femme et rétablie par une vierge des Marches (*frontières*) de la Lorraine ? » Son hôtesse se rappela alors qu'elle avait autrefois entendu parler de cette prédiction : elle en fut très-frappée ; et depuis ce moment, elle et beaucoup d'autres crurent à ses paroles. » (Voy. t. i, p. 327.)

« Enfin, lorsque Jeanne d'Arc fut arrivée auprès du roi, quelques personnes lui demandèrent s'il n'y avait pas dans son pays un bois appelé le *Bois-Chenu*, parce que, disaient-elles, il existait des prophéties qui assuraient qu'une fille viendrait des environs de ce bois, et ferait des merveilles. » (Voy. *id.* p. 365. — *id.* t. iii, p. 315.)

« La veille de la Saint-Jean, 1427, Jeanne d'Arc dit à Michel Le Buin, laboureur, « qu'il y avait entre Compey et Vaucou- « leurs une fille qui avant un an ferait sacrer le roi de France.» (T. i, p. 303.)

« Le 12 février 1428, jour même du funeste combat de Rouvray-Saint-Denis, si célèbre sous le nom de Journée des Harengs, Jeanne dit à messire Robert de Baudricourt, gouverneur de Vaucouleurs, « que le roi avait eu grand dommage devant « Orléans, et aurait encores plus, s'elle n'estoit menée devant « luy » (*Id.* p. 339). L'exactitude de cette annonce décida Baudricourt à envoyer Jeanne au roi.

« Le lendemain, au moment de son départ, quelques personnes demandèrent à Jeanne comment il était possible qu'elle entreprît ce voyage, vu le grand nombre d'hommes d'armes qui battait le pays ; elle répondit : « qu'elle trouverait le chemin libre » (*Id.* p. 355). — Il ne lui arriva aucun accident, ni à ceux qui l'accompagnaient, et elle ne rencontra que peu de difficultés pendant ce voyage, qui dura onze jours en pays ennemi, à la fin de l'hiver, et sur une route de cent cinquante lieues, coupée d'une quantité de rivières profondes. » (Voy. *id.* 346-360.)

« Le 27 février, au moment où elle entrait chez le roi, un homme à cheval qui la vit passer demanda à quelqu'un : « Est-ce pas là la Pucelle ? » Comme on lui répondit affirmativement, il dit en reniant Dieu (Jarnidieu), que s'il l'avait seulement une nuit, elle ne la quitterait pas vierge. Jeanne l'entendit, et retournant la tête : « Ha, en nom Dieu, « tu le renyes, dit-elle, et si prest de ta mort ! » — Environ une heure après, cet homme tomba dans l'eau et s'y noya. (*Id.* p. 374.)

« Le mois suivant, Jeanne dit aux docteurs qui étaient chargés de l'examiner à Poitiers :

1º Que les Anglais seraient détruits, qu'ils lèveraient le siège qu'ils avaient mis devant Orléans, et que cette ville serait délivrée desdits Anglais ;

2º Que le roi serait sacré à Reims ;

3º Que la ville de Paris serait rendue à l'obéissance du roi ;

4º Que le duc d'Orléans reviendrait d'Angleterre. » (*Id.* p. 399.)

« Le roi et son conseil s'étant enfin déterminés à envoyer Jeanne à Orléans, on la chargea d'y conduire un convoi de munitions et de vivres dont la place avait le plus grand besoin. Un maître des requêtes de l'Hôtel du roi lui dit : « que ce se-
» rait forte chose, vues les bastilles qui étaient devant, et les
» Anglais qui étaient forts et puissants. » « En mon Dieu, ré-

» pondit-elle, nous les mectrons dedans Orléans, à nostre aise,
» et si il n'y aura Angloys qui sorte, qui ne fasse semblant de
» l'empescher. » (*Id.* p. 413.)

» Les généraux de Charles VII n'ayant pas osé prendre la route que leur avait indiquée Jeanne, le convoi fut obligé de s'arrêter à quelques lieues d'Orléans, par le manque d'eau et par l'effet des vents contraires. Tout le monde était confus et chagrin, mais Jeanne annonça que « le vent ne tarderait pas
» à changer, et que les vivres entreraient librememt dans la
» ville, malgré les Anglais. » Ce qui se vérifia complètement. (T. II p. 8-13.)

» Les Anglais retinrent un des deux héraults d'armes que Jeanne leur envoya pour les sommer de se rendre ; ils voulaient même le faire brûler vif, et ils écrivirent à l'Université de Paris pour la consulter à ce sujet. Jeanne assura qu'ils ne lui feraient point de mal. (*Id.* p. 29-32.)

» Lorsque Jeanne se rendit à la redoute appelée le boulevard de la Belle-Croix pour sommer les Anglais de s'éloigner, ceux-ci l'accablèrent d'injures ; un de leurs chefs, nommé Glacidas, la traita de *ribaulde* et *p....* Jeanne lui répondit « qu'il men-
» toit ; que maulgré eulx tous, ilz partiroient bien bref ; mais
» *il ne le verroit jà*, et si seroient grant partie de sa gent tuez. » (*Id.* p. 40.) (1).

» Après avoir introduit le convoi de vivres et de munitions dans Orléans, Jeanne prédit aux habitants de cette ville que dans cinq jours il ne resterait pas un Anglais devant leurs murs. (*Id.* p. 52.)

---

(1) A la prise du fort des Tourelles, Glacidas voulut fuir par le pont qui séparait la bastille du boulevard ; mais une arche s'écroula sous ses pas, et il fut englouti avec tous les siens dans la rivière. *Id.* p. 107 et suiv.

» Le 6 mai, Jeanne prévint son confesseur qu'elle serait blessée au-dessus du sein, le lendemain devant la bastille, du bout du pont » (*Id*. p. 86). Elle reçut effectivement entre le cou et l'épaule un trait (*vireton*) qui ressortait derrière le cou de près d'un demi-pied. » (V. p. 95 et suiv.)

« Le 7 au matin, son hôte l'ayant engagée à manger d'une alose que l'on venait de lui apporter, elle répondit de la garder jusqu'au soir, parce qu'elle lui amènerait un *god-dam* qui en mangerait sa part. Elle ajouta qu'elle repasserait par-dessus le pont après avoir pris les Tournelles, promesse qui parut impossible à tout le monde, mais qui cependant fut exécutée comme toutes les autres. (V. p. 111).

» L'irrésolution du roi faisait le supplice de Jeanne. « Je ne
» durerai qu'un an et guère au-delà, lui disait-elle ; il faut tâ_
» cher de bien employer cette année. » (V. p. 145.).

» La duchesse d'Alençon éprouvait les plus vives alarmes en voyant son époux à la tête de l'armée qui allait faire sacrer le roi à Reims. Jeanne lui dit de ne rien craindre, qu'elle le lui ramènerait sain et sauf, « voire en meilleur état qu'il n'étoit maintenant ». (V. p. 153) (1).

Les généraux anglais Talbot, Scalles et Falstof, étant venus avec quatre mille hommes pour secourir le château de Beaugenci et en faire lever le siège, Jeanne prédit que les Anglais ne se défendraient point, qu'ils seraient vaincus, que ce triomphe ne coûterait presque pas de sang à l'armée du roi, qu'il n'y aurait que très-peu de monde, pour ne pas dire personne, de

---

(1) A l'attaque de Jargeau, le duc d'Alençon considérait attentivement les dehors de la place, lorsque Jeanne lui dit de s'éloigner du lieu où il était, sans quoi il allait être tué par une machine de guerre. Le duc se retira, et presque aussitôt le coup partant vint frapper un gentilhomme d'Anjou, nommé M. du Lude, à la même place que le prince avait quittée. (V. p. 170 et suiv.)

tué du côté des Français. (V. p. 205). On ne perdit en effet qu'*un seul homme*, et presque tous les Anglais furent pris ou tués. (V. p. 216.)

Jeanne avait dit au roi de ne pas craindre de manquer de troupes pour l'expédition de Reims, « qu'il aurait assez de gens, et que beaucoup de monde la suivrait ». (V. p. 255.) L'armée augmentait tous les jours à vue d'œil et se montait à douze mille hommes vers la fin de juin de 1429. (V. p. 259.)

Lorsque l'armée fut arrivée devant Troyes, cette ville ferma ses portes et refusa de se rendre. Après cinq jours d'attente et de sommations inutiles, la plupart des membres du conseil furent d'avis de revenir à Gien; mais Jeanne leur annonça qu'avant trois jours elle introduirait le roi dans la ville, par amour ou par puissance ; le chancelier lui dit alors que l'on attendrait bien six jours, si l'on était certain de la véritéde ses promesses. Ne doutez de rien, lui répondit-elle, vous serez *demain* maîtres de la cité. — Sur-le-champ elle fit tous les préparatifs pour donner l'assaut, ce qui effraya tellement les habitants et la garnison qu'ils capitulèrent le lendemain. (P. 265-278.)

Charles craignait beaucoup que la ville de Reims ne lui opposât une longue résistance et qu'il ne fût pas facile de s'en rendre maître, parce qu'il manquait de machines de guerre. « N'ayez aucun doute, lui dit Jeanne, car les bourgeois de la ville de Reims viendront au-devant de vous. Avant que vous approchiez de la ville, les habitants se rendront ». (P. 301.) Le 16 juillet, les notables de Reims déposaient aux pieds du roi les clés de la ville sainte. (P. 305.)

Pendant sa captivité, Jeanne fit les prédictions suivantes, le 1er mars 1430, en présence de cinquante-neuf assesseurs, dont M. le Brun de Charmettes donne la liste fidèle: « Avant qu'il soit sept ans, les Anglais abandonneront un plus grand gage qu'ils n'ont fait devant Orléans, et perdront tout en France.

» Ils éprouveront la plus grande perte qu'ils aient jamais faite en France; et ce sera par une grande victoire que Dieu enverra aux Français ». (V. t. III, p. 349.)

Paris fut effectivement repris par les Français, sous la conduite du connétable de Richemont et du comte de Dunois, le 14 avril 1436. (P. 349.)

Quant à la grande victoire qui devait être si funeste aux Anglais, M. le Brun pense que l'on peut entendre, soit la bataille de Formigny, gagnée par les Français en 1450 et dont le résultat fut la conquête de la Normandie, soit la bataille de Castillon livrée en 1452, où périt le fameux Talbot, et qui acheva de soumettre la Guienne à la France (p. *id.*)

Pour expliquer cette expression, *perdront tout en France*, le même auteur rappelle que le peuple donnait alors exclusivement le nom de France à ce qui avait composé primitivement le domaine immédiat de Hugues Capet et de ses premiers descendans ; l'Ile-de-France, l'Orléanais, le Berri, la Touraine, etc. Jeanne d'Arc, née à Domremy, à l'extrémité de la Champagne, disait que saint Michel lui avait ordonné de se rendre *en France*. (V. t. IV, p. 457.)

Extrait de l'Histoire des républiques italiennes du moyen âge, par M. de Sismondi. Paris, 1826.

« C'était dans l'année 1483 que Savonarole avait cru sentir en lui-même cette impulsion secrète et prophétique qui le désignait comme réformateur de l'Eglise, et qui l'appelait à prêcher aux chrétiens la repentance, en leur dénonçant par avance les calamités dont l'Etat et l'Eglise étaient également menacés. Il commença en 1484, à Brescia, sa prédication sur l'Apocalypse, et il annonça à ses auditeurs que leurs murs seraient un jour baignés par des torrents de sang. Cette menace parut recevoir son accomplissement deux ans après la mort de Savonarole, lorsqu'en 1500 les Français, sous les ordres du duc de Nemours, s'emparèrent de Brescia, et en livrèrent les habitants à un affreux massacre. » (Voy. t. xii, p. 67. id. *Vita di Savonarola*, lib. i, ix, xv, p. 19.)

» J. Savonarole ébranlait tous les jours un nombreux auditoire (à Florence, en 1493) par le développement des prophéties où il croyait voir l'annonce de la ruine future de Florence. Il parloit au peuple, au nom du ciel, des calamités qui le menaçaient, il le supplait de se convertir : il peignait successivement à ses yeux le désordre des mœurs privées, et les progrès du luxe et de l'immoralité dans toutes les classes de citoyens; le désordre de l'Eglise et la corruption de ses prélats, le désordre de l'Etat et la tyrannie de ses chefs : il invoquait la réforme de tous les abus ; et autant son imagination était brillante et enthousiaste, quand il parlait des intérêts du ciel, autant sa logique était rigoureuse et son éloquence entraînante, quand il réglait les intérêts de la terre. » (*Id.* p. 73.)

» Les prédictions de Savonarole étaient appuyées par la menace de calamités nouvelles et effroyables que des armées étrangères devaient apporter à l'Italie : chaque jour en effet ces calamités s'approchaient et elles commençaient à devenir visibles à tous les yeux » (p. 74.)

« Après la fuite des Médicis, le nouveau gouvernement de Florence envoya au roi de France une ambassade composée de Pierre Caponi, de Tanai de Nerli, Pandolfo Ruccelai, Giovani Cavalcanti, et du père Girolamo Savonarola, que l'on chargea de porter la parole au nom de tous. Celui-ci, regardé par les Florentins, comme doué du pouvoir des miracles et des prophéties, leur semblait un avocat céleste que la Providence leur envoyait pour les défendre.

» Les ambassadeurs florentins se rendirent à Lucques, où était le roi ; mais ils ne purent y obtenir audience, et ils furent obligés de le suivre à Pise. Là, le père Savonarole s'adressa au monarque victorieux, avec ce ton d'autorité qu'il était accoutumé à prendre vis-à-vis de son auditoire. Ce n'était point le député d'une république qui parlait à un roi, c'était l'envoyé de Dieu, celui qui avait prophétisé la venue des Français, qui en avait longtemps menacé les peuples comme d'un fléau céleste, et qui s'adressait à présent à celui que la main divine avait conduit pour lui indiquer comment il devait terminer l'ouvrage dont la Providence l'avait chargé.

« Viens, lui dit-il, viens donc avec confiance, viens joyeux et triomphant ; car celui qui t'envoie est celui même qui, pour notre salut, triompha sur le bois de la croix. Cependant, écoute mes paroles, ô roi très-chrétien ! et grave-les dans ton cœur. Le serviteur de Dieu, auquel ces choses ont été révélées de la part de Dieu..., t'avertit, toi, qui as été envoyé par Sa Majesté divine, qu'à son exemple, tu aies à faire miséricorde en tous lieux, mais surtout dans sa ville de Florence, dans laquelle, bien qu'il y ait beaucoup de péchés, il conserve aussi beaucoup de serviteurs fidèles, soit dans le siècle, soit dans la religion. A cause d'eux, tu dois épargner la ville, pour qu'ils prient pour toi, et qu'ils te secondent dans tes expéditions. Le serviteur inutile qui te parle, t'avertit encore au nom de Dieu, et t'exhorte à défendre de tout ton pouvoir l'innocence, les veuves, les pupilles, les malheureux, et surtout la pudeur des épouses du Christ qui sont dans les monastères, pour que tu ne sois point cause de la multiplication des péchés ; car par eux s'affaiblirait la grande puissance que Dieu t'a donnée. Enfin, pour la troisième fois, le serviteur de Dieu t'exhorte au nom de Dieu à pardonner les offenses. Si tu te crois offensé par le peuple florentin, ou par aucun autre peuple, pardonne-leur, car ils ont péché par ignorance, ne sachant pas que tu étais l'envoyé de Dieu. Rappelle-toi ton Sauveur qui, suspendu sur la croix, pardonna à ses meurtriers. Si tu fais toutes ces choses, ô roi ! Dieu étendra ton royaume temporel ; il te donnera en tous lieux la victoire, et finalement il t'admettra dans son royaume éternel des cieux. » (V. p. 151 etc.) *Vita del P. Savonarola*. L. II, § 6, p. 68.

« Dans ce temps (1495), toute l'Italie s'ébranlait contre les Français : et les députés de Venise et de Milan sollicitaient les Florentins de s'unir à la cause de l'indépendance italienne. Ils auraient réussi, sans doute, si Jérôme Savonarole n'avait pas redoublé, par ses exhortations prophétiques, la crainte que ressentait la seigneurie en se trouvant la première sur le passage de l'armée française à son retour. Mais, depuis plusieurs années, Savonarole avait annoncé qu'une invasion étrangère causerait le malheur de l'Italie. A l'apparition de Charles VIII, il avait déclaré que c'était là le monarque que Dieu avait choisi pour punir les méchants et réformer l'Eglise. Il persistait encore à dire que, quoique Charles VIII n'eût point accompli la tâche qui lui avait été imposée par la divinité, il était toujours son envoyé ; que Dieu continuerait à le conduire comme par la main, et le tirerait de toutes les difficultés où il s'était engagé. Ces prophéties, répétées avec tant d'assurance dans les chaires, étaient accueillies avec la foi la plus entière par le peuple et par les chefs de la République. » (Voy. *Vita del P. Savonarola*, lib. II, § 14, p. 81. — *Mémoires de Ph. de Commines*, liv. VIII, ch. III, p. 270. — *Jacopo Nardi*, lib. II, p. 36.)

« Cependant, Charles VIII s'avança de Sienne à Poggibonzi ; il y rencontra le frère Jérôme Savonarole, envoyé par la république florentine en ambassade auprès de lui. Ce moine, employant, selon son usage, l'autorité divine au lieu de motifs politiques, tança le roi des désordres qu'avait commis son armée, de son mépris pour les serments prêtés sur les autels, de sa négligence à réformer l'Eglise, œuvre pour laquelle Dieu l'avait appelé en Italie, et l'y avait conduit comme par la main. Il l'avertit que s'il ne se repentait, que s'il ne changeait pas de conduite, Dieu ne tarderait pas à l'en punir d'une manière sévère ; et l'on crut voir ensuite l'accomplissement de cette menace dans la mort du dauphin. Charles, troublé par ces prophéties, abandonna la route de Florence et prit celle de Pise. » (p. 256. Voy. *Fr. Guicciardini, lib.* 2, p. 98. — *Vita del P. Savonarola, lib.* II, § 15, p. 82. — *Mémoires de Commines, liv.* VIII, ch. III, p. 270. — *Scipione Ammirato, lib.* XXVI, p. 214.)

« Bayle dit que Philippe de Commines loue beaucoup Savonarole, et lui attribue la gloire d'avoir bien prophétisé certaines choses. Etant arrivé à Florence lorsqu'il allait au-devant de Charles VIII, qui revenait de Naples, l'an 1495, il rendit une visite à frère Hiéronymo, demeurant à un couvent réformé, homme de sainte vie, comme on disait, qui quinze ans avait demeuré audit lieu. « La cause de l'aller voir, ajoute-t-il, fut parce qu'il avait toujours presché en faveur du Roy, et sa parole avait toujours gardé les Florentins de tourner contre nous ; car jamais prescheur n'eut tant de crédit en cyté : il avoit toujours asseuré la venue du Roy (quelque chose qu'on dist ou escrivist au contraire), disant qu'il estoit envoyé de Dieu pour chastier les tyrans d'Italie, et que rien ne pouvoit résister ni se deffendre contre luy : avoit dist aussi qu'il viendroit à Pise, et qu'il y entreroit, et que ce jour mourroit l'Estat de Florence : et ainsi advint ; car Pierre de Médicis fut chassé ce jour ; et maintes autres choses avoit preschées avant qu'elles advinssent : comme la mort de Laurent de Médicis : et aussi disoit publiquement l'avoir par révélation ; et preschoit que l'Estat de l'Eglise seroit réformé à l'espée. Cela n'est pas encore advenu : mais il en fut bien près, etc. » (Voy, liv. VIII, ch. II, p. 498.)

« Angelo Cattho, archevêque de Vienne, en Dauphiné, sous Louis XI, prédit à Guillaume Briconnet, général du Languedoc, alors marié et père de famille, qu'il serait un grand personnage dans l'Eglise, et bien près d'être pape. Ce qui arriva. »

« Le même annonça vingt ans d'avance que don Frédéric d'Aragon serait roi (1). (Voy. BAYLE, *Dict. hist.*, t. I, p. 813. — *Id.* 1720.)

« Pierre Mathieu, historien de Louis XI, dit que ce roi fi^t grande estime d'Angelo Cattho, Napolitain, qui estoit venu en France avec le prince de Tarente, et avoit prédit au duc de Bourgogne et au duc de Gueldres leur malheur. » (Voy. *Hist. de Louis XI*, liv. X, p. 522.)

Cattho avait connu Philippe de Commines à la cour de Bourgogne, et, dès cette époque s'était formée entre eux une liaison qui fut durable. Ils se retrouvèrent avec plaisir à la cour de France, et ce fut à la sollicitation de Cattho que Commines écrivit ses Mémoires, en plusieurs endroits desquels il le loue de son grand savoir et de son habileté à *prédire l'avenir*. Ce n'est cependant pas Commines, mais l'auteur d'un *Sommaire de la vie de Cattho*, imprimé avec ses Mémoires, qui raconte que celui-ci annonça le premier à

(1) Cette dernière prédiction est attestée par Philippe de Commines. Voyez l'Epître dédicatoire où il dit à Angelo Cattho : « Duquel Frédéric d'Arragon, monseigneur de Vienne m'avoit maintes fois assuré qu'il seroit roi, etc. ; il me promit dès-lors quatre mille livres de rentes, si ainsi advenoit, et a été cette promesse *vingt ans d'avance* que le cas advint. « (Voy. liv. VIII, ch. IV. p. 437, à l'année 1494.)

Louis XI la mort du duc de Bourgogne. « A l'instant, dit l'auteur du Sommaire, que ledict duc fut tué, le roy Louys oyoit la messe en l'église saint Martin, à Tours, distant de Nancy de dix grandes journées pour le moins, et à ladicte messe lui servoit d'aumônier l'archevêque de Vienne, lequel, en baillant la paix audict seigneur, luy dyct ces paroles : « Sire, Dieu vous donne la paix et le repos ; vous les avez si vous voulez, *quia consummatum est* ; vostre ennemi, le duc de Bourgogne, est mort ; il vient d'estre tué, et son armée desconfitte. » Laquelle heure cottée fust trouvée estre celle en laquelle véritablement avait été tué ledict duc. » (Ext. de la *Biographie universelle*, t. VII, 420. *Signé* : W.-S. (Weiss.)

« Si l'on en croit les premiers historiens espagnols et les plus estimés, il y avait parmi les Américains une opinion presque universelle que quelque grande calamité les menaçait, et leur serait apportée par une race de conquérants redoutables, venant des régions de l'est, pour dévaster leurs contrées. » (ROBERTSON, *Hist. de l'Amérique*, t. III, liv. 5, p. 39).

« Plus loin, le même historien rapporte le discours de Montézuma aux grands de son empire, et dans lequel « il leur rappelle les traditions et les prophéties qui annonçaient *depuis long-temps* l'arrivée d'un peuple de la même race qu'eux, et qui devait prendre possession du pouvoir suprême. » (V. p. 128, sur l'année 1520.)

» Quand la révolution de 1647 éclata à Naples, une tradition unanime attestait que la liberté avait été sur le point d'être conquise un siècle auparavant par un autre Tomaso-Aniello d'Amalfi, et que cet homme était mort en promettant à la nation qu'elle serait délivrée un siècle après par un de ses descendants ». (CH. NODIER, *Mélanges tirés d'une petite bibliothèque*, p. 361.)

» Quoique les ouvrages de Nostradamus soient à peu près inintelligibles, il faut cependant avouer qu'on y trouve quelques passages dignes d'attention. Dans l'épître dédicatoire à Henri II (du 14 mars 1547) cet auteur dit : « que ces nocturnes et prophétiques supputations ont été composées plustôt *d'un naturel instinct*, accompagné d'une fureur poétique, que par reigle de poésie ». Plus loin, il annonce à l'Eglise chrétienne une persécution plus grande que celle qui eut lieu en Afrique, « et durera ceste cy jusques à l'an mil sept cent nouante-deux *que l'on cuidera estre une renovation de siecle* ». La fin de cette phrase est certainement fort remarquable, puisqu'en effet l'ère de la République commença le 22 septembre 1792 ».

Extrait de l'ouvrage intitulé Nouvelles considérations sur les oracles, *etc., par Th. Bouys.*

Lors de la suppression des jésuites par Clément XIV, une paysanne nommée Bernardine Renzi, du village de Valentano, diocèse de Montefiascone, ne sachant ni lire ni écrire, mais déjà connue par diverses prédictions respectées du Saint-Office, annonça que le pape mourrait au mois de septembre suivant (1774), à l'époque de l'équinoxe. Elle ajouta de plus que le pape publierait l'année sainte et ne la verrait pas ; que les fidèles, après sa mort, ne lui baiseraient pas les pieds, et qu'il ne serait pas exposé, selon le cérémonial d'usage, dans la basilique de Saint-Pierre.

Sa Sainteté ayant été informée de ces prédictions, fit arrêter cette fille le 12 mai. B. Renzi dit au commissaire Pacifici et à ses sbires : *Ganganelli m'emprisonne, mais Braschi me délivrera.* Le curé de Valentano, son confesseur, arrêté en même temps et pour la même cause, assura aux officiers de justice que cela lui avait été annoncé trois fois. *Tenez*, ajouta-t-il, *je vous remets ce cahier des prédictions que j'ai recueillies de ma paroissienne où vous le trouverez écrit.*

Toutes les informations que l'on prit furent unanimes, sur la piété simple et la vie régulière de cette fille.

Ganganelli mourut en effet le 22 septembre 1774, à huit heures du matin. A ce moment même, B. Renzi qui était renfermée dans un monastère de Montefiascone, alla trouver la supérieure et lui dit : « Vous pouvez commander à votre communauté les prières d'usage pour le Saint-Père : il est mort. » Celle-ci s'étant empressée de transmettre à l'évêque du lieu la déclaration que venait de faire sa pensionnaire, toute la ville, distante de Rome de dix-huit lieues, fut instruite avant dix heures du matin de la nouvelle que les premiers courriers ne lui apportèrent que dans l'après-midi (1).

Le cardinal Braschi fut élu sous le nom de Pie VI, le 10 octobre 1775. Avant de mettre en liberté les personnes que son prédécesseur avait fait incarcérer, le nouveau pape les fit juger par la commission chargée de poursuivre les Jésuites. Ne pouvant expliquer ces prédictions par des moyens naturels, les commissaires prirent le parti de les attribuer au diable ; ils assurèrent que les prisonniers étaient ses dupes, mais qu'ils étaient de bonne foi, etc., en conséquence, ceux-ci furent relâchés.

En 1804, M. Th. Bouys se proposant d'examiner de nouveau la question des oracles, des sybilles, des prophètes, etc., écrivit le 8 novembre au cardinal Mauri, évêque de Montefiascone, pour lui demander de plus amples renseignements sur B. Renzi. Dans sa réponse, datée du 1er décembre suivant, S. E. lui dit que le récit de l'abbé Proyard (2) est exactement con-

(1) Toutes les circonstances qui devaient suivre la mort du pape se vérifièrent exactement.

(2) Dans l'ouvrage intitulé *Louis XVI détrôné avant d'être roi.*

forme à l'opinion qu'on avait de cette femme dans son diocèse, lorsqu'il y est arrivé ; que les procédures rédigées à son sujet par les commissaires du Saint-Office, ont été envoyées à Rome ; que B. Renzy était au couvent des Visitandines et que la Chambre apostolique payait sa pension au moment où l'Etat de l'Eglise fut envahi par les Français ; qu'à cette époque elle se retira à Gradoli, petite ville du même diocèse, où elle vivait sans bruit, et que personne ne lui en avait dit ni bien ni mal.

Bernardine Renzi avait une quarantaine d'années quand le cardinal Mauri la vit pour la première fois ; les religieuses en parlèrent à S. E. comme d'une fille honnête, simple et sans aucune espèce d'éducation.

L'auteur de la notice de Clément XIV, insérée dans la *Biographie universelle* (D.-S.), dit que les prédictions sinistres de Bernardine Renzi commencèrent dès l'année 1770. (V. t. IX, 1813, p. 34.)

Nous arrêtons là nos citations, qu'il dépendrait de nous de prolonger. Ces extraits doivent suffire pour démontrer que la prophétie proprement dite occupe une large place dans l'histoire.

Prédictions contemporaines.

Une sibylle moderne, que tant de grands personnages ont consultée, et qui a joui d'une vogue extraordinaire, a véritablement été douée d'une prévision extraordinaire. Nous parlons de Mlle Lenormand. Quels procédés unissait-elle au don naturel de pénétrer l'avenir, nous ne le recherchons pas : nous prenons le fait, consigné dans l'histoire, sans autre examen.

Mlle Lenormand, née à Alençon en 1772, fut élevée dans un couvent de Bénédictines. Ce fut dans ce monastère, dit-on, qu'à l'âge de sept ans, elle prédisit à la Supérieure qu'elle serait destituée et remplacée par une femme rousse. Elle indiqua le nom, l'âge, les titres et les antécédents de la personne qui devait remplacer l'ancienne supérieure et ce qu'avait prédit la voyante, se réalisa. Elle étudia sérieusement et acquit des connaissances réelles.

Cependant, arrivée à Paris, où habitait son beau-père (elle était orpheline), elle fut placée dans une maison de commerce, d'où elle sortit bientôt, pour ne devoir qu'à elle même ses moyens d'existence. Elle fonda un bureau d'écritures qui réussit. Elle avait appris les mathématiques, d'où elle passa à la *Puissance des nombres* et à la lecture assidue des travaux du docteur Gall : Elle alla visiter ce savant à Londres, en reçut des leçons, et fut bientôt capable d'exercer pour le public le don de seconde vue qu'elle possédait. La bourgeoisie accourut la consulter, puis vint l'aristocratie, puis la Cour.

Elle revint à Paris vers la fin du règne de Louis XVI, établit son frère et sa sœur. Elle prédisit sa mort à la princesse de Lamballe. Chrétienne, et royaliste ardente, elle pénétra dans le cachot de Marie Antoinette, pour la faire évader. La destitution de l'administrateur de la prison déjoua son magnanime projet. La Cour de Louis XVI alla chez la Sibylle, rue de Tournon, puis ce furent les Montagnards.

Elle annonça leur fin tragique à Robespierre, Marrat et Sainte-Just, qui se moquèrent d'elle. Sous la Terreur, elle fut emprisonnée. A Joséphine de Beauharnais, qui lui fit passer à la Petite-Force des notes, du Luxembourg, ou elle était détenue, Marie Lenormand répondit : « Le général Beauharnais sera victime de la Révolution. Sa veuve épousera un jeune officier, que son étoile appelle à de hautes destinées. »

Délivrée par la cessation de la Terreur, la Sibylle, consultée par Bonaparte, qui songeait à demander du service au sultan dit au futur empereur : « Vous n'obtiendrez point de passeport ; vous allez être appelé à jouer un grand rôle en France. Une dame veuve fera votre bonheur, et par son influence vous parviendrez à un rang très-élevé ; mais gardez-vous d'être ingrat envers elle, il y va de votre bonheur et du sien. »

Dans une consultation subséquente, il fut dit à Bonarparte, qui ne s'était pas nommé et avait seulement envoyé des consultations : « Qu'il ne touche pas à l'encensoir et qu'il se garde surtout du vent du Nord. »

L'Empire incarcéra la sybille, mais la Restauration, qu'elle avait annoncée, lui rendit sa liberté et sa vogue.

Mlle Lenormand mourut le 25 juin 1843. En 1842 elle écrivit un certain nombre de prédictions, parmi lesquelles nous avons choisi celles qui suivent.

DESTRUCTION DE PARIS.

« Si les fureurs de l'anarchie éclataient encore parmi vous, je frémis en pensant aux fléaux qui fondraient sur votre malheureuse patrie ; Paris surtout subirait le sort le plus épouvantable : car il est prédit que la flamme du ciel seconderait la fureur des ennemis. Guerriers, femmes, enfants, vieillards, tous, sans distinction seraient livrés au tranchant du glaive. Le Parisien lui-même, la rage et le désespoir dans le cœur, aiderait d'une main furieuse les efforts des barbares acharnés à la ruine des cités ; des torches enflammées s'attacheraient aux toits des maisons, et tout Paris ne présenterait plus qu'un vaste embrasement. Les ponts s'écrouleraient sur leurs arches renversées ; le palais de nos rois couvrirait la terre de ses ruines. Le temple consacré à l'auguste patronne de la capitale descendrait dans les carrières. Les faubourgs, sapés dans leurs fondements, seraient dévorés, par les flammes, tomberaient avec fracas, ensevelissant sous leurs ruines encore fumantes, tous ceux qui les habitent. Les cris des malheureux expirant dans les angoisses de la mort s'échapperaient de ces décombres et viendraient, à travers des monceaux de cendres, frapper l'oreille de ceux qui auraient échappé à ce terrible incendie, et qui frémiraient de partager le même sort. Enfin, Paris, dépouillé de tout ce qu'il renferme de grand, de magnifique, de glorieux, rentrerait une seconde fois dans les étroites limites des siècles de barbarie. O vous tous, Français de tous les rangs, de tous les âges, pénétrez-vous bien de ces terribles prédictions! »

MORT DU FILS AINÉ DE LOUIS PHILIPPE.

« Monarque de la France, et toi reine infortunée, pleurez, pleurez des larmes de sang ; celui que vous aimez bientôt ne sera plus !... Char... Chemin..., du sang et de la poussière... et puis tout sera consommé... et les caveaux de Dreux s'ouvriront encore une fois. »

AUTRES VATICINATIONS SUR PARIS.

« Murailles qui ceignez Paris, forts et bastions qui deviez le défendre, où êtes-vous ? Où vous étiez, naguère l'herbe pousse. qui donc vous a renversés ? L'ouragan des factions.

« Paris, moderne Babylone, regarde ce nuage noir qui s'avance sur toi. C'est une peste qui vient te ravager ; tes médecins seront impuissants à conjurer le fléau. Tes cimetières se rempliront et les cadavres encombreront tes voies, tes places et tes carrefours. »

LE GRAND MONARQUE.

Six vingts jours durant le mal sévira et alors un homme viendra, illustre, courageux et puissant. — Cet homme que tu adoreras comme un Dieu fera cesser tes souffrances et tes maisons désertes se repeupleront. »

LE PONTIFE SAINT.

« Apôtres du dernier révélateur, les temps pour vous ne sont pas arrivés, — plus tard le saint Paul de la doctrine viendra. — Celui-là fera ce que vous avez été impuissants à faire, — et il le fera, parce qu'il croira. — Les hommes de foi seuls arrivent. »

LE RETOUR DU LIS.

« O Lis qu'on a brisé, mais qu'on n'a pu arracher, tes blanches fleurs de nouveau vont éclore. Les suaves parfums de tes symboliques corolles arrivent jusqu'à moi. Autour de ta tige veillent des amis fidèles et dévoués. Ils attendent un cri que doit pousser ton peuple, et alors tu remonteras sur le trône de tes aïeux. »

GOUVERNEMENT DU GRAND MONARQUE.

« Le Souverain Pontife, celui qui règne sur la ville éternelle, quittera son trône et déposera ses clefs, pour venir oindre la tête de l'exilé, et le peuple poussera des cris de joie en contemplant une ère nouvelle. »

ENCORE LE GRAND MONARQUE.

« Le royaume deviendra une seconde fois un empire. Les limites, autrefois posées par l'aigle, te seront reconnues et accordées par tous ceux que tu touches, et une alliance qui te convient sera formée avec un grand peuple. »

» O France, que tu seras grande ! Que tous les empires et tous les royaumes ambitionneront ta gloire et ta splendeur ! Maîtresse du monde, tu lui dicteras des lois qu'il s'empressera de suivre. »

Nous ne commenterons pas ces textes, ils sont assez clairs par eux-mêmes. Ils correspondent fidèlement aux grandes lignes des prédictions les plus autorisées dont nous sommes le porte-voix.

—

Une chaîne de prophéties.

Dans les papiers d'une sœur converse du couvent des Oiseaux, morte en odeur de sainteté, on a trouvé les lignes suivantes :

« La France sera appelée à se sauver elle-même sans guide ni héros visible, mais par un mouvement mystérieux qui ne pourra être attribué qu'à l'Esprit Saint, afin qu'il soit reconnu que Dieu seul a tout fait et qu'il a voulu sauver une nation trahie par elle-même, mais où la prière n'a pas péri. »

Extrait d'une lettre écrite du Midi, après que le correspondant avait assisté à une des extases d'une Voyante :

« J'arrive maintenant à un fait qui vous fera le plus grand plaisir : j'avais parlé à la Voyante de l'Extatique de Pau, des craintes que vous aviez qu'il y en eût deux ; or, des renseignements demandés à ce sujet il résulte qu'il n'y en a qu'une, celle du P. Bernard ; la Sainte Vierge a dit que c'était une grande Sainte et quelle serait canonisée !

« Les calamités approchent, elles seront terribles; les opposants auront un grand compte à rendre; la Voyante a beaucoup prié pour eux. L'avenir est triste, nous serons châtiés. » (Il me semble que l'Extatique m'a dit que vous seriez protégé.)

J'ai retenu ces paroles :

« Oh ! que les épines s'enfoncent profondément dans votre cœur !.. Ce sera en vain que ce sang aura coulé du haut de cette croix ! — Oh ! prière, pénitence et sacrifice, ce sont les trois choses qui peuvent abréger nos maux. — Pauvre sœur Marie-Julie, oh ! oui, vous souffrez beaucoup. Oh ! réjouissez-vous, ma sœur, d'être méprisée des hommes ; notre Père qui est au ciel vous appelle à lui ! Votre protecteur veille sur vous. (Mgr Fournier sans doute.) »

L'anglais William Burt, qui prétend avoir été l'un des témoins du fait, a positivement affirmé l'authenticité de la prédiction de Cazote, dans un ouvrage posthume intitulé : *Observations on the curiosities of nature.*

Mme de Genlis et plusieurs annalistes ont affirmé avoir entendu La Harpe raconter la prophétie de Cazote, telle qu'elle a été trouvée dans ses œuvres posthumes. Cette prophétie, si souvent reproduite, est des plus solennelles, et nous avons pensé qu'il était bon d'en affirmer l'authenticité.

NOTE SUR L'EXTATIQUE DE BETULÉEM.

« Sœur Marie de Jésus, musulmane convertie, que son frère frappa du glaive, il y a un certain nombre d'années à Jérusalem, a été rendue à la vie par un miracle. Son histoire, qui sera publiée un jour, est pleine de grands prodiges. Ayant fait la première communion, la miraculée fut conduite à Marseille, par le P. Bernard, missionnaire de Terre-Sainte, et mise chez les Sœurs de Saint-Joseph. Il croyait que la miraculée resterait là ; mais elle protestait et ne voulait pas y aller, disant qu'elle devait être carmélite. Le but des religieuses de Saint-Joseph est d'élever des sœurs pour la Terre-Sainte. Marie de Jésus est entrée à Pau ; elle y a fait profession. — Son cœur n'était pas sorti de son corps pendant qu'elle vivait ; pourtant à l'autopsie de ce corps on a trouvé le cœur traversé par un glaive matériel ; il paraît être vivant, du moins dans certaines occasions ; il bat et du sang s'en échappe.

» Le P. Bernard, qui est d'Orléans, n'est pas le religieux qui a reçu le crucifix de Marie-Julie, ce dernier étant de Fontenay, en Vendée. Toutefois il est certain que le P. Bernard, d'Orléans, a aussi un crucifix miraculeux qui lui a été donné par sœur Marie de Jésus et avec lequel il opère des conversions. Voici comment agit le P. Bernard : il tourne son crucifix avec l'index et ensuite touche avec cet index le front de la personne qu'il veut convertir. Mais il paraît que cela ne doit pas être pour tout le monde : je ne sais s'il connaît d'avance les personnes ou s'il s'aventure à faire des essais.

» Je connais depuis peu l'existence d'un autre crucifix plus mystérieux peut-être encore ; je ne puis vous dire si les pouvoirs de ce crucifix sont moindres, ou non ; ce qui paraît certain, c'est que son possesseur doit attendre que les occasions de s'en servir se présentent sans que le but soit indiqué. En le recevant béni et touché par Notre-Seigneur, il lui a été dit : *Les grâces que vous demandez vous seront accordées.* »

Nota. Nous avions pensé d'abord, comme il vient d'être dit,

E *

que la Voyante de Bethléem et celle de Pau étaient distinctes ; nous savons aujourd'hui que c'est la même personne privilégiée.

Une âme sainte, de celles qui, dans le sanctuaire, sont comme par anticipation douées des vertus célestes, a écrit les lignes ci-après :

« Je crois fermement que le miracle du salut commun sera un miracle de la Grâce obtenue par la prière et le sacrifice des fidèles amis du Sacré-Cœur, et que l'opération sera mystérieuse et se fera dans les âmes. Dieu se choisira des saints auxiliaires. Ceux-là agiront sous l'inspiration de son Esprit, mais l'impulsion sera entièrement divine, afin que l'on puisse dire, selon la prophétie, la Main du Seigneur est là. »

« Dieu, dit le secret de Mélanie de la Salette, abandonnera les hommes à eux-mêmes et enverra des châtiments qui se succèderont pendant trente-cinq ans. »

Additionnez 1846, époque de l'apparition, et 35, vous obtenez 1881 ; c'est l'année des expiations ; l'année qui suivra sera sans doute celle du relèvement et des grandes consolations.

UN PROPHÈTE ITALIEN.

L'Italie n'est pas sans avoir, comme la France, comme l'Espagne, comme l'Angleterre, comme l'Allemagne, ses manifestations surnaturelles. Il y a là des âmes plus ou moins cachées à qui le Seigneur se révèle aussi et donne des avertissements célestes.

« Un vieux et saint curé d'Urbino, nous a-t-on écrit, a annoncé bien des choses qui se sont toutes vérifiées. Cet ancien du sanctuaire possède un crucifix miraculeux, par lequel il obtient des prodiges, entr'autres toutes les révélations qui lui sont faites, dit-on, par la bouche de Notre-Seigneur ; au reste c'est le frère directeur des écoles Chrétiennes de Rome qui nous l'a affirmé. »

Le P. Antoine, abbé de la Trappe de Meilleraie, mort il y a une quarantaine d'années, disait aux mécréants de son temps : « Il viendra un moment où on se jettera à genoux devant les prophètes et où on leur dira : Dites-nous ce qui va arriver. »

« Je vous fais part, mais sous le sceau du secret, d'un récent avertissement que Notre-Seigneur a donné, dimanche dernier, à trois reprises, par une religieuse d'une de nos communautés. Le divin maître lui a indiqué comme preuve, un signe qu'elle demandait, d'ailleurs.

« La révélation dont je parle concorde parfaitement avec celle de Pouillé. *La guerre des rouges*, comme parle ce dernier document, y est caractérisée avec ses péripéties lugubres ; puis c'est la paix et le triomphe de l'Eglise et de la société. »

Monti, l'éminent poète italien, a dépeint comme suit l'ange invisible qui veille sur Rome, pour exterminer tôt ou tard les ennemis de la Papauté :

« Les deux ombres voyageuses arrivèrent enfin aux portes de Rome ; elles virent se dessiner sur le dôme de saint Pierre, un chérubin menaçant et terrible, un des sept que le prophète de Pathmos aperçut au milieu des sept chandeliers ardents. Ses yeux lançaient des flèches enflammées ; sa chevelure, abandonnée aux vents, paraissait comme un ardent foyer de comètes messagères des maladies et de la mort ; sa main droite brandissait une épée d'où jaillissait une horrible lumière rouge, qui divisait la nuit et la rendait effrayante ; sa gauche soutenait un bouclier tellement vaste qu'il suffisait à protéger sous son ombre le Vatican entier contre toute attaque ennemie :

E scudo sostenea la manca mano
Grande cosi, che la nemica offesa,
Tutto copria coll'ombra il Vaticano. »

Roger Bacon, surnommé le docteur admirable, dit quelque part : « L'année 1881 verra la fin du vieux monde. »

C'est sans doute une manière d'annoncer le règne de Dieu, l'*unum ovile* et l'*unus pastor*, qui commenceront les derniers temps.

Il nous est permis de regretter que bien des prédictions cachées ne soient pas livrées, par leurs détenteurs, pour être communiquées à cette partie du public qui accueille les messages surnaturels. La Providence le veut sans doute ainsi, pour des raisons que nous ne chercherons pas à pénétrer. Le ciel se borne parfois à avertir certaines âmes qui ont une mission, et veut que ses manifestations n'obtiennent une ample publicité qu'à une heure déterminée. C'est ainsi que nous ne pouvons consigner ici que les lignes suivantes, substance d'un ensemble de révélations de nature à exciter un jour l'admiration des fidèles :

« Dieu va frapper le monde sans pitié, mais ces désolations
» prochaines sont encore un effet de la miséricorde infinie, car
» elles auront lieu pour le salut d'un grand nombre, dont la
» perte serait inévitable, sans les coups vengeurs dont nous
» parlons. Ils devront leur retour au Seigneur aux châtiments
» prédits. La sagesse sans bornes n'a trouvé en elle-même que
» ce moyen pour troubler les consciences des coupables, et par
» là les conduire au repentir, et faire des pénitents et des
» saints, de cœurs trop longtemps rebelles et ingrats. O pro-
» fondeur des desseins suprêmes, nous ne pouvons que vous
» adorer ! »

Des âmes pieuses avaient fait présenter des questions à une stigmatisée. Voici la lettre où une main amie leur donne la réponse. Cette lettre est écrite du Sud-Ouest de la France, le 28 février 1880.

Je m'empresse de vous transmettre les réponses de Notre-Seigneur au sujet de toutes vos demandes et de celles de ces dames.

Voici les paroles même dont Notre Seigneur s'est servi : « Je ne peux hâter leurs désirs, mais je ne peux m'empê-
» cher de recevoir de tels vœux ; je les porte écrits dans mon
» cœur. Je bénirai ces familles et dites-leur qu'elles ne craignent
» pas pendant les évènements. Je serai avec elles, car je ne
» puis m'empêcher de bénir de telles familles. »

Puis, Il ajouta pour vous, Mademoiselle, pour votre position à venir : « Qu'elle reste solitaire. Je serai avec elle. Je
» garderai ses affaires temporelles. »

Le 27 février 1880, les souffrances des stigmates furent excessive ; l'Extatique fut obligée de se coucher.

Pendant la scène, Notre-Seigneur lui apparut en croix. Il avait quelques gouttes de sang sur son corps. Il lui fit comprendre qu'Il répandait ces quelques gouttes pour les justes et Il lui dit que, pendant quelque temps, il ne coulerait pas pour les coupables ; que c'était en vain qu'on le présentait à son Père, qu'Il ne pouvait plus rien obtenir, qu'il n'était pas possible de fléchir sa colère.

Ensuite, elle se tourna vers le Père céleste pour implorer miséricorde.

Il lui fut répondu : « Non, le temps passe, mais ma parole
» ne passera pas. »

Ensuite, Notre-Seigneur lui parla de nouveau des évènements. Il lui dit que le dernier jour serait plus terrible que les deux premiers. Il paraît que les ténèbres sont très-proches.

Puis, Notre-Seigneur lui manifesta qu'Il ne tenait pas qu'on dise le jour que cela devait arriver, et Il lui dit ensuite : « Les justes vivront en paix avec moi et les pécheurs seront
» livrés à tous les remords de leur conscience. »

Elle demande si la contrée souffrirait. Il lui fut répondu :
« Peu, tu seras là, comme un paratonnerre, toi et ton Direc-
» teur. Tu le préviendras trois jours d'avance et tu lui diras
» de prier entre le vestibule et l'autel et de supplier mon Père
» d'épargner la contrée. Vous serez tous les deux son bou-
» clier. »

Puis Il lui dit de prévenir M. le Curé de la paroisse, la veille du dernier jour, (parce qu'il doit y avoir un intervalle entre
le dernier jour) de rester dans sa famille, parce qu'il pourra
lui être utile dans ce moment-là.

Chère Demoiselle, vous nous demandez une longue lettre ;
il serait facile de vous en donner une très-longue, car nous ne
vous disons qu'une faible partie, n'ayant pas *permission de
tout révéler*. Il y a bien des choses qu'on ne peut pas laisser
transpirer. »

Des pèlerins de M..., où vous savez qu'une maison de prières
a été construite, par suite d'un ordre surnaturel, m'ont raconté
ce qui suit :

« Lorsque le digne curé du lieu reçut du ciel l'avertissement
de construire une église et une tour non attenante à l'église,
surmontée du groupe de Notre-Dame de la Salette parlant
aux bergers, l'endroit lui fut désigné; mais pour en venir à
l'exécution, il ne trouva que des oppositions : d'abord des châ-
telains, parce que cela les éloignait de l'église, et ensuite des
habitants à qui cela déplaisait. Le curé, fidèle aux ordres du
ciel, ne se désistait point de son entreprise, bien qu'il n'eût
aucune ressource pécuniaire. Enfin, le propriétaire de l'endroit
désigné vint un jour proposer gratuitement le terrain, si l'on
consentait à y faire bâtir l'église. L'offre fut acceptée, mais pas
d'eau en ce lieu, pas d'argent pour les matériaux et les ouvriers.
Au premier comme au second obstacle, Dieu suppléa. Un orage

inattendu laissa après lui une mare qui n'a jamais tari depuis, et placée là comme un témoin du prodige. Quant à l'argent, il en arriva providentiellement, et chaque fois que les ressources s'épuisaient, la poste apportait des valeurs dont la source était ignorée. »

Pour donner l'explication de ces choses merveilleuses, le vétéran du sacerdoce, chargé par le ciel de l'érection du pèlerinage, a continué de dire :

« J'étais comme un homme placé sur une haute montagne, qui aperçoit un clocher peu éloigné, et où cependant, pour arriver, il lui faut prendre mille détours. Ainsi j'ai vu beaucoup de choses qui m'ont semblé devoir se réaliser très-prochainement, et nous ne les avons pas encore vu s'accomplir toutes. »

EXTRAIT D'UNE RÉVÉLATION RÉCENTE.

« La sainte Vierge protègera la Bretagne à cause de sa mère. Plusieurs autres provinces seront protégées par leurs saints patrons. La Voyante ayant demandé à la sainte Vierge quelle prière il fallait faire au moment des malheurs, la Mère de Dieu a répondu : *La prière de la confiance.* Puis elle a ajouté : Mes serviteurs diront : *Sainte Mère de Dieu et ma mère, ô Vierge conçue sans péché, gardez-moi, défendez-moi dans ces jours de danger.* » Elle demande aussi que nous ayons tous un Christ et une médaille miraculeuse sur la poitrine. »

Mélanie a écrit les paroles qui suivent au pieux fondateur de l'*Œuvre du dimanche* :

« La sainte Vierge, en me donnant, à la Salette, la vue des prêtres et des laïques qu'elle voulait avoir pour ses apôtres, m'a parlé des laïques qu'elle appellerait à son apostolat. Elle m'a montré les œuvres auxquelles ils devraient s'appliquer, surtout dans les temps éprouvés où les prêtres seraient entravés par bien des difficultés. Ces apôtres laïques, comme le sont vos associés, répandus partout, donnaient beaucoup de *gloire* à Dieu et sauvaient bien des âmes. Ces pieux laïques avaient la très-sainte Vierge pour première supérieure, et étaient très-dévoués à son honneur. Ils ne se recherchaient pas et ne pensaient qu'à donner des âmes à Dieu, coûte que coûte ; leur zèle était humble, doux et confiant. C'étaient de vrais dévots de Marie et Marie semblait régner sur eux, parce qu'ils s'efforçaient de l'imiter, d'agir par elle et par son esprit. Ils unissaient toujours la prière et les œuvres ; ils priaient, réparaient, agissaient ou s'immolaient. »

Nous avons dit qu'il y a des Voyantes cachées et ignorées de tous, moins d'un très-petit nombre. Les lignes ci-après sont l'indication d'une réponse obtenue d'une des extatiques :

« Y aura-t-il des ténèbres extérieures ?

» Oui, il y en aura.

» Y aura-t-il des martyrs à C...?

» Oui, il y en aura beaucoup ; mais pas d'endroits fixes.

» Et les évènements ?

» Ils ne sont pas éloignés. »

Prophétie du Pape Innocent XI.

Ce pontife monta sur le siège apostolique en 1676 et régna jusqu'en 1689. D'une grande fermeté de caractère, il résista à Louis XIV dans les disputes de la régale. Il montra la même énergie, dans la querelle sur la franchise du quartier des ambassadeurs, qui donnait lieu à toutes sortes d'abus et d'excès. Louis XIV seul s'obstina à la maintenir aux dépens de la sécurité publique. Ce souverain alla jusqu'à envoyer à Rome Lavardin de Beaumanoir, qui avec 800 hommes armés s'y conduisit en brigand plutôt qu'en ambassadeur.

Cette grandeur d'âme d'Innocent XI, qui le lia si étroitement au bon droit et à la rigidité du bien, annonce des dispositions qui ont pu dicter la prophétie que nous mettons à jour, et que nous transcrivons immédiatement.

PROPHETIA INNOCENTII XI PONTIFICIS MAXIMI.

Quando Marcus Pascha dabit et Antonius Pentecostem celebrabit, et Joannes Deum adorabit, totus mundus ad te (vel potius secundùm aliam lectionem voces) clamabit.

Lilium enim regnans, in parte superiori movebitur contrà semen Leonis, veniet in terras ejus ; et circumdabit Filium Leonis.

Eodem anno, Filius hominis, feras in brachio tenens, cujus regimen in terra summâ tremendum per universum orbem potestate augenti principale gerit bellum, cum magno exercitu transibit aquas, ingredietur terram Leonis petentem auxilium, quia bestiæ regionis suæ pellem dentibus laceraverunt.

Illo eodem anno, veniet Aquila a parte orientali, alis suis super solem extensis, cum magnâ multitudine bellorum suorum, in adjutorium Filii hominis. Timor ingens erit in mundo ; et bellum in quartâ parte Leonis inter principes crudelius quod nunquam viderunt homines : Lilium enim perdet coronam, quam accipiet Aquila, de quâ Filius hominis coronabitur; et per quatuor annos sequen-

tes erunt prœlia multa, et magna mula in finem sequentia. Major pars mundi destruetur et caput mundi erit pene destructum.

Postea traducta erunt omnia; Filius Leonis erit transiens aquas, et portabit signum mirabile in terram promissionis ; et Filius hominis et Aquila prœvalebunt : et pax erit in toto orbe terrarum, et copia frugum.

TRADUCTION.

PROPHÉTIE DU SOUVERAIN PONTIFE INNOCENT XI.

Lorsque Marc donnera Pâques, que l'on célèbrera la Pentecôte à la Saint-Antoine, et que l'on adorera le Corps de Dieu à la Saint-Jean, le monde entier poussera vers vous des cris (ou plutôt selon une autre leçon, le monde entier s'écriera : Malheur).

En effet, le Lis régnant fera un mouvement dans la partie supérieure contre la race du Lion ; il viendra sur ses terres, et il environnera un Fils du Lion.

La même année, le Fils de l'homme, tenant des animaux féroces sur les bras, ayant sur un grand pays un régime administratif qui se rend formidable par l'Univers, et qui fait une guerre principale avec une puissance toujours croissante, passera les eaux avec une grande armée, il entrera sur la terre du Lion, laquelle demande du secours, parce que les bêtes ont déchiré à belles dents la peau de son pays.

Cette même année, l'aigle, ayant les ailes étendues sur le disque du soleil, viendra par la partie orientale au secours du Fils de l'homme, par une multitude de batailles qu'elle livrera. Il y aura dans le monde une crainte extraordinaire ; et la guerre, dans la quatrième partie du Lion, parmi les Princes, sera plus cruelle que jamais les hommes ne l'avaient vue :

car le lis perdra la couronne, dont se saisira une aigle, et dont un Fils de l'homme sera couronné, et pendant les quatre années suivantes, il y aura beaucoup de batailles, et il y aura de grands maux qui s'ensuivront jusqu'à la fin. On détruira la majeure partie du monde et la capitale du monde sera presque détruite.

Après cela, tout sera conduit à un nouvel ordre de choses ; le Fils du Lion passera encore les eaux pour un temps, et il portera dans la terre de promission le signe admirable, et le Fils de l'homme et l'aigle prévaudront : l'on aura ensuite la paix sur le globe de la terre, ainsi que l'abondance des comestibles.

Authenticité de la prophétie

M. Renard, prêtre français, de la congrégation de la Mission de Tripoli et Antoura, avait porté ce document à Constantinople, en 1795. Un chirurgien, du nom de Paul Gibelli, originaire de Bergame, et marié au Mont-Liban, possédait cet oracle depuis 1784, et l'avait communiqué à Antura. M. Renard l'avait copié en 1792. Deux maronites affirmèrent alors l'avoir connue en Egypte, en 1772. Plusieurs témoignages dignes de foi assurent que la prophétie circulait à Rome à la fin du siècle dernier. Elle avait été repandue dans tout l'Orient, à cause de ce grand Prince dont il y est parlé et qui conquiert la Terre-Sainte.

Nous avons, sur l'authenticité de la vaticination d'Innocent XI, l'autorité de Cousignéry, savant numismate, et consul à Smyrne ; de M. Vaslin, consul de Hollande ; l'abbé le Brasse, secrétaire de Monseigneur l'évêque de Luçon, avait reçu la transcription de cette pièce à Bologne.

Le P. Querck, ancien jésuite, à l'époque de la révolution, à

Vienne, avait écrit une sorte de cantique sur la prophétie d'Innocent XI, tendant à calmer l'effroi qu'elle causait au public. L'imprimé se trouvait à la bibliothèque de San-Polten, où les papiers de la Compagnie de Jésus avaient été rassemblés. A la bibliothèque impériale de Vienne, existe encore un manuscrit in-folio de 966 pages, contenant la biographie des jésuites illustres d'Autriche. Le Père Querck y figure comme prédicateur éminent, et son travail sur la prophétie d'Innocent XI y est mentionné. Nous n'insisterons donc pas davantage pour établir l'authenticité de la vaticination. Nous nous occuperons maintenant du commentaire et de l'interprétation. Dans cette interprétation, nous paraphrasons, pour plus de clarté, le texte original.

Mais avant cela, nous croyons devoir reproduire une vaticination plus courte et plus ancienne que la précédente, et dont le fond est identique. La voici. Elle est d'un anonyme :

« *Lilium intrabit in terram Leonis feras in brachiis gerens. Aquila movebit alas, et in auxilium veniet Filii hominis ab austro ; tunc erit ingens bellum per totum terrarum orbem, sed post quatuor annos pax elucescat, et salus erit Filio hominis undé exitium putabatur.* »

TRADUCTION.

« Le lys entrera sur la terre du Lion, portant des animaux féroces dans ses bras. L'aigle fera un mouvement de ses ailes, et viendra au secours du Fils de l'homme du côté du midi ; alors il y aura une grande guerre par tout l'Univers, mais après quatre ans, la paix poindra, et le salut du Fils de l'homme proviendra d'où l'on croyait que résulterait sa ruine totale. »

Le commentaire de ce texte viendra en son lieu.

Explication de la prophétie de Clément XI.

Cet oracle contient vingt-cinq prédictions.

I. — « Le lys perdra un jour la couronne. »

L'époque de la terreur, l'échafaud du 21 janvier 1793 n'a que trop confirmé cette lugubre annonce. 1830, date non moins fatale peut-être, par les conséquences qu'elle devait avoir, a également amené cette triste réalisation.

La prophétie d'Innocent XI nous semble, en effet, caractériser deux successions de faits mémorables, la première allant de 1789 à 1815, l'autre commençant en 1830 et continuant encore jusques au relèvement de la France monarchique, qui sera celui de l'Eglise romaine.

II. — « L'année où le lys perdra la couronne sera voisine d'une antérieure, où Saint-Marc donnera Pâques, où l'on célébrera la Pentecôte à la Saint-Antoine de Padoue, et où l'on adorera le Corps de Dieu à la Saint-Jean-Baptiste.

Saint-Marc est fixé au 25 avril ; il ne peut donner Pâques qu'en tombant le dimanche, le lundi, ou le mardi de la solennité pascale. Depuis 1689, époque de la mort du Pape Innocent XI, Saint-Marc est tombé une seule fois le jour même de Pâques, en 1734 ; il est tombé deux fois, le lundi de Pâques, en 1707 et en 1791 : mais il n'est pas tombé une seule fois le mardi de Pâques, jusqu'à l'année 1815.

La lettre dominicale pour Saint-Antoine de Padoue, est la même que pour Saint-Marc ou la lettre C ; Saint-Marc arrive 50 jours avant Saint-Antoine de Padoue. Ainsi quand Saint-Marc donnera le premier ou le second jour de Pâques, Saint-Antoine de Padoue donnera le premier ou le second jour de la Pentecôte. Mais comme du premier ou du second jour de la

Pentecôte, on doit en compter onze jusqu'au premier ou au second de l'octave de la Fête-Dieu, et comme le 13 juin, jour de Saint-Antoine de Padoue tombe le premier ou le second jour de la Pentecôte, la fête de Saint-Jean-Baptiste tombera le premier ou le second jour de l'octave de la Fête-Dieu.

Le lis perdit la couronne en 1792. Saint-Marc avait donné Pâques, l'année antérieure, puisqu'il était tombé la seconde fête de Pâques, 1791. Ces deux années pouvaient-elles être plus voisines ?

Au moyen des Tablettes chronologiques de Lenglet Dufresnoy, aux indictions des Pâques, on trouve cette démonstration et on peut arriver à d'autres postérieures à 1792.

III. — « L'année où saint Marc donnera Pâques, et qui sera antérieure à celle où le Lis perdra la couronne, aura pour traits caractéristiques plusieurs évènements tellement sinistres, que le monde entier poussera vers le Seigneur des cris d'étonnement, et qu'il invoquera sa miséricorde, en considérant les maux plus grands encore dont il est menacé. »

N'est-ce point là l'indication des ébranlements de la grande révolution, comme aussi par extension, les calamités de 1830 et les contre-coups qui ont ébranlé l'Europe depuis, et nous jettent en ce moment dans un cataclysme universel peut-être sans exemple.

IV. — « Dans l'année où le Lis perdra la couronne, mais à une époque où il sera encore régnant, il fera dans la partie supérieure de l'Etat qu'il gouverne, ou de la France, un mouvement contre la Belgique, et il ne fera d'abord qu'arriver sur les terres des Belges : ce mouvement sera l'effet primordial des calamités prédites. »

En avril 1792 la guerre fut déclarée à l'empire, et le maréchal Luckner s'avança vers le Pays-Bas Autrichien, la Belgique, nommée pays du Lion, à cause du lion qui se trouve dans ses armes. Les troupes françaises pénètrent en Belgique, mais n'y séjournent pas. C'est le commencement des guerres.

Après la révolution de juillet, qui fait chanceler tous les trônes, une expédition française arrache la Belgique à la Hollande, et notre pays où commande une monarchie frelatée ne conserve pas sa conquête.

V. — « Dans l'année où le lis perdra la couronne, il ne fera qu'environner le roi de Naples, sans l'attaquer. »

Allusion aux entreprises de la révolution contre Naples, soit lors de la première révolution, soit après l'usurpation de Louis-Philippe. Le roi de Naples est, dans notre texte, appelé Fils du Lion, parce que les Bourbons de Naples sont de souche espagnole, et le premier rang est assigné, dans les Espagnes, au blason de Léon et de Castille, où le lion symbolise le pays.

VI. — « Dans l'année où le lis régnant aura fait un mouvement hostile contre la Belgique, non-seulement il perdra la couronne, mais le roi sera encore réduit à la seule qualité d'homme, ou de Fils de l'homme. »

Par fils de l'homme, il faut entendre le roi dépossédé, détrôné, captif; privé de son droit et de sa puissance. L'Ecriture présente de nombreux exemples dans l'emploi de cette appellation : le fils de l'homme, c'est Adam déchu dans ses descendants de son état primitif, c'est le prince dans l'infortune. Le Christ lui-même, dépouillé des splendeurs de sa royauté suprême et éternelle, le Christ accomplissant les mystères de la rédemption, est nommé le Fils de l'homme.

VII. — « Dans l'année où le lis perdra la couronne et où il sera réduit à la seule qualité de Fils de l'homme, l'armée du roi détrôné sera renforcée notablement, et pénètrera si avant dans la Belgique, qu'elle dépassera toutes les rivières. On y demandera des secours aux Français contre ses chefs, que l'on prétend avoir déchiré à belles dents la peau de son pays, en dérogeant à ses privilèges, à ses propriétés, la liberté de son culte. »

La terre du lion, c'est la Belgique, parce qu'elle a un lion dans ses armes et que le blason joue un grand rôle dans les symboles employés par les révélateurs. C'est en 93 que Louis XVI est immolé ; or les hostilités ne recommenceront contre les Belges qu'au mois d'avril 1793, et elles finirent à une année de là. Les succès de Dumouriez, ainsi annoncés un siècle à l'avance, supposent l'intervention divine dans la vaticination.

VIII. — « Dans l'année où le lis perdra la couronne, et où il sera réduit à la seule qualité de Fils de l'homme, les soldats du Roi détrôné, qui les porte tous dans son cœur et dans ses bras par son amour et sa clémence, ne rougiront pas de s'élever contre lui comme autant d'animaux furieux, en pénétrant dans la Belgique, et prodiguant leur vie, pour s'opposer aux étrangers qui s'efforceront alors de le replacer sur le trône. »

Le Roi ou Fils de l'homme n'entre sur le territoire belge que par ses troupes. A la haine, le prince répond par l'amour ; il oublie leur sentiment de férocité pour ne penser qu'à la clémence. Le lis, dans les textes révélateurs, n'indique pas toujours le prince régnant, mais l'hérédité de la couronne qui détermine ce vieux cri national : « Le Roi est mort, vive le Roi ! » Le lis veut dire assez souvent : La France.

« Dans l'année où le lis perdra la couronne, et où il sera réduit à la seule qualité de Fils de l'homme, le régime ministériel de ce malheureux prince, ou le corps des ministres, lui sera substitué, pour exercer le pouvoir exécutif sur le vaste pays de France. »

Le prophète a voulu marquer ici que le gouvernement de l'Etat serait d'abord déposé entre les mains des ministres, à la déchéance du Monarque. Les assemblées ratifient en effet cette mesure provisoire. Or, ce fait est dénoncé par Clément XI, en 1689, et le texte contient bien que les ministres appartenaient, en 1792, à la faction ennemie du trône.

X. — « Dans cette même année, le régime ministériel du roi, étant devenu celui du républicanisme, il se rend formidable à l'univers, en méprisant, provoquant ou menaçant diverses puissances. »

Ceci est de l'histoire, puisque la sédition est soufflée partout, la zizanie semée, les traités méprisés ; qu'un soulèvement est provoqué à Rome même, et que la perturbation est maîtresse de l'Europe : les cinq ministres devenaient les exécuteurs des hautes œuvres de la révolution.

XI. — « Le régime ministériel du Roi étant devenu celui du républicanisme, soutiendra le choc de ses adversaires avec une puissance toujours croissante ; et chacune des guerres qu'il entreprendra, formera partout son principal objet... »

N'est-ce pas ce pouvoir ainsi caractérisé, qui parle et agit si impérieusement sur les frontières d'Espagne, dans les parages de la Sardaigne, du Piémont, aux confins de l'Allemagne et des Pays-Bas, en Europe, en Amérique, dans l'intérieur de la France ? L'armée acquiesça scandaleusement au renversement du Roi. Et pourtant, dans le désarroi qui s'établit, désarroi à l'état convulsif, cette armée s'élance et brise tous les obstacles.

XII. — « L'aigle viendra du côté de l'Orient de Paris, ayant les ailes étendues sur le disque du soleil, par l'affluence de ses membres. »

C'est l'Autriche, la Prusse, la Confédération germanique s'unissant, s'ébranlant, refoulant les audacieux vainqueurs de la Belgique, envahissant la Champagne et se dirigeant sur Paris, pour y étouffer dans son antre l'hydre de la révolution, et pour restaurer le Monarque captif. Ecoutez plutôt le contexte prophétique :

XIII. — « Les combats multipliés et consécutifs qu'elle commencera de livrer, auront évidemment pour but le secours et le rétablissement du Fils de l'homme, du souverain dépossédé. »

Mais le Voyant a découvert, à travers l'avenir, l'inefficacité finale des tentatives de l'Autriche et de l'Allemagne, et il s'écrie soudain.

XIV. — « Une grande crainte s'emparera du monde, à la vue de l'inutilité des premiers efforts des impériaux contre la rébellion. »

C'en est fait, l'hiver avait entamé l'armée impériale ; Dumouriez la refoule, la Belgique ou terre du Lion est reconquise.

XV. — « Le théâtre de la guerre se porte sur les bords de ce pays ; des batailles plus acharnées qu'il n'en a jamais été vues seront livrées. »

Innocent XI a précisé ici les chocs violents des armées ennemies, en désignant le théâtre de la guerre, et en spécifiant l'alternative des résultats.

XVI. — Quelle netteté dans cette indication du crime perpétré le 21 janvier !

« Le lis perdra la couronne. »

L'empire avait conservé ses troupes au voisinage du Rhin, durant le cours des premières hostilités, et la prophétie l'indique bien : « L'aigle agitera ses ailes, et viendra au secours du Fils de l'homme du côté du Midi. »

Maintenant, les désastres éclatent, la désolation est partout. « Il y aura, dit l'oracle, de grandes calamités, conséquence des premières, et cela jusqu'à la fin de la révolution française. »

Ici, le lecteur peut songer aux lugubres journées du 10 août 1792, au massacre des Evêques et des prêtres insermentés, détenus dans les prisons de Paris. Ce sont aussi les massacres de la Salpêtrière, celui des prisonniers de la haute Cour Nationale, etc. Suivent les noyades, les mitraillades, le meurtre de la famille royale, les innombrables supplices qui ensanglantent la France, ainsi que les profanations de nos temples et leurs dévastations, les spoliations, les guerres, la désolation de l'Europe entière.

XVII. — « Parmi les grands maux qui suivront les premières hostilités, se placent les destructions diverses qui auront lieu dans la majeure partie du monde. L'Univers fut alors troublé dans sa tranquillité. La France, la Belgique, l'Autriche, la Prusse, l'Allemagne, la Savoie, la Hollande, la Sardaigne, l'Angleterre, l'Espagne, le Portugal, la Lombardie, l'Etat de Venise, les îles de l'Adriatique, l'Albanie, les Etats-Unis, Gênes, l'Etat ecclésiastique, Malte, l'Egypte, la Syrie, Naples, le Piémont, la Suisse, les Grisons, la Turquie, les régences barbaresques, la Russie, la Suède, les possessions lointaines des puissances de l'Europe, tout subit de désastreuses commotions. Enormes subsides de guerre, revers, dépopulation des villes et des campagnes, désolation des familles, objets d'art dérobés ou détruits, démoralisation effrénée, fortunes englouties, l'abîme des assignats, le *Maximum*, le commerce anéanti, la disette, la déportation, des tigres au pouvoir, puis d'affreux cyniques pour tomber finalement sous le despotisme militaire.

D'autre part, c'est la religion détruite, les églises, les monastères fermés ou renversés, des monuments d'un prix infini mutilés ou anéantis, le monde moral, en un mot, comme livré à l'enfer.

XVIII. — « La capitale du monde catholique, Rome, sera elle-même presque détruite. *Et caput mundi erit penè destructum.* »

Quiconque a lu l'histoire voit quelles avanies, quelles vexations, quels lourds tributs, quels outrages Rome et les souverains Pontifes ont reçus de la révolution, depuis 1792 jusqu'en 1814. C'est un récit qui épouvante.

XIX. — « Après les calamités de Rome, tout sera conduit à un nouvel ordre de choses pour les Français et pour le Pape. »

C'est le rétablissement du Chef de l'Eglise. Napoléon échoua en Egypte et sa flotte fut anéantie à Trafalgar, parce que ses proclamations avaient outragé Jésus-Christ, et que le général ambitieux blasphémait les croyances catholiques. Le Seigneur est un Dieu jaloux. Plus tard, l'impiété du même personnage contre les successeurs de Pierre appellera sa déchéance, son humiliation et son terrible exil sur un rocher.

La réunion du Conclave et l'élection de Pie VII furent providentielles.

XX. — « Après les calamités de Rome, voici le second trajet maritime du roi de Naples ; il vient rétablir à Rome le signe admirable de la Croix et préparer ainsi l'entrée du Pape dans sa capitale. »

Fils du Lion, nous l'avons dit, désigne le roi des Deux-Siciles. La terre de promission, c'est Rome. Le signe admirable, c'est la Croix, le gage du triomphe de l'Eglise, l'étendard de Jésus-Christ lui-même. Le roi de Naples ramène donc le Pape à Rome, et sa récompense sera la victoire du prince dans ses Etats détenus par la République. L'entrée de Pie VII à Rome, en 1800, peu après son exaltation, fut une marche triomphale.

XXI. — « Mais si la couronne des lis a été usurpée, et si un empereur, désigné sous le symbole d'un aigle, s'en est emparé, le retour sur le trône du Fils de l'homme n'en est pas moins assuré. »

Napoléon musèle la révolution, rétablit le culte, signe le Concordat. Mais la bonne main lui manquait, et ce qu'il avait surtout en vue, c'étaient ses projets d'élévation. Il ajouta indûment au Concordat des dispositions criminelles. Plus tard, il enleva Pie VII et l'incarcéra. Sa chute n'était pas éloignée, et le Fils de l'homme redevint roi de France.

XXII. — « Le Fils de l'homme et l'Aigle prévaudront, dit la prophétie. »

La France ici est nommée la première, parce qu'en effet, le roi de France fut rétabli dans ses droits, avant que l'empereur fût replacé à la tête de la Confédération Germanique.

XXIII. — « Et la paix sera rétablie dans l'Univers. »

La restauration royale, en 1815, fut le signal d'une pacification générale et du rétablissement de chaque prince dans ses légitimes possessions.

XXIV. — « Et l'abondance des comestibles couronnera la paix. »

Ces paroles font allusion aux disettes qui avaient précédé, à la cherté des denrées, auxquelles allait succéder un bien-être incomparable.

XXV. — Terminons ce commentaire par quelques lignes sur la prophétie de l'Anonyme, confirmation de celle du vénérable Clément XI.

« Mais après quatre ans, la paix rebrillera. » Ce n'est pas à dire que quatre ans après 1792, la France et le monde seront pacifiés, mais que les persécutions auront alors une barrière. C'est une lueur, une espérance ; pour la réalité, elle restera suspendue, et ne deviendra notre partage qu'après d'autres événements.

« Le salut du Fils de l'homme proviendra d'où l'on croyait que résulterait sa ruine. »

C'est-à-dire que Napoléon ayant terrassé la révolution, puis ayant mérité d'être abandonné de Dieu et renversé, le Roi de France reprenait le sceptre, que le conquérant semblait lui avoir ravi pour toujours.

La prophétie d'Innocent XI s'arrête à 1815, date où la révolution est réellement comprimée, et où la tradition nationale, en France, est restaurée. Mais pour le sage, qui sait rapprocher les évènements, elle peut servir à juger ce qui a suivi. Tout peuple qui se sépare du véritable esprit chrétien marche vers des bouleversements plus ou moins rapprochés. Le Christianisme, c'est la voie, la vérité, la vie ; ce qui s'en écarte, c'est l'abîme, les ténèbres, la mort. Or, les fautes de la restauration, l'alliance détestable faite avec 1830 et les divers pouvoirs qui l'ont continué, devaient nous acheminer à l'opportunisme, portant en soi la Commune. — Nous y sommes.

C'est donc le cas de nous écrier : par l'Evangile, par les principes, ou pas.

—

Antique prophétie.

La prédiction qu'on va lire est textuellement extraite d'un opuscule publié à Paris en 1672, sous ce titre : *Prophéties et révélations des saints Pères,* par maître Michel Pirus, GRAND DOCTEUR EN L'ASTROLOGIE (1).

Le commencement de cette citation se rapporte à quelques-unes des conséquences de la Révolution française. Le lecteur dira lui-même si ces premières parties de la prédiction de Michel Pirus ne se sont pas vérifiées de point en point.

« ... Les abbayes, prélatures et possessions des religieux
« seront mises en la possession des laïques, et, avec le temps,
« réduites en bien temporels, et les monastères seront appau-
« vris et dévêtus de toute leur beauté et richesse.

. . . .

(1) Petite brochure de 50 pages environ qui se trouve à la bibliothèque Sainte-Geneviève, sous le numéro V. 718.

« Contre le clergé s'élèveront tous faux chrétiens, et le dé-
« pouilleront de tous ses biens temporels, ce qui se fera avec
« grande violence et meurtre, car les grands du monde sou-
« tiendront les anti-papes, et les évêques et prélats seront
« chassés de leur dignités et poursuivis à mort, et le vrai pape,
« appauvri, changera de lieu avec ses cardinaux.

. . . .

« Ils dépouilleront les Eglises de leur piété, les royaumes
« de leur honneur, les villes de leurs moyens et les provinces
« de leur liberté. La noblesse se verra gourmandée par ceux
« qui leur doivent obéir ; car la main du courroux de Dieu sera
« contre eux, et seront tués en plusieurs lieux, laissant leurs
« seigneuries désertes à l'abandon de leurs ennemis. »

J'ai besoin de répéter ici que cette citation est textuelle et
que l'impression du livre auquel elle est empruntée est bien
antérieure aux évènements qu'il semble raconter.

L'auteur voit ensuite les ennemis de l'Eglise chrétienne profiter de ses divisions et de ses malheurs. Il montre les progrès
« d'un grand *schisme* que l'on verra non pour zèle à la reli-
« gion, mais pour son avarice et ambition. » — Est-il possible
de désigner plus clairement l'agrandissement et les prétentions
de la Russie ? Enfin il continue :

« A notre seul roi de France le ciel réserve ce puissant et
« unique pouvoir (celui de mettre fin à tant de maux). Quand
« les royaumes du monde auront été tous déchirés par guerre
« et désolés de désastres, il les remettra en plus grande riches-
« se et puissance qu'ils n'auraient eue. Ce sacré titre d'empe-
« reur, qui lui a été donné en la personne de Charlemagne, son
« devancier, attournéra son chef si miraculeusement, que tou-
« tes gens et nations trembleront à l'ouïr parler, et le monar-
« que turc et toute sa monarchie s'humilieront à sa loi, à sa

« puissance... Il admirera la sainteté du pape, et le pape
« louera Dieu de la force de notre roi. »

Vous reconnaissez le grand Monarque !

—

Prophétie sur la fin du Monde.

Au XIIIe siècle, dans une vallée profonde de l'ancienne Lorraine, s'élevaient deux rochers couverts de pins d'une hauteur prodigieuse. L'air que l'on respirait en ce lieu était glacial. Adossée à ces deux rochers, avait été construit un bâtiment long, à la structure gothique : c'était le monastère de Guilhem-le-Saint. Un morne silence régnait constamment autour de ce lieu, alors même que les trente cellules en étaient occupées, et ce n'était qu'à l'office du soir que l'on entendait des voix humaines psalmodier lugubrement des cantiques divins. Mais alors ces voix d'hommes s'élevant du fond d'un désert semé à chaque pas d'abîmes et de précipices, et se mêlant au bruit lamentable du vent qui agitait les pins des montagnes environnantes, produisaient un effet saisissant et presque terrible : c'était comme les voix plaintives d'ombres solitaires qui implorent la fin de leurs douleurs.

Le prieur de ce saint établissement de pénitence était un vieillard presque centenaire. Sa tête vénérable était un admirable tableau de sérénité dans la vertu, de confiance en Dieu et de bonté pour tous.

Dans la solitude où il vivait, on ne trouvera pas étonnant que ce saint et vertueux moine eût de fréquentes visions, et même des entretiens avec Dieu ; aussi laissa-t-il des mémoires écrits de sa main, précieusement recueillis à sa mort, qui ont aujourd'hui pour nous un immense intérêt.

Nous nous proposons donc d'en traduire quelques extraits et de les mettre sous les yeux de nos lecteurs.

» Un jour, écrit le père prieur, Jésus-Christ m'apparut ; et, du sommet d'une éminence, me montrant un beau soleil attaché à un point de l'horizon, il me dit d'un air triste : « La
» figure du monde passe, et le jour de mon dernier avènement
» approche. Quand le soleil est à son couchant, poursuivit-il,
» on dit que le jour s'en va et que la nuit vient..... Tous les
» siècles sont un jour devant moi : juge donc de la durée que
» doit encore avoir le monde par l'espace qui reste encore au
» soleil à parcourir. » Je considérai attentivement, et je jugeai qu'il ne restait au plus qu'environ deux heures de hauteur de soleil. J'observai aussi que le cercle qu'il décrivait tenait un certain milieu entre les jours longs et les jours courts de l'année.

» Voyant que Jésus-Christ ne me paraissait point opposé au désir, qu'il me donna sans doute, de lui faire des questions sur certaines circonstances de cette vision frappante, je me hasardai de lui demander si le jour dont il me parlait devait se compter d'un minuit à l'autre, ou du crépuscule du matin à celui du soir, ou bien du soleil levant au soleil couchant. Sur cela il me répondit : « Mon fils, l'ouvrier ne travaille que
» durant que le soleil est sur l'horizon ; car la nuit met fin à
» tous les travaux. Malheur à celui qui travaille dans les ténè-
» bres, et qui n'aura point profité de la lumière du soleil de
» justice qui s'était levé pour lui ! C'est donc, mon fils, depuis
» le soleil levant jusqu'au couchant, qu'il faut mesurer la lon-
» gueur du jour.... N'oubliez pas, ajouta-t-il, qu'il ne faut plus
» parler de mille ans pour le monde. Il n'y a plus que quelques
» siècles en petit nombre de durée. » Mais je vis dans sa vo-

lonté qu'il se réservait à lui-même la connaissance précise de ce nombre, et je ne fus pas tenté de lui en demander davantage sur cet objet, content de savoir que la paix de l'Eglise et le rétablissement de sa discipline devaient durer encore un temps assez considérable.

» Sans profiter en rien de ce que l'Ecriture nous dit des signes avant-coureurs du jugement général, et ne parlant que d'après la lumière qui m'éclaire, je vois en Dieu que, longtemps avant que l'Antechrist arrive, le monde sera affligé de guerres sanglantes ; les peuples s'élèveront contre les peuples, les nations contre les nations, tantôt unies et tantôt divisées, pour combattre pour ou contre le même parti ; les armées se choqueront épouvantablement, et rempliront la terre de meurtres et de carnages. Ces guerres intestines et étrangères occasionneront des sacriléges énormes, des profanations, des scandales, des maux infinis.

» Outre cela, je vois que la terre sera ébranlée en différents lieux par des tremblements et des secousses épouvantables. Je vois des montagnes qui se fendent et éclatent avec fracas, qui jettent la terreur dans les environs. Trop heureux si on n'en était quitte que pour le bruit et la peur ! Mais non : je vois sortir de ces montagnes, ainsi séparées et entr'ouvertes, des tourbillons de flammes, de fumée, de soufre, de bitume, qui réduisent en cendres des villes entières. Tout cela et mille autres désastres doivent précéder la venue de l'homme de péché...

» Jésus-Christ m'a fait voir un certain chemin droit, obscur et ténébreux, environné de satellites et de gens armés pour en interdire l'approche..... Tout à coup parut un homme fort et robuste qui se disposait à passer par ce chemin ; il tenait de la main gauche un flambeau, et de la droite un glaive à double tranchant. Il entra dans le chemin obscur, marchant à la lueur de son flambeau et se battant à droite et à gauche avec un glaive, comme s'il eût eu une armée entière à combattre. Il y avait autour du chemin obscur un grand nombre de précipices où les satellites tâchaient de le faire tomber. Enfin, malgré leurs embûches et leurs efforts, cet homme puissant et courageux arriva heureusement au terme et se tourna alors vers ses ennemis pour insulter à son tour à leur faiblesse et à leur lâcheté.

« Plus on approchera du règne de l'Antechrist et de la fin
» du monde, me dit Jésus-Christ, en m'expliquant cette appa-
» rition, plus les ténèbres de Satan seront répandues sur la
» terre, et plus ses satellites feront d'efforts pour faire tomber
» les fidèles dans ses pièges et ses filets.

» Pour échapper à tant de dangers, il faudra que le chrétien
» marche le glaive et le flambeau à la main, et qu'il s'arme de
» courage comme cet homme robuste que tu viens d'admirer..»

» La France me fut représentée comme un vaste désert, une affreuse solitude ; chaque province était comme une lande, où les passants pillaient et ravageaient tout ce qu'ils pouvaient rencontrer

» Bientôt, au déplaisir des vrais fidèles, nos pasteurs et nos vicaires, nos prédicateurs, nos directeurs et nos missionnaires disparurent, et de nouveaux ministres, qu'on ne connaissait point, en prirent la place et prétendirent exercer les mêmes fonctions et avoir les mêmes droits. Insensiblement, il se fit un si grand changement dans la façon de faire et de penser de mes concitoyens, que je ne pouvais qu'à peine reconnaître mon propre pays.

» D'après mes calculs prophétiques, termine le père prieur du monastère de Guilhem-le-Saint, la fin du monde devra arriver dans l'année qui tombera sept fois deux lunes et quatre lustres après sept siècles révolus. »

Nous nous approchons relativement de cette date, et nos temps peuvent être reconnus à la peinture qui précède.

Prophétie prédisant la destruction de Paris.

I. « Il est bien loin d'ici, dit la prophétie, une grande ville qui a pour nom Paris et pour habitants les peuples les plus corrompus de la terre.

II. « Le luxe y étale toutes ses merveilles ; les vices s'y montrent sous des dehors honnêtes, et la vertu (si vertu il y a encore !) s'y cache et y meurt.

III. « La plus grande richesse y coudoie la plus grande pauvreté ; l'opulent y meurt d'indigestion, et le malheureux y succombe dans les tortures de la faim.

IV. « Tout s'y trafique et s'y vend. Avec de l'or on y est plus puissant que Dieu même.

V. « Pauvres habitants des campagnes, vous ne savez pas ce que c'est que Paris ! vous voulez tous vous y rendre, et vous ignorez ce qui vous y attend. Si vous avez pour tout bien l'honneur que vous ont légué vos pères, vous y serez honnis et méprisés. Et vous, pauvres jeunes filles, on vous y vendra comme sur un marché !

VI. « Deux passions animent Paris, l'ambition et l'amour des richesses. Pour les satisfaire, l'homme vendrait encore une fois son Dieu !

VII. « Si vous êtes honnêtes et si vous croyez encore à l'amour et à l'amitié, ne quittez pas vos chaumières pour venir goûter à Paris, quelques instants de plaisir ; car le plaisir qu'on y trouve est funeste ; il enivre, il rend fou, il mène au déshonneur !... Retournez à votre village.

VII. « Mais peut-être, cette ville si grande, si riche, si admirée ; ce centre humain, objet de convoitise de tous les souverains de l'Europe ; cette Babylone moderne, cent fois plus impure que la Babylone antique, s'éteindra dans les flammes et des flots de sang couleront dans ses rues !

IX. « Sur tous les points de la vieille capitale s'échapperont des tourbillons de fumée, et des colonnes de feu, semblables à celles dont parlent les saintes Ecritures, s'élanceront dans les airs et iront se perdre dans les nues.

X. « Puis le souffle des vents confondra toutes ces colonnes en une immense pyramide flamboyante, qui aura la terre pour base et le ciel pour sommet.

XI. « Et l'on entendra, mêlés au pétillement des flammes et aux craquements multipliés des édifices qui s'écroulent, les cris déchirants de ceux que l'incendie dévore, les lamentations horribles des malheureux échappés au fléau, les derniers soupirs et le râle épouvantable des innombrables victimes qui expirent en d'atroces tortures !...

XII. « Et l'on verra au milieu des ombres de la nuit la voûte du ciel devenir rouge comme du sang.

XIII. « La grande ville, vue des hauteurs qui dominent Paris, sera comme une fournaise ardente. Le plomb, le fer, l'airain, l'or, l'argent et tous les métaux entassés dans les magasins, les arsenaux, y couleront en fusion. Les pierres les plus dures, les marbres, les granits, les porphyres éclateront avec fracas et seront réduits en poussière par l'action dévorante de cet immense brasier !

XIV. « Pendant huit grands jours, l'intensité des tourbillons de fumée obscurcira les rayons du soleil. Et pendant un mois entier la pyramide de feu planera au dessus du vieux Paris anéanti pour jamais ! » — (Bretagne.)

La bergère et le secret de la Salette.

DIVINITÉ DU SECRET DÉMONTRÉE CONTRE LES OPPOSANTS.

Un débat solennel a été ouvert devant le public religieux. Le catholicisme libéral, silencieux lors de la publication du secret de Mélanie par M. l'abbé Bliard, en 1873, s'est tout à coup déchaîné, lorsque sœur Marie de la Croix elle-même a cru le moment venu de compléter sa mission, en communiquant spécialement au clergé et aux congrégations religieuses, la grande prophétie qu'elle tenait de la Sainte Vierge, depuis 1846.

Porte-voix des messages surnaturels, il nous appartient d'intervenir dans cette grave discussion, et de venger aussi bien la révélation de Marie Immaculée, que la pieuse bergère choisie pour la faire passer aux peuples chrétiens, et quelques personnes généreuses qu'une certaine presse, oubliant sa qualité de religieuse, n'a pas rougi d'outrager par des entrefilets malsains, et dont plusieurs ne sont pas moins éloignés de la saine raison que du langage usité parmi les gens comme il faut.

Le secret de Mélanie, imprimé à Naples par M. l'abbé Bliard, avec des commentaires judicieux, et plusieurs approbations, passa, en 1873, presque inaperçu. Les livres ont leurs destinées, comme l'exprime un auteur latin, et pour eux le succès consiste à n'arriver ni trop tôt ni trop tard. Pourquoi le même secret, livré, l'an dernier, au monde religieux, par la bergère de la Salette, avec de légères réticences de moins, mais avec le suffrage d'un savant évêque, a-t-il soulevé des irritations imméritées et des invectives irréfléchies ? C'est que l'heure de Dieu est venue et que les esprits, saturés de scepticisme sur le surnaturel, et nourris d'opinions qui ont accrédité les façons de voir et d'agir du catholicisme libéral, issu de l'égoïsme et de la vanité, ne sont pas préparés à comparaître devant ce suprême tribunal.

Cette ligue de l'orgueil humain est en face d'un cataclysme sur le point de se déchaîner, et ne peut se résoudre à y croire. C'est que, le secret n'épargnant aucun égarement, l'amour-propre des sceptiques et des impénitents se révolte. C'est qu'enfin l'héroïsme, la grandeur d'âme, la vraie science ayant fait défaut aux téméraires, ils manquent d'oreilles pour écouter les ambassadeurs du ciel.

Comment s'est manifestée la résistance des opposants ? Ont-ils procédé par une sage discussion ? Ont-ils recouru à des témoignages autorisés ? Ont-ils apporté un argument sérieux contre ce qui blessait leurs prétentions blessées ? Non, ils ont complaisamment répété le langage du préjugé, parti en guerre sans trop savoir où ils allaient, puis ils ont employé l'injure, l'imprécation.

Nous n'étalerons pas ici les misères dont se sont fait l'écho quelques journaux quotidiens, des revues hebdomadaires, en partie de bonne foi, mais non éclairées. Nous nous bornerons à reproduire un texte atrabilaire de l'une de trois ou quatre de ces Revues qui, oubliant à la fois le bon sens et les mansuétudes évangéliques, ont souillé les pages de leur journal par des paroles comme celles qui suivent :

« Une brochure *détestable* sous ce titre : *L'Apparition de*
» *la sainte Vierge sur la montagne de la Salette*, circule en
» ce moment, nous écrit-on de plusieurs paroisses du diocèse ;
» nous avons hâte de la signaler et de la livrer *à la légitime*
» *indignation* de tous les cœurs *honnêtes et chrétiens;* l'au-
» teur a eu la *criminelle audace* de mettre sur les lèvres de

» l'auguste Mère de Dieu, parlant aux deux bergers de la Sa-
» lette, *les plus atroces calomnies* à l'adresse du clergé et
» des communautés religieuses. Ces *pages infâmes* ne peuvent
» que produire *des fruits de mort, scandaliser les bons et*
» *confirmer les méchants* dans la mauvaise opinion qu'ils
» ont du prêtre et de la religion... »

Tel est l'aveuglement des catholiques libéraux, pharisiens modernes, jansénistes renouvelés ; leur superbe résiste à l'évidence et leur obstination devient du délire. A propos du secret de la Salette, ils continuent la guerre sourde conduite contre le surnaturel en général, et ce pitoyable système de négation sera prolongé jusqu'à l'heure prochaine où le courroux céleste viendra sur la société comme un voleur. Ces insensés ont nié les prodiges, refusé de recourir aux enquêtes canoniques, exercé des rigueurs inouïes, poursuivi les hommes de bonne volonté qui réclamaient ces examens de l'Eglise, seule pourvue de tous les moyens de vérification et de constatation, si un fait, une manifestation surhumaine émane du Très-Haut ou de l'abîme. Nier, résister, persécuter, fermer les yeux aux sublimités saintes, c'est tout ce que vous montrent ces adversaires, non de nos préférences et de nos opinions, mais de ce que les faits proclament comme évènements divins.

Le secret de la Salette, comme ce qui a trait à plusieurs victimes de la Croix, a rencontré des plumes hostiles qui ont distillé la colère et le sarcasme. Il ne leur a pas été répondu par charité et pour ne pas augmenter le scandale. Dans la *deuxième partie du dernier mot des prophéties*, nous avons dû relever les insultes acerbes d'un écrivain nouvellement éclos, écho sans doute de quelque haine ténébreuse, et qui avait jeté de la boue sur l'innocence, la pureté, l'immolation d'une Voyante que les siècles à venir admireront. Il avait inséré ses récriminations dans une revue publiée en province et qui se dit réparatrice du blasphème.

Bien que réprimé, ce même jeune écrivain a renouvelé ses imprécations, et une fois de plus, nous le signalons ici comme infracteur des lois de la justice, de la vérité, d'une discussion loyale. Qu'il aille, l'audacieux détracteur, qu'il aille voir de ses yeux, ouïr de ses oreilles, les choses qu'il mord d'une dent vipérine, et il verra ensuite s'il saura persister dans son incrédulité et dans ses déclamations passionnées et de mauvais aloi.

En effet, là où le malheureux débutant journaliste répand ses imprécations, s'exhale une prière angélique, souffre volontairement la candeur soumise ; là implore pour le monde coupable, une âme qui est sœur des séraphins ; là, les assistants versent des larmes d'attendrissement, aux effusions de la stigmatisée ; là, ils apprennent les ineffables mystères du noviciat de la croix ; là, l'eucharistie, mystiquement donnée à l'extatique, est louée, exaltée comme par une voix céleste ; là enfin, tout visiteur s'écrie, accablé par une puissance invisible : « le doigt du Seigneur est ici. »

Revenons au secret.

La réponse de tels emportements n'est-elle pas d'abord dans ces mots de la sagesse des nations. « Tu te fâches, donc tu as tort. » La brochure si lumineuse de M. Amédée Nicolas : *Défense et explication du secret de Mélanie*, réduisant le texte prophétique à sa juste signification dans les reproches adressés au clergé par la Mère de Dieu, nous n'avons pas à toucher à ce point.

La lettre monumentale de Mgr Zola, par nous publiée également, n'est-elle pas une éclatante justification du secret et une réfutation éloquente de la mauvaise humeur des opposants ?

Quant aux susceptibilités de ces derniers, une pensée naît d'elle-même dans l'esprit du lecteur, à l'endroit des plaintes divines : c'est par la sainteté, l'édification, le zèle apostolique, la charité, l'heureux ensemble des vertus sacerdotales, qu'il fallait ou interpréter ou infirmer le secret accusateur. Comme c'eût été plus sage, plus décisif, plus concluant.

Les invectives de quelques *Semaines* n'ont assurément rien prouvé contre la révélation de la Salette. Elle est demeurée intacte et sa menaçante solennité est encore là, sollicitant les générations présentes à la pénitence et au repentir, et leur présentant comme prête à fondre sur nous la juste colère du Très-Haut.

Mais s'il fallait à l'appui démontrer l'oblitération des principes, la décadence des bonnes mœurs, l'indigence de la piété, l'absence des sublimités morales, la confusion des idées, l'impuissance de résister aux débordements du mal, l'insuffisance des moyens pour la défense sociale, l'anéantissement presque absolu des vitalités politiques et religieuses, ne suffirait-il pas de regarder autour de nous ?

Jamais tant de ruines couvrirent-elles le sol ? Jamais tant de petits hommes s'occupèrent-ils de si petites choses ? Jamais la terre qui nous porte sembla-t-elle plus prête à manquer sous nos pas ? Jamais grondements sourds avertirent-ils les nations de bouleversements plus menaçants et plus colossaux ? Jamais les humains eurent-ils de plus courte vues ? Jamais les cœurs généreux, qui font exception, furent-ils plus systématiquement méconnus ?

Regardez la France de Charlemagne et de Saint Louis : ses publicistes sont poussifs, ses orateurs politiques sans souffle, ses poètes muets, ses artistes énervés, ses penseurs interdits, sans tribune ou sans échos. Point d'unité d'action ; l'opportunisme conservateur, cette banale illusion des âges décrépits, est mis au service de la recomposition sociale. Partout des trames ténébreuses, de noirs complots, de féroces avidités. Après le matérialisme mitigé des cinquantes dernières années, le pyrrhonisme brutal de l'Etat sans Dieu, le régime dégradant des arrière-loges, façonnant la loi à son image, plaçant les peuples livrés au vertige à la suite du drapeau rouge, et préludant à d'horribles et sanglantes saturnales. L'énervement universel permet d'arracher le crucifix des écoles, les religieuses des Hôtels-Dieu, les aumôniers de l'armée, les moines de leurs pieuses retraites, en attendant de laisser renverser le Christ de ses autels et d'expulser le divin maître du tabernacle de son amour.

Les opposants au surnaturel, les détracteurs du secret de la Salette, auraient-ils accompli leur coupable levée de boucliers, s'ils avaient médité sur une pareille situation ?

Il n'est pas outrage que ces délicats n'aient jeté au message céleste, qu'ils n'ont peut-être jamais lu en entier. Et pourtant cette prophétie nous apparaît entourée des plus imposantes garanties et revêtue une d'authenticité absolue. Mgr de Bruillad avait publié le miracle de l'Apparition et transmis à Pie IX le double secret. Au Vatican, le plus grand respect n'a pas cessé de se faire le gardien de cette révélation. Le cardinal Lambruschini en a conservé religieusement une copie. Des cardinaux, des évêques lui ont donné des marques publiques de créance. Louis-Philippe et Napoléon III l'ont redouté. Léon XIII a voulu l'entendre de la bouche de Mélanie. Il n'a recommandé aucune réticence à la Bergère. Il l'a retenue cinq mois à Rome, au couvent des Salésianes, pour lui laisser écrire et pour faire examiner le complément du secret, la *Règle des Apôtres des derniers temps*, et lorsque Mélanie a quitté la ville éternelle, le Saint-Père a voulu accorder à la Voyante, chez elle, la célébration de la messe et la Sainte Communion, tous les jours. Le pape peut-il prouver plus d'estime pour la servante de Dieu et honorer davantage le secret qu'elle a reçu de la Très-Sainte-Vierge ?

Voilà cependant la personne et l'objet qui ont attiré les sévices et les invectives des catholiques libéraux et des opposants se piquant d'être catholiques romains. Et pourquoi ces plaintes, ces cris forcenés ? Pour quelques lignes sévères contre une partie du clergé, lignes où plus d'un s'est reconnu peut-être. Les opposants au secret sont des insensés, et comme il importe de les réduire au silence par une affirmation sans réplique, nous plaçons ici la citation d'une lettre, de source fort respectable et dont nous garantissons l'authenticité. Elle est datée du 14 décembre 1880 :

« L'Evêque de Castellamare était à Rome vers le mois d'octobre dernier. A son retour, on a tâché de le questionner relativement à la lettre du cardinal Caterini. Or, quoique l'éminent prélat soit très-réservé, il a déclaré cependant : « Que S. S. » Léon XIII était très fâchée des contradictions qu'avait ren- » contrées le secret parmi le clergé français, et qu'il déplore » tout ce qui s'est passé. »

Sur ce témoignage auguste, les opposants seront peut-être plus réservés et s'amenderont dans leur injurieuse pétulance. Les *Semaines* et autres journaux, qui se sont faits les échos malavisés ou les agresseurs déclarés de ce qui commande au moins convenance et modération, pour ne pas dire soumission et amour, se tairont désormais, pensons-nous. Ils ont le devoir de se rétracter et de réparer un mal qu'ils ne peuvent plus maintenant se dissimuler.

Que si l'on nous parle d'opportunité pour les fidèles, nous répondrons que le secret a été distribué presque exclusivement au clergé, et que si quelques exemplaires ont attiré sur lui l'attention des ignorants et des méchants, ce sont les imprudents eux-mêmes de l'opposition qui en ont été cause.

Ne pouvant nier le miracle de la Salette, ni se prendre à d'autres prétextes, les adversaires du secret ont osé avancer qu'il existait des variantes entre les copies de 1851 et le texte publié à Lecce en 1879. Cela est faux, et les anciennes copies, celle du cardinal Lambruschini surtout, prouvent l'inanité de l'allégation. Le manuscrit autographe de Mélanie, envoyé à Pie IX, paraît perdu. Manuscrits de 1851, texte de l'abbé Bliard, édition récente, présentent une entière identité. Donc il n'y a pas de variantes, et cette identité unie aux arguments qui précèdent montrent rigoureusement la divinité du secret.

Mélanie, prophétesse de la Sainte-Vierge.

Si les opposants ont attaqué follement le secret, ils n'ont pas épargné Mélanie. Selon eux, c'est une orgueilleuse, une tête peu équilibrée ; elle a reçu le cadre de sa prophétie, mais elle l'a rempli selon les caprices de son imagination. Ceci se trouve dans les journaux ; quant aux absurdités qui n'ont pas été écrites, elles dépassent toute mesure, et on y trouve des divagations où la démence le dispute à la mauvaise foi la mieux accusée.

Un peu de logique, messieurs, s'il vous plaît ; vous savez qu'elle est la reine du monde, et partant le critérium de toute vérité. Vous ne niez pas le miracle de la Salette, parce qu'alors vous déclareriez vous-même votre absurdité. Mais le miracle concédé de gré ou de force, vous lui prescrivez des limites ; vous entamez et par conséquent détruisez le secret. Mais le secret peut-il se séparer du miracle ? Et le miracle, séparé du secret, qui en est la partie capitale, demeurera-t-il lui même ainsi mutilé ? Un miracle est absolu ; il est ou il n'est pas. Ainsi le veut l'Eglise. Si Dieu s'est manifesté sur une des hauteurs alpestres, n'a-t-il pas accordé à l'instrument de ses volontés tout ce qu'il lui fallait pour l'entier accomplissement de sa mission ?

C'est la Mère de Dieu, la triomphatrice des hérésies, le

siège de la Sagesse, le chef-d'œuvre de la Trinité, qui a transmis la révélation. Les tablettes sur lesquelles cette révélation a été gravée, c'est le cœur de la Voyante. Supposerez-vous que cette leçon sublime, apprise ainsi surnaturellement *par cœur*, après la dictée d'un maître aussi parfait, puisse s'oublier, s'altérer en tout ou en partie ? Ce serait outrager la majesté suprême, la dignité de la Vierge sans tache. Et cependant, n'est-ce pas la signification de ce que vous dites, de ce que vous avez fait, ô opposants ?

Le Seigneur a voulu que la prophétie de la Salette parvînt à son peuple dans sa plénitude et son intégrité. Il n'a chargé qu'une seule mémoire de conserver et de communiquer à plusieurs reprises cette révélation. Il n'a donc pu que former lui-même cette mémoire et la protéger. Est-ce que l'Apparition, l'enquête et le mandement de Mgr de Bruillard, l'ensemble des faits qui se rattachent au prodige et qui demeurent incontestés, ne sont pas la garantie de ce qui devait suivre, et faudra-t-il briser et mettre au rebut cette chaîne de merveilles, parce que quelques lignes, tardivement produites, sur l'ordre de la Sainte Vierge, ne plaisent pas à un petit nombre ?

Suivons Mélanie depuis le jour où, chargée du divin message, elle entre chez les Dames de la Providence, à Corenc, jusqu'à l'instant où, fidèle à l'ordre qu'elle a reçu, elle fait connaître son secret. Elève chez les bonnes religieuses, elle y est appliquée, soumise, recueillie, modeste, et s'attire l'affection générale. Appelée à transmettre le secret pour le Pape, elle l'écrit sans hésitation, réservant la partie qui n'est que pour plus tard. Elle agit en tout naturellement, sans trouble, sans ostentation. Ferme et convaincue, elle parcourt une voie qui lui a été tracée. Après avoir pris le voile, elle observe la règle, elle édifie par sa piété. Elle met en toute chose l'aisance, la simplicité de la vertu.

Elle inspire de l'ombrage à Louis-Philippe; mais après la chute de ce prince, elle apporte un ombrage bien plus accusé à Napoléon, pour qui la Salette est un épouvantail. A la suite de cette antipathie, elle devra quitter Corenc, dont elle chérit la retraite, et se résigner à des voyages réitérés, à l'exil, à un changement momentané d'ordre monastique, jusqu'à ce qu'enfin, Mgr Petagna, qui était exilé à Marseille, l'emmène en Italie, en y retournant. C'est là qu'elle habite depuis, sous la protection de l'évêque de Castellamare.

Mélanie, ravie à son pays, à sa famille, à ses préférences, persécutée, humiliée, a tout accepté sans murmure. Elle a dû à la Providence et à son travail, — elle a fait l'école aux jeunes enfants, — son pain de chaque jour

Aux rigueurs de l'exil se sont jointes des souffrances physiques, dont la principale est celle des yeux qui lui ont été ravis tout à fait pendant quelque temps. Un prodige céleste lui en a rendu l'usage, sans pour cela la guérir entièrement et écarter la douleur. La prière, la méditation, le soin d'accomplir la volonté de la Sainte Vierge, ont remplie la vie de Mélanie. Elle n'a point fait étalage des priviléges reçus par elle. Elle n'a livré son secret qu'à temps dit. Elle en a tu même longtemps des particularités qu'elle n'a livrées qu'à la fin. Est-ce donc là la conduite d'une orgueilleuse, ou bien celle d'une âme pénétrée de vrais sentiments religieux et dont l'humilité ne s'est jamais démentie?

Nous ne connaissons rien de plus sage, de plus prudent que les lettres de Mélanie. Il s'en exhale un parfum de foi qui embaume le lecteur. S'il y a fermeté pour ce qui a trait au message divin, jamais d'aigreur contre les personnes hostiles; toujours pleine soumission à l'Eglise et aux vues de la Providence.

Tous les Evêques et dignitaires ecclésiastiques qui ont connu la Voyante, témoignent de ses heureuses dispositions, de sa docilité, de sa douceur. Mgr Zola, évêque de Lecce, son ancien directeur, a rendu surtout publiquement hommage aux vertus de Mélanie. Seuls les opposants au secret n'ont pas rougi de les contester.

Si Mélanie a voulu être relevée des simples vœux de Carmélite prononcés par elle en Angleterre, sous une pression qu'elle subissait, le Saint-Père a reconnu la légitimité de ce désir; car il fallait, en effet, à la Voyante une liberté suffisante pour achever la tâche solennelle qui était la sienne. L'importance de la prophétie contenue dans le secret échappe aux opposants, esprits rebelles au surnaturel, en des temps où la miséricorde du Seigneur en multiplie les manifestations, avant que la Justice suprême exerce sur une société pourrie les vengeances que les prières des justes et la clémence de Marie Immaculée elle-même sont impuissantes à désarmer.

Que reste-t-il des prétentions téméraires des opposants, et quel juge intègre voudrait innocenter leurs agissements?

MISSION DE MÉLANIE.

Mélanie, prophétesse de la Sainte Vierge, devait rester le témoignage vivant du message qu'elle avait reçu. Elle ne pouvait, guidée par Marie, ni nous tromper, ni se tromper, car elle avait reçu, d'une part, les dons nécessaires pour la sûreté de sa mémoire, et la rectitude de sa vie nous répond de sa sincérité et de sa bonne foi. Prétendre que la Bergère a pu se méprendre sur le point majeur qui a ému les opposants, c'est donner dans un grave travers d'esprit et sacrifier à une étrange aberration. Remarquons-le, les adversaires du secret n'ont pas discuté, n'ont pas argumenté, n'ont pas procédé en homme de science ; ils ont répandu leur mau=

vaise humeur, écrit des sarcasmes, comme si cette façon d'agir démontrait une affirmation.

La mission de Mélanie revêt un caractère grandiose, qui lui appartient essentiellement et que ne partagent peut-être au même degré aucun des autres ministères prophétiques de notre siècle. La Sainte-Vierge se manifeste sur l'un des sommets des Alpes à deux enfants ; l'un est chargé d'annoncer surtout le retour de la paix ; l'autre devra publier les menaces contre Babylone : c'est Mélanie. Ce partage ne comportait que tristesse et deuil ; s'étonnera-t-on des rigueurs qui le constituent ?

La Voyante a grandi, après avoir, sous la conduite d'un vénérable évêque et de ses collaborateurs, livré pour les fidèles ce qu'elle est d'abord autorisée à dire, puis transmis au Pape ce qui est exclusivement pour lui. Le secret, complété toujours selon la volonté de l'Apparition, sera plus tard communiqué plus généralement. N'est-il pas manifeste que le secret, publié en entier en 1851, n'aurait rencontré que des incrédules? Or, Dieu, en accomplissant des miracles, tient pourtant compte de la liberté humaine, de l'état des esprits, et selon les perfections dont il est la source, il ne procède jamais qu'avec nombre, poids et mesure.

Mélanie, comme tous ceux que le ciel appelle à l'accomplissement de ses desseins, sera victime. C'est par le creuset de la souffrance que les âmes ambassadrices d'en Haut se rendront dignes de leur noble tâche. L'avenir nous apprendra quels sont les mérites cachés de la Bergère des Alpes ; son humilité en voile plus d'une, et ses directeurs ne sont pas capables de commettre de pieuses indiscrétions.

Mélanie est missionnaire ; elle publiera donc fidèlement, et selon les instructions reçues par elles, ce qui lui a été confié par la Reine du ciel. Quand les vanités de la terre se lèveront pour la contredire, elle se contentera de répéter : « J'énonce ce que la Vierge Immaculée a prononcé. »

Le message est pour la France, pour l'Europe, pour le monde. Or, il s'est rencontré des serviteurs de Marie pour transmettre le secret à tous les évêques de la catholicité, en commençant par le Sacré-Collège. Le secret indique les causes de la malédiction suprême, et en marque les remèdes : la pénitence, la conversion.

Les scènes de la prophétie ont la beauté des tableaux de la bible. Les larmes de la Sainte-Vierge ont une expression éminemment pathétique, et dans la durée relativement courte de l'apparition se déploie cependant, au milieu d'une austère solitude, la peinture prophétique des évènements mémorables d'un demi-siècle d'abord, puis des ébranlements qui, après le règne béni du Monarque fort, s'étendent jusqu'à la fin des temps.

Mélanie ne s'appartient plus depuis le miracle de la Salette; elle est à sa mission, à l'Eglise dont elle a renseigné le chef et les ministres ; à la France, parce qu'elle est, au point de vue moral, une nouvelle Jeanne d'Arc; à l'Univers, à qui elle explique et confirme l'*Apocalypse*.

Les faits de la Salette n'étant pas contestés par l'Eglise ; deux Papes ayant écouté le message de la bergère sans désaveu aucun ; toutes les vérités contenues dans le miracle et dans le secret s'enchaînant merveilleusement ; la vie entière de sœur Marie de la Croix correspondant à l'élection dont elle a reçu le privilège ; tout s'unit pour glorifier le céleste évènement de la Salette et pour vérifier la mission fidèlement remplie de la Voyante. Par cela même, les attaques des opposants restent sans base et leur conduite est blâmable comme sans excuse. Cette résistance se rattache à celle qui existe contre le surnaturel en général, et elle dénote d'ailleurs une science théologique incomplète, des attaches aux préjugés contemporains, une piété insuffisante, des travers qui déparent chez plusieurs le caractère sacerdotal et la sainteté que le Christ a voulu voir briller en lui.

Que l'on ne s'étonne pas de ces réflexions ; que l'on ne nous oppose pas des dénégations obstinées ; nous avons une multitude de faits publics qu'il dépendrait de nous d'énoncer et devant lesquels force serait aux obstinés de passer condamnation.

Comment certains des hommes de Dieu à qui s'adressent les lignes qui précèdent ont-ils pu oublier ces préceptes des écritures sacrées : « *Nolite tangere Christos meos*, ne touchez pas à mes Christ, c'est-à-dire à mes envoyés. — Qui vous écoute, m'écoute ; qui vous méprise, me méprise ; — qui vous touche, me blesse à la prunelle de l'œil. »

Et nous, les défenseurs des prophéties, des victimes qui en sont les organes, pourquoi notre concours, notre zèle ? En retirons-nous des avantages matériels, des récompenses, des honneurs ? Non, il ne nous en est revenu que des ennuis, des contradictions cruelles, des outrages peu ménagés, des sacrifices et un pénible labeur. Mais cette glorification étant un devoir, nous ne l'avons pas éloigné. Quand il l'a fallu, nous avons revendiqué notre action comme un droit. Constamment les yeux tournés vers le Vatican, nous n'avons pas cessé de nous inspirer des jugements du Saint-Siège, en marchant à sa lumière ; pour la Salette, nous n'avons pu que suivre la trace des souverains Pontifes, qui ont honoré à la fois et le miracle et la pieuse Voyante à qui avait parlé la Mère de Jésus-Christ. S'il y a donc ici un blâme à proférer, c'est contre les opposants.

Lettres inédites de Mélanie.

Nous avons le bonheur d'avoir sous la main quelques lettres récentes de sœur Marie de la Croix. Ces pages inédites, que la Voyante a écrites spontanément, sans prévoir qu'elles seraient publiées, et qui par conséquent n'ont ni prétention, ni apprêt, sont de nature à intéresser vivement le lecteur. On y voit la ferme mais humble conviction de la Bergère. Elle exprime des regrets, sans amertume, sans la moindre irritation ; elle proteste au nom de sa divine protectrice et donne l'assurance qu'elle ne propage que ce qu'elle a appris de la Reine du ciel. Il y a çà et là des traits qui pénètrent les personnes non prévenues, et qui ne sauraient laisser les opposants sans les impressionner aussi. Ce sera un jour un recueil d'un haut intérêt que celui des lettres de Mélanie, chez qui la foi en sa mission ne se sera pas un instant démentie, et qui l'aura remplie sans interruption à la face du monde entier.

J. M. J.

Castellamare, 25 mars 1880.

Mon Très-Révérend et Très-Cher Père,

Que Jésus soit aimé de tous les cœurs !

Je ne puis vous écrire une longue lettre ; ma mauvaise santé ne me le permet pas, et c'est à peine si je puis tenir la plume. Dieu soit béni de tous et toujours !

Je regrette vivement de n'avoir plus aucun opuscule (1) ;

(1) La brochure du Secret.

en peu de temps tous ont été expédiés en France et en Italie…..

En France, on fait une guerre acharnée contre ce petit livre. La vérité pique. Et cependant, cela ne vient pas de moi : Je ne suis que le faible et bien indigne canal des plaintes de notre Tendre Mère.

Je prie, je prierai pour vous, mon Très Cher Père ; la reconnaissance m'en fait un devoir.

Prions aussi pour notre pauvre France, afin qu'elle ouvre les yeux avant d'être frappée.

Veuillez prier pour moi et me bénir.

Agréez l'hommage du plus profond respect avec lequel j'ai l'honneur d'être,

Mon Très-Révérend et Très-Cher Père,
Votre Très-Humble et Très-Reconnaissante indigne Servante.

MARIE DE LA CROIX, Victime de Jésus.

Vive Notre-Dame de la Salette !

J. M. J.

Castellamare di Stabia le 9 Mai 1880.

Mon Très-Révérend et Très-Cher Père,

Que Jésus soit aimé de tous les cœurs !

Je suis désolée de n'avoir pas pu lire votre bonne lettre si pleine de bons sentiments, de foi et d'amour pour notre divine Mère Marie. Depuis environ trois ans, ma vue baisse considérablement, à ce point que je ne puis reconnaître les personnes que j'ai connues; que je ne sais pas si un livre est écrit ou non; par la grâce de Dieu, je puis marcher seule. En écrivant, c'est plutôt par la longue habitude que je le fais ; mais avec de très-fortes lunettes, et parfois j'en mets deux, l'une sur l'autre. Dieu soit béni de tout ! c'est Dieu qui donne la vue, c'est Lui qui l'ôte quand il lui plaît. Si je n'étais pas dans un pays étranger, j'aurais pu trouver une personne de confiance pour me faire lire bien des lettres que souvent je ne parviens pas à pouvoir lire ; mais ici, dans mon exil, je suis vraiment exilée de toutes les manières. Que Dieu en soit béni et glorifié!..

Je suis très-reconnaissante aux personnes qui daignent s'intéresser à moi : elles auront un droit tout particulier à mes pauvres prières. Oui : dites-leur bien de ma part que je ne les oublie pas devant le bon Dieu, et que je prierai particulièrement selon leurs intentions, et pour leurs familles ; de plus : je prierai la Très-Sainte Vierge de les garder, de les protéger d'une manière spéciale, pendant la persécution, pendant la terrible tempête des fléaux destructeurs, qui certainement arriveront, parce que l'on ne se convertit pas et que la foi est presque morte.

Vous me pardonnerez, mon Très-Révérend Père, si je ne réponds à tout ce que vous me dites dans votre bonne lettre, n'ayant pas pu la lire entièrement. Vous avez répandu la brochure : que la Vierge Marie vous en récompense sur la terre et dans le ciel. Malheureusement, il y a encore bien des incrédules, et parmi ces incrédules, il y en a de bonne foi et de mauvaise foi. Quant aux personnes de mauvaise foi, leur sentence est dans l'Ecriture : « Les impies ne deviendront que plus impies ! » C'est l'impénitence finale.!... Pour ne pas quitter le vice, ils préfèrent ne pas croire.

D'autres personnes disent que le secret est exagéré ; que le mal n'est pas à ce point. En ce cas il faudrait croire que la Très-Sainte Vierge s'est trompée. La Sainte Vierge peut-elle se se tromper ? Non. Ouvrons les yeux, regardons autour de nous ; Où est la foi ?.. Où est la piété ?.. Où est la Sainte Crainte de Dieu ?.. Où est l'amour de la prière, de la pénitence, de l'expiation, de la réparation ?.. Où est l'obéissance à la Loi de

Dieu et de l'Eglise ?.. On travaille le Dimanche !.. On blasphème !.. Où est l'amour de la famille, le respect dû aux parents ?.. Où est la charité ?.. On ne voit qu'injustice, fraude, jalousie, envie. On est plein de vanité, d'orgueil... On est égoïste... On cherche les plaisirs !.. On est léger, indifférent pour Dieu et pour son culte !.. Et ceci n'est encore rien !..

Le mal est si grand !.. Et à de grands maux, il faut de grands et terribles châtiments, pour faire ouvrir les yeux, pour réveiller les endormis, et pour faire renaître la foi vive !...

Les opuscules qui avaient été imprimés à Lecce sont presque tous terminés. Si le bon Dieu inspirait à quelques bonnes âmes de pouvoir le faire imprimer de nouveau, avec la permission d'un évêque selon le cœur de Jésus, ce serait bien à désirer ; pour moi, je donne toute permission possible de le faire faire, mais toujours que ce soit avec la permission et autorisation d'un évêque, afin que le bon Dieu bénisse cet ouvrage et que les avertissements de Marie soient reçus avec respect et amour.

Il serait bien à désirer que la France entière fît la pénitence que firent les Ninivites, pour ne pas voir tomber comme la foudre les fléaux sur elle !.. Beaucoup de personnes désirent voir le triomphe de l'Eglise ... Elles ne s'imaginent pas quels seront les terribles fléaux qui dévasteront la terre d'Europe... On croit, en général, à une guerre, à une persécution contre le clergé... à une peste !.. à une famine !.. à des tremblements de terre !.. etc., etc. Je veux bien croire qu'en premier lieu cela arrivera. Mais après cela, qui pourra fuir, qui pourra se cacher aux regards de Dieu Lui-même, pour échapper à sa juste colère ?..

Les hommes fatigués d'avoir répandu le sang, Dieu interpellera alors les impies et les exterminera... O mon Dieu, je voudrais mourir mille et mille fois, afin que ces châtiments n'arrivassent pas !.. Mais hélas ! qui suis-je, moi, néant, vile poussière...

Il me semble que les évènements devraient arriver vers 1881. Puissé-je me tromper !.. Et puisse le Divin Maître exaucer mes prières et ne point détruire l'ouvrage de ses mains !.. mais nous attirer à Lui par la force de sa Toute-puissance et de sa grande Miséricorde !..

Unissons-nous, prions, réparons, expions et faisons pénitence ! Prenons la Vierge Marie à la tête de notre armée, et marchons avec Elle sans respect humain. Ne travaillons plus le dimanche ! . Avertissons ceux que nous voyons travailler, acheter et vendre !.. Avertissons ceux qui blasphèment !.. Assistons à l'office de la paroisse ; prêchons à temps et à contretemps; si Marie, la Belle Vierge, est avec nous, nous serons plus forts que Dieu, parce que Dieu ne résiste pas à sa Mère !.. Prions, agissons et ne nous décourageons pas. Souffrons les persécutions, les humiliations avec amour ; il nous suffit que Dieu soit glorifié et le peuple sera sauvé.

Les chefs, les conducteurs du peuple de Dieu, cela s'entend : cardinaux, archevêques, évêques, prêtres.

Palma est à Oria, et cette ville est très-éloignée d'ici ; en chemin de fer il faut à peu près deux journées pour arriver. J'y suis allée deux fois. Dans ce moment-ci, elle est retirée seule dans une petite maison qu'on lui a achetée ou louée. Elle continue à faire la communion d'une manière extraordinaire. Elle dit que ce sont les anges qui la lui portent. J'ai vu l'hostie. Je ne connais pas Marie-Julie ni d'autres personnes semblables.

Prions !.. Prions !.. immolons-nous pour Jésus et notre pauvre aveugle France... qui renie son Dieu, sa loi et sa foi !.. Prions !.. Faisons pénitence !..

Je vous prie de vouloir prier pour moi et de me bénir.

Agréez l'hommage du profond respect avec lequel j'ai l'honneur d'être,

    Mon Très-Révérend et Très-Cher Père,

Votre très-humble et très-reconnaissante indigne servante.

        Marie de la Croix, Victime de Jésus,
          née Mélanie Calvat, Bergère de la Salette.

L'œil de Dieu veille sur moi,
Mon salut est dans la croix,
Vive Notre-Dame de la Salette.

        J.-M.-J.

        Castellamare, le 26 Août 1880.

    Mon très-Révérend Père,

Que Jésus soit aimé de tous les cœurs !

Je n'ai pas pu répondre plus tôt à votre bonne lettre, le divin Maître daignant me favoriser par des souffrances qui ne me permettent pas de pouvoir écrire ; qu'il en soit béni et glorifié !

Aujourd'hui, étant un peu moins souffrante, je vais répondre brièvement aux questions que vous avez eu la bonté de me faire.

Oui, mon Très-Révérend et bien cher Père, je désirerais que le *secret tout entier* fût nouvellement imprimé. Et il serait à désirer que la petite brochure *toute entière*, sans y rien retrancher ni changer, fût réimprimée, pour la gloire de Dieu et pour le bien des âmes de bonne volonté.

L'opinion de quelques membres du clergé, ni la fureur de l'enfer, il me semble, ne doivent pas être un obstacle à cela ; et la divine Marie n'a pas parlé pour ne rien dire, ni pour que ses sages avertissements soient ensevelis.

Il me semble que nous devrions agir énergiquement, tout en ayant une très-grande compassion pour les incroyants ; parmi ces non-croyants, il y a ceux qui sont dans l'ignorance, au sujet de ce grand fait de l'Apparition de la Très-Sainte Vierge et de la grande miséricorde de Dieu pour les hommes, et qui voulant raisonner à la manière humaine, n'approfondissent pas la Très-grande miséricorde de Dieu ni son amour envers nous, pour nos âmes, rachetées au prix du sang de Notre-Seigneur Jésus-Christ.

Les non-croyants de mauvaise volonté, ô Dieu ! il n'y a qu'à prier pour eux. Il faudrait la vision qu'eut saint Paul sur le chemin de Damas, pour leur faire fermer les yeux aux choses de la terre, et pour concentrer leurs âmes en Dieu seul. Prions ! prions pour ces âmes. J'ai pour elles une très-grande compassion.

Les excuses que certaines personnes donnent pour ne pas croire au secret, ne sont que *des accusations* contre elles-mêmes ; pour ne pas changer de vie, il est plus facile de dire que l'on ne croit pas au secret, ou bien qu'il est exagéré, que le mal n'est pas si grand ; que la Très-Sainte Vierge n'a pas pu se plaindre du sel de la terre, etc., etc. Ces raisonnements-là, on devrait me les laisser faire à moi, ignorante comme je le suis ! Mais c'est, il me semble, très-humiliant dans la bouche des personnes tant soit peu doctes, sinon pieuses ! Que nous dit l'Ecriture sainte, l'Ancien et le Nouveau-Testament ? Comment parle-t-elle du prêtre ?... Qui a demandé le crucifiement de Notre doux Sauveur ?... Les hérésies, par qui ont-elles commencé ?...... En 93, qui sont les premières personnes qui adhérèrent à faire disparaître la monarchie, etc., etc. ?... Qui sont les personnes qui allaient contre l'infaillibilité du pape ?... Et aujourd'hui, qui sont les personnes qui se récrient contre le secret de la Vierge

Marie ?... Le sel de la terre !... Ah ! du moins, nous, qui avons le bonheur de croire aux sages et aux vrais avertissements de Notre bonne Mère, ne soyons pas des chiens muets ; faisons connaître Jésus-Christ, prions, expions et réparons ! pour nous et pour notre malheureuse France !...

Après que M. Nicolas aura imprimé son livre, il me semble qu'il sera plus facile aux évêques de donner la permission pour faire réimprimer le petit opuscule, tel qu'il a été imprimé à Lecce. Je prie la Très-Sainte Vierge de vous faire trouver un évêque selon le cœur de Jésus-Christ, un évêque qui n'ait qu'un œil, c'est-à-dire une seule intention : la pure gloire de Dieu. Mais pourquoi avoir tant peur des disgrâces des hommes, et en avoir si peu des disgrâces de Dieu, qui peut nous priver éternellement de son paradis ? Aimons donc un peu plus le bon Dieu, et beaucoup moins l'amitié et l'honneur des hommes et de la terre.

La Vierge Marie, dans son Apparition sur la montagne de la Salette, nous a donné une planche de salut, si nous voulons nous en servir ; si, comme au temps de Noé, nous n'attendons pas le déluge des maux dont elle nous a menacés pour nous convertir, car alors, il ne sera plus temps !...

Selon moi, il ne faudrait pas de feuille volante, pas de secret partagé ; ne pas être plus prudents que Notre douce Mère Marie.

Le Saint-Père Léon XIII a le secret tout entier et ne m'a pas dit de ne pas le dire, ni de ne pas le publier. Or, c'est la Très-Sainte Vierge, qui par sa divine Miséricorde, a daigné me dire que je le pouvais publier. Je l'ai dit, et je le dirai tant que l'Église, ma Mère, ne me défendra pas de le dire.

Selon ce que j'ai lu dans la petite brochure du livre : *Lettre de Mgr Zola*, le bon et pieux M. Peladan serait appelé à travailler pour la gloire de Marie, N.-D. de la Salette ; j'en remercie le Ciel tout entier et ce zélé Monsieur aussi. Que le bon Dieu en soit béni et glorifié, et que cet ami de Jésus s'attende aussi à recevoir des croix de toutes les dimensions. N.-D. de la Salette, c'est notre Dame des Sept-Douleurs ; mais les croix sont légères à qui aime Jésus-Christ et Notre tendre et douce Mère ; courage et confiance !

J'ai toujours ma chère compagne avec moi, je la recommande à vos bonnes prières......................................

Quoique mes prières soient bien faibles, je me fais un devoir de prier pour vous et pour toutes les personnes que vous m'avez recommandées.

Je vous prie de me bénir.

MARIE DE LA CROIX, née MÉLANIE CALVAT.

J. M. J.

Castellamare, le 20 septembre 1880.

Mon très-cher et très-Révérend Père,

Que Jésus soit aimé de tous les cœurs !

Je réponds un peu tard à la lettre que vous m'avez fait l'honneur de m'adresser. J'aurais désiré vous répondre plus tôt, mais je ne m'appartiens pas. C'est notre divin Maître qui dispose de moi comme il lui plaît : j'étais trop souffrante ces jours passés pour vous écrire. Que la volonté de Dieu se fasse toujours et sur tout !

Le livre de monsieur Nicolas, de Marseille, vient de paraître ; j'espère qu'il éclairera les hommes incroyants par ignorance. Les autres, nous n'en parlons pas... La vérité *niée* rend les impies plus impies ! — Prions ! prions, pour ces pauvres aveugles qui ont des yeux et ne voient pas, qui ont des oreilles et n'entendent pas.

Je crois vous avoir déjà dit, mon Très-Révérend Père, qu'en 1860, j'avais écrit une bonne partie de mon secret, et que cette partie ayant été lue par plusieurs personnes : Grands-Vicaires, Jésuites, etc., on me conseilla de renfermer ces papiers et de ne plus en parler.

Etant en Italie, j'avais pour confesseur Mgr Pétagna, d'heureuse mémoire, et qui avait été aussi mon confesseur pendant les 6 ans qu'il avait passés à Marseille (en exil). N'étant plus en aucune manière sous la direction des Français, Gallicans, peureux et Bonapartistes, je pus alors obéir à la Très-Sainte-Vierge, en faisant connaître tout le secret et tout ce que je pouvais dire sur l'Ordre des apôtres des derniers temps.

J'avais écrit les règles du nouvel ordre voulu par la Très-Sainte-Vierge, et je les avais envoyées à Rome. Environ un mois après, Mgr l'Evêque de Grenoble, avec un des Pères, dits missionnaires de Notre-Dame de la Salette, se rendirent à Rome, pour faire approuver les règles que Mgr Fava avait faites pour les dits missionnaires, et demander le couronnement d'une statue de Notre-Dame de la Salette, et pour obtenir le titre de basilique au sanctuaire élevé sur la Sainte-Montagne, par les offrandes du monde entier.

Rome, je le suppose, voyant deux règles contradictoires, et voulant s'éclairer, le pape Léon XIII écrivit à Mgr Petagna, mon évêque, disant que j'étais appelée tout de suite à Rome. Je partis ; il y eut un Congrès pour traiter cette affaire. La charité ne me permet pas de confier au papier ce qui s'y passa, ni comment Grenoble voulait changer les règles de notre tendre Mère. J'eus ordre du Pape de rester à Rome ; je revins à Castellamare par le même ordre du Saint-Père.

Le Saint-Père n'a pas lu les règles en ma présence ; mais il a dû les avoir lues auparavant ; et il les a lues, puisqu'il avait décidé et ordonné que j'allasse sur la Montagne, et que les pères comme les religieuses dussent embrasser ces règles en tous leurs points.

J'avais écrit les règles et tout le secret, du vivant de Monseigneur, lequel aurait mis son approbation dans mon petit livre, si le Seigneur ne l'avait pas appelé à lui, pendant que j'étais à Rome.

Quant à l'opportunité, si le bon Dieu avait voulu que le secret en entier se publiât plus tôt, il aurait su trouver l'heure et le jour. Et l'heure et le jour sont venus, quand mes supérieurs ont été convaincus qu'il était temps de publier le secret et d'obéir aux ordres de la Vierge Marie. Jonas criait, dans son esprit prophétique : « Encore quarante jours et Ninive sera détruite, si l'on ne fait pénitence !... » Ici, le bon Dieu m'a fait crier un peu plus de temps, parce qu'il ne s'agissait pas seulement de la destruction d'une ville, mais de tout son peuple. Trouve-t-on que c'est trop tôt ou trop tard ? Est-ce que c'est Dieu qui doit obéir aux hommes, ou les hommes qui doivent obéir à Dieu ?

Les non-croyants au secret ne se sont pas contentés de garder leur incrédulité pour eux ; ils ont écrit à Rome, comme si la France entière fût grandement scandalisée de ma petite brochure ! Je pense bien que tous les Français ne sont pas aveugles à ce point... Or, pourquoi les personnes éclairées par la foi et par le fait n'ont-elles pas aussi écrit à Rome, pour témoigner leur croyance et leur reconnaissance en l'Auguste Vierge Marie ; pour ses grandes miséricordes envers les hommes, en venant sur cette terre pleine et infectée de nos péchés nous appeler à la pénitence et à nos devoirs. Etant à Rome, j'entendis dire ces paroles : « La Salette est bien contredite, bien persécutée !... Nous avons un grand nombre de lettres à ce sujet, *mais pas une pour la défendre !..* »

Le secret n'est que trop vrai, et nous en voyons, tous les jours, la réalisation sous nos yeux.

Quoique bien indigne, je prie notre divine Mère, je la prie et la prierai toujours pour vous, mon très Révérend Père, pour tous les membres de votre famille, et pour les personnes qui se recommandent à mes pauvres prières. Je vous prie de vouloir me bénir ; priez pour moi, j'ai bien besoin du secours de la grâce divine et de la protection spéciale de notre tendre Mère.

Je recommande aussi à vos bonnes prières ma pauvre vieille mère, qui a été dangereusement malade ces jours passés ; elle a 75 ans ; elle a demandé de me voir une dernière fois. Le bon Dieu me donnera-t-il cette consolation ? Les hommes ne s'opposeront-ils pas à me laisser remplir ce devoir filial ? Quoi qu'il en soit, je ferai la volonté de Dieu, me soumettant à tout.

Agréez l'hommage du plus profond respect avec lequel je suis,

Mon très-cher et Très-Révérend Père,

Votre très-humble et très-reconnaissante indigne servante.

MARIE DE LA CROIX, victime de Jésus.

Vive Notre-Dame de la Salette !

J.-M.-J.

Castellamare, le 13 octobre 1880.

Mon très-Révérend et très-cher Père,

Que Jésus soit aimé de tous les cœurs !

La guerre qui se fait contre le secret est l'œuvre du diable, pour empêcher que les bonnes âmes profitent des divins avertissements de notre auguste Mère. Mais cela ne doit pas nous décourager.

Rome ne sait que ce qu'on lui dit, et elle voit les choses de la manière qu'on les lui fait voir. L'évêque de..... (chose étrange !...) a été le premier à se rendre à Rome cette année, au Carême, pour dénoncer ma petite brochure, et dire que le secret faisait partout un mal irréparable. A son exemple d'autres ont écrit dans ce même sens.

La lettre du cardinal Catérini ne condamne pas du tout le secret, mais son inopportunité. Cependant les sages avertissements de notre miséricordieuse Mère Marie auront été publiés comme à la veille du jour où les religieux devaient être chassés, en attendant que les évêques et prêtres le soient aussi, comme le dit très-bien le secret, que l'on rejette !... Les ténèbres obscurcissent les intelligences !... Ne voyons-nous pas s'accomplir à la lettre ces paroles du secret.

Le secret, inopportun pour les laïques, excite la curiosité de tout le monde. Et de tous côtés, je reçois des lettres pour me demander ma petite brochure, que je n'ai plus !... En vérité nous sommes plongés dans les ténèbres !... Et c'est un châtiment de Dieu !... Et en arrêtant la diffusion du secret, n'assume-t-on pas une grande, très-grande responsabilité devant Dieu ?... On répondra devant lui de tout le message de la Vierge Marie. Je ne voudrais pas être à la place de ces personnes-là, au terrible jugement du Seigneur.

Dieu soit béni en tout ! Il ne faut pas nous décourager, mais prier et agir énergiquement. La Sainte Vierge est avec nous. — Pour tout ce que l'on dit contre moi, je ne le calcule pas, c'est peu en comparaison de ce que je mérite pour mes péchés. Dieu soit toujours béni de tous ! Je vous prie, mon très-Révérend Père, de prier pour moi, et de vouloir me bénir.

Agréez l'hommage du plus profond respect, avec lequel j'ai l'honneur d'être,

Mon très-Révérend et très-cher Père, votre très-reconnaissante, humble et indigne servante,

MARIE DE LA CROIX, née MÉLANIE CALVAT.

J.-M.-J.

Castellamare, le 2 novembre 1880.

Mon très-révérend et très-cher Père,

Que Jésus soit aimé de tous les cœurs !

Je vous remercie beaucoup de votre si bonne lettre, ainsi que des deux autres que vous avez eu la bonté de m'envoyer ; celle du si digne M. de B... et celle de M. Amédée Nicolas, l'intrépide défenseur de Notre-Dame de la Salette. Dieu soit béni de tous !

J'éprouve une très-grande compassion pour les personnes qui sont malheureusement assez aveugles pour ne pas vouloir croire aux vérités révélées dans le secret, et surtout pour celles qui le méprisent... Je ne cesse, malgré ma très-grande indignité, de prier beaucoup pour elles, afin qu'elles soient plus humbles et reviennent à de meilleurs sentiments, tandis qu'il en est encore temps, selon ces paroles du Ps. xciv : « Aujourd'hui, si vous entendez ma voix, n'endurcissez pas vos cœurs. »

Prions ! prions beaucoup pour ces pauvres opposants. Si nous avions les intentions qu'ils ont, nous aurions fait pire qu'eux ; surtout si nous n'avions pas été fidèles à la grâce et assidus à la prière. Tenons-nous bien humbles, paraissons bien petits à nos propres yeux, et prions la douce vierge Marie de nous tenir la main sur nos têtes et son amour dans nos cœurs. Pardonnons de bon cœur à ceux qui nous font tant souffrir, parce qu'ils veulent raisonner à la manière humaine et sans Dieu, et qu'ils ressemblent aux enfants qui courent après leur ombre, laissant derrière eux le soleil.

Après l'expulsion des religieux viendra l'expulsion du clergé séculier. Alors, nous verrons ce que feront nos pauvres raisonneurs ! On connaît l'homme, de fait, par ses œuvres.

F...

Ne pas croire à l'Apparition de Notre-Dame de la Salette, ne serait pas un grand mal ; ce n'est pas un article de foi ; mais c'est bien agir contre le Saint Evangile, en donnant du scandale, en parlant contre une vérité qu'ils ne veulent point admettre, en montrant au public qu'il y a des divisions parmi nous. Et c'est une grande tentation pour les âmes simple de ne croire ni à la Salette, ni à toutes les vérités qui sont de foi.

Dieu soit béni de tous ! Dieu, espérons-le, saura tirer le bien du mal.

Je vous suis bien reconnaissante, mon très-révérend Père, des prières, messes, que vous avez la charité d'offrir pour la grande cause de notre divine Mère et pour moi, qui ai tant besoin de l'aide de Dieu. — Par la grâce du Seigneur, ma pauvre vieille Mère est hors de danger. On m'écrit qu'elle va mieux. Que le bon Dieu en soit béni ! — Je prie tous les jours pour vous, pour votre paroisse et pour toutes les personnes qui vous sont chères, mortes et vivantes.

Ma photographie, qui fut faite il y a environ quatre ou cinq ans, est très-mal réussie, et je ne l'ai pas donnée aux personnes qui me l'ont demandée. S'il plaît à Dieu, dans quelque occasion, je la ferai faire à un autre endroit, et alors, je vous l'enverrai. — Je vous prie de vouloir me bénir.

Agréez l'hommage du plus profond respect, avec lequel j'ai l'honneur d'être, mon très-révérend et très-cher Père, votre très-humble et très-reconnaissante indigne servante,

Sœur MARIE DE LA CROIX, victime de Jésus,
née MÉLANIE CALVAT.

L'œil de Dieu veille sur moi,
Mon salut est dans la croix.
Vive Notre-Dame de la Salette !

J.-M.-J.

Castellamare, ce 23 novembre 1880.

Que Jésus soit aimé de tous les cœurs !

Je suis bien fâché de ces petits mal entendus dont vous m'entretenez ; si nous nous laissions un peu plus de côté, ne visant uniquement qu'au même but, à la même fin, sous l'influence de l'Esprit-Saint, nous passerions sur beaucoup de petites choses qui nous arrêtent beaucoup dans le chemin de la vertu, et qui mettent des entraves à la plus grande gloire de Dieu et au bien des âmes. L'amour propre nous trompe souvent, si nous n'avons pas la sainte crainte de Dieu

Ceux qui par vocation sont appelés dans la vie sociale à procurer la gloire de Dieu et à combattre les ennemis de l'Eglise, devraient être pétris des vertus de Notre-Seigneur Jésus-Christ, afin que leurs ennemis ne leur disent pas : « Levez premièrement la poutre que vous avez dans l'œil, etc. »

Je ne sais pour ainsi dire rien de Rome ; seulement, j'ai su que les apposants au secret continuent d'écrire à la congrégation du Saint-Office contre moi ; c'est bien trop d'honneur que l'on me fait ; je n'aurais jamais cru que des personnages prissent la peine de s'occuper d'un petit rien comme moi, et qu'elles voulussent par cela m'enrichir à leur dépens. Que le bon Dieu les pardonne et les éclaire !

Tout ce qui arrive contre le secret, contre la religion, sert à faire réaliser le secret, et selon moi, en mettant les passions et l'amour-propre à part, il faut être aveugle pour ne pas voir et ne pas croire. Si les révolutions et les persécutions sont toujours des châtiments *pour nos péchés*, il faut donc que les péchés existent parmi nous, et que les pécheurs soient en plus grand nombre que les innocents. Les personnes qui osent dire que la Très-Sainte-Vierge a exagéré, peuvent aussi dire aujourd'hui que le bon Dieu est injuste de livrer la France *innocente* entre les mains de la révolution et de la persécution contre les religieux. L'orgueil qui domine en nous fait que nous n'entendons pas, que nous ne voyons pas et que notre intelligence ne comprend pas. — On a osé dire que j'appartiens à la franc-maçonnerie. En vérité je ne suis pas franc-maçonne, dans le sens qu'ils entendent, puisque par une grâce toute gratuite, le Pape me permet d'avoir chez moi la messe et la communion tous les matins ; cependant, en un autre sens, oui je suis franc-maçonne, puisque je reçois tout franc et que les attaques m'aident beaucoup en l'œuvre de ma sanctification, en me taillant, martelant à leur gré ; et moi ne faisant autre chose que me résigner et conformer à la volonté toujours aimable, toujours adorable de Notre-Seigneur Jésus-Christ.

Malgré ma grande indignité, je prie le bon Dieu pour vous, et selon toutes vos intentions ; veuillez prier pour moi.

Agréez l'hommage du plus profond respect avec lequel j'ai l'honneur d'être,

Votre très-reconnaissante et humble indigne servante,

MARIE DE LA CROIX.

Prophétie sur la situation de l'Eglise.

A LA FIN DU XVIII° SIÈCLE ET AU COMMENCEMENT DU SIÈCLE SUIVANT

Vers l'année 1781 on se préoccupa beaucoup de la découverte d'un manuscrit, faite dans la bibliothèque d'un couvent de pères capucins en Italie. Ce manuscrit, qui contenait, disait-on, des choses merveilleuses, donna lieu à une enquête suivie, consciencieuse, d'où il résulta les constatations suivantes consignées dans un journal fort répandu à cette époque, et reproduites dans un livre publié dans le même temps, à peu près, à Paris.

Ce manuscrit, dont l'écriture donnait exactement la date originaire, devait remonter à la fin du xve siècle ; il était rempli d'annotations et d'additions, les unes écrites à la main, les autres imprimées, et contenait sur les évènements à venir des prophéties dont l'interprétation occupa singulièrement les esprits les plus sérieux de cette époque.

On attribua ce manuscrit à *Michel Nostradamus* ; mais, d'après l'ensemble des vérifications que nous avons faites entre les indications contenues dans le recueil des pères de *Cenzano* et les prophétie de *Michel Nostradamus*, nous sommes portés à croire qu'il y a erreur dans cette attribution, ou qu'il y a eu une altération assez sensible du texte primitif dans la copie qu'on en fit, pour que la comparaison avec le texte original des centuries laisse des doutes graves sur la conformité d'origine.

Mais, quoi qu'il en soit à cet égard, il n'en reste pas moins une indication merveilleusement exacte des évènements qui devaient s'accomplir quelques années après la découverte de ce précieux travail. Nos lecteurs en pourront juger par la lecture du procès-verbal suivant, dressé à la suite d'un interrogatoire subi par les pères capucins possesseurs de ce manuscrit et après l'examen qu'on fit de son texte.

Voici ce procès-verbal :

« Les vénérables pères, pressés de citer quelques fragments relatifs à l'accomplissement des prédictions contenues dans le manuscrit qui a fait tant de bruit depuis deux mois, ont déclaré :

» Qu'il annonce clairement la suppression de l'Institut des jésuites pour l'année 1773, et plusieurs autres évènements arrivés dans l'Eglise depuis lors jusqu'à ce jour.

» Qu'il prédit clairement que l'Eglise perdra son autorité ;

» Que la France souffrira et que les plus grands malheurs tomberont sur la Bourgogne et la Lorraine, après quoi les puissances de l'Est et du Nord feront entre elles une étroite alliance contre quiconque s'opposera à elles ;

» Que cette alliance sera suivie d'une guerre qui désolera la France et l'Italie ;

» Que le pape sera entièrement dépouillé de ses domaines temporels ;

» Qu'ensuite les ecclésiastiques et les réguliers, de quelque classe et ordre que ce soit, recevront des puissances laïques leur subsistance alimentaire, leurs vêtements et le pur nécessaire pour l'entretien du ministère de Dieu, des âmes et du culte dans les temples qui lui sont dédiés ;

» Tellement que tous leurs biens seront anéantis, ainsi que toutes les communautés et les ordres réguliers, à la réserve d'un seul auquel il sera prescrit de vivre suivant les règles de la plus stricte observance des anciens moines ;

» Que, par suite de ces funestes calamités, le pape cessera de vivre ;

» Qu'il résultera de grandes pertes et que l'Eglise de Jésus-Christ tombera dans une affreuse anarchie ;

» Qu'enfin il s'élèvera des querelles très-vives entre les puissances alliées de l'Est et du Nord ;

» Qu'en attendant se fera l'élection du chef de l'Eglise, du légitime pape romain : il portera un nom angélique, et ce sera un sujet tellement pieux, savant et de mœurs si exemplaires, que sous lui l'Eglise recouvrera sa pureté, sa simplicité et son innocence primitive, pour son édification et l'instruction du clergé et du peuple.

» Qu'on fixera un revenu suffisant et honorable au pape pour son entretien ; et dans une juste proportion aux évêques et à toutes les classes du clergé : on verra le pape et tous les autres dignitaires ecclésiastiques dépouillés de toute pompe mondaine et de toute juridiction temporelle, et vivre comme vivait anciennement tout le clergé, suivant la discipline primitive ;

» Que le saint Père expédiera douze hommes apostoliques tirés d'un couvent d'institut régulier non éteint, pour aller en mission dans les quatre parties du globe, et ils auront le don de convertir tout le monde à la foi catholique, apostolique et romaine.

» Le texte imprimé, les notes manuscrites en latin et en toscan, ajoute en terminant le procès-verbal, disent que tout cela arrivera dans la fin du XVIIIe siècle et dans la première moitié du siècle suivant. »

Il est impossible de n'être pas profondément saisi de l'exactitude de prévision de cette prophétie ; les évènements y sont plus qu'annoncés, pour ainsi dire, ils y sont racontés dans leurs circonstances les plus imprévues et les plus éloignées. Il suffit de se rappeler les faits qui sont venus successivement modifier si profondément l'état de l'Eglise ; la constitution civile du clergé ; l'exil et la mort de Pie VI ; l'enlèvement de Pie VII sous l'Empire ; l'avénement de Pie IX dans ces dernières années, et la conduite libérale qu'il a tenue, les réformes qu'il a accomplies, pour apprécier le caractère remarquable de la prophétie que nous reproduisons.

Quant à son caractère d'authenticité, quelle qu'en soit la source, il ne peut souffrir aucune contestation. Cette prophétie, en effet, est empruntée, comme nous l'avons dit, à un manuscrit du XVe siècle ; son authenticité se trouve constatée par un procès-verbal régulier ; sa découverte est mentionnée dans un journal de l'époque, ainsi que l'impression profonde qu'elle produisit ; et enfin nous retrouvons la mention détaillée, avec la reproduction en langue moderne, de ce curieux document, dans un livre que nous avons sous les yeux et qui été imprimé et publié en 1782, à une époque où on ne pouvait guère soupçonner de si grands changements, où rien ne permettait de supposer que les faits consignés dans cette prophétie fussent non pas probables, mais possibles, mais imaginables seulement, et on les pressentait si peu d'ailleurs, que le livre qui reproduit cette prophétie le fait en raillant, avec le témoignage d'une parfaite incrédulité. Cependant l'histoire est là qui, dix ans plus tard, donne successivement raison à cette intuition supérieure de l'avenir.

—

Fin de l'empire Turc

D'APRÈS LE PROPHÈTE DANIEL.

Voici ce qu'on lit à ce sujet dans l'*Histoire de l'Eglise catholique*, par l'abbé Rohrbacher, première édition, tome III, imprimée en 1842, pages 48 et 49 :

« Cet empire, dit Daniel, aura la puissance jusqu'à un temps, deux temps et la moitié d'un temps », c'est-à-dire, ajoute le savant historien, « un an, deux ans et la moitié d'un an. » Saint-Jean, dans l'*Apocalypse* (chap. xi), se sert des mêmes expressions ; de plus, il les traduit tantôt par quarante-deux mois ou douze cent soixante jours.

« Or, les mahométans, pour se retrouver dans les embarras

de leur comput, emploient une période ou cycle de trente ans, c'est-à-dire un mois d'années. Sur ce pied, les quarante-deux mois ou douze cent soixante jours, auxquels Daniel et saint Jean bornent la durée de l'empire musulman, feraient douze cent soixante ans. Comme le mahométanisme a commencé en 622, il finirait donc en 1882.

« On pourrait même, dans ces expressions de Daniel et de saint Jean, un temps, deux temps et la moitié d'un temps, découvrir, pour la puissance mahométane, comme trois époques : une première d'accroissement, une deuxième de lutte, une troisième de décadence. Pendant un temps, douze mois d'années ou trois cent soixante ans, depuis 622 jusqu'à 982, vers la fin du dixième siècle, le mahométisme triompha presque partout sans beaucoup d'obstacles. Pendant deux temps, deux ans d'années ou sept cent vingt jours, depuis la fin du siècle dixième, où les chrétiens d'Espagne commencèrent à repousser les mahométans et firent naître les croisades, jusqu'à la fin du dix-septième siècle, il y eut une lutte à peu près égale entre le mahométisme et la chrétienté. Depuis la fin du dix-septième siècle, où Charles de Lorraine et Sobieski de Pologne, achevant ce que Pie V avait commencé à la journée de Lépante, brisèrent tout à fait la prépondérance des sultans, le mahométisme est en décadence. De sorte qu'il est non-seulement possible, mais *très-probable*, qu'à dater de cette dernière époque (le commencement du dix-huitième siècle), après la moitié d'un temps, six mois d'années ou cent quatre-vingts ans, vers 1882, ce soit fait de cet empire antichrétien. *Alors*, dit Daniel, *se tiendra le jugement où la puissance lui sera ôtée, en sorte qu'il soit détruit et qu'il périsse à jamais.* »

Cette explication de la prophétie de Daniel n'est pas, dans le savant historien, une idée superficielle et passagère, mais une conviction profonde, durable, car il le répète textuellement dans le tome x^e, imprimé en 1843, pages 3, 4, 5, et encore dans le tome xxviiie, imprimé en 1848, pages 4 et 5.

Prédictions annonçant la chute de l'Empire.

On a fait un curieux calcul qui démontre, avec les chiffres de l'histoire, que l'empire devait finir en 1870.

D'abord voici les chiffres cabalistiques qui avaient annoncé la fin du règne de Louis-Philippe :

```
Louis-Philippe, né en 1773..................    1
                                                7
                                                7
                                                3
Epoque de l'avénement........................ 1830
                                              ─────
        Total de déchéance..........         1848
```

```
Amélie, née en 1782      1      mariée en 1809    1
                         7                        8
                         8                        0
                         2                        9
                      1830                     1830
                      ────                     ────
                      1848                     1848
```

Faisant un calcul semblable, on trouvait :

Napoléon III, né en 1808.................., 1
8
0
8
Époque de son mariage avec Eugénie de Montijo...................................... 1853
Total de déchéance............. 1870

Eugénie, née en 1826   1   mariée en 1853   1
8   8
2   5
6   3
1853   1853
————   ————
1870   1870

Tous les calculs donnaient donc pour résultat cette date fatale, 1870 !

Des prophéties et présages de sainte Brigite

SUR LE LYS ET SUR LA FRANCE.

Sainte Brigite de Suède dit au livre de ses révélations : « D'un champ occidental il sortira un lys qui se multipliera en mille milliers de branches et de fleurs, si bien qu'il recouvrera, en *la terre de la Vierge*, les choses anciennement perdues.

» De son odeur, il chassera les bêtes venimeuses déchaînées, il sera plus fort que le bois rustique des forêts. Ecris-donc, toi qui me lis et m'écoutes, écris sur la table de ton cœur : « Ce » qui convient aux rois, c'est la clémence et l'oubli des éloi- » gnements (l'exil). Corrige ta conscience et réfléchis, en te » demandant si tu es bon ou mauvais. » Puis après, écris : « O France ! terre noble qui portes *telle* fleur *(ma)*, ton odeur » fera reverdir un arbre qui depuis longtemps est desséché. Ce » lys enflammera d'amour et de charité tous et chacun qui » respireront sa bonne odeur. Les abeilles suceront le miel » d'affection et de bon désir. Les rebelles suceront le venin » des lamentations au *champ de la Vierge*, et le lys demeu- » rera entier avec ses petites couronnes. »

» Mais les filles d'Allemagne, qui sont sous le Scorpion, se souviendront de ce qui lui avait été donné ; après avoir été enlevées traîtreusement du *champ de la Vierge*, elles diront qu'elles aiment le lys, qu'elles veulent s'en parer aux jours de fête ; elles tendront les mains vers lui, et quand elles ne l'auront pas atteint, elles seront tristes, désolées, et répandront des larmes de convoitise inassouvie.

» Quel que tu sois, celui qui porte le champ de couleur de saphirs, lequel est semé de trois fleurs de lys, ces choses te démontreront que le premier lys te fait le ministre de l'autel du vicaire de Jésus-Christ, tendant la main gauche aux autres nations.

» Le second lys dit que tu es la couronne de la chrétienté dans la partie occidentale

» Le troisième, que tu es l'avocat de l'épouse de Jésus-Christ, portant en tête la couronne de bonne odeur, et que pour cela tu as été appelé : *très-chrétien* entre tous les autres.

» Ce fut un ange qui planta le lys au cœur de l'Eglise. Saint Remy, l'apôtre de France, l'a consacré, saint Denis l'a démontré, saint Louis l'a exalté. Considère donc en toi-même si tu es précédé d'un bon Français et dispose bien de ton régime pour le plus grand bien du *champ de la vierge.* »

Prophétie touchant la vacance du trône de Saint-Pierre,

UN SAINT PAPE, ET DES TOURMENTS DE L'ÉGLISE.

Il est dit au livre de saint Cyrille qu'avant que l'Eglise soit renouvelée, Dieu permettra que le trône de Saint-Pierre soit vacant. L'empereur d'Allemagne, plein de confiance en sa force et en sa puissance, voudra bien instituer un pape de sa façon ; les Italiens, fort courroucés, s'y opposeront ; alors, l'aigle noire lèvera une grande armée, non-seulement d'Allemands, mais de tous les étrangers alliés avec elle qu'elle pourra réunir ; cette armée ayant l'aigle noire en tête entrera dans Rome, où elle s'installera et mettra en captivité un grand nombre de prélats et de religieux. Elle en fera mourir des foules par des tourments divers et cruels. Beaucoup fuiront vers les terres incultes et les pays déserts, ils en arracheront les épines et les ronces, et en feront jardin et vigne du Seigneur ; alors viendra un saint homme qui apaisera l'aigle et mettra la paix dans l'Eglise, qu'il relèvera. Cet homme, de solitaire ermite qu'il était, sera élu pape, et par lui Dieu renouvellera le temps des miracles. Il défendra la pompe dans les habillements, les chansons et les danses déshonnêtes, et commandera que les femmes soient accoutrées honnêtement ; il ne restera que quatre ans dans la dignité papale, puis il mourra en Jésus-Christ.

La grande Victime de la Fraudais.

Enfant soumis de l'Eglise, nous déférons nos jugements à ses jugements, nos voies et moyens à ses décisions. Mais, n'oubliant pas que tout membre de la grande famille chrétienne, selon la doctrine de saint Paul, est uni par un certain lien à l'apostolat de la prière et de la foi, nous saluons les âmes privilégiées qui nous charment par leurs invocations ; nous entourons de notre respect ces mêmes âmes, quand elles sont prophétesses du Seigneur et victimes volontaires d'expiation pour les crimes d'ici-bas.

Nous servant des lumières de la vérité catholique, nous considérons les Voyantes contemporaines, marquées du sceau de Jésus-Christ, comme dignes de notre admiration et de notre confiance. Si des téméraires viennent nous molester par leur scepticisme et leurs blâmables préjugés, nous répondons : « Que l'Eglise examine et se prouonce ; nous sommes unis à Elle » et à son infaillible Pontife, du fond de nos entrailles. Leurs » déclarations seront les nôtres. » Mais quand des catholiques libéraux nous refusent les informations canoniques voulues, pour se retrancher dans un système d'exclusion qui avoisine l'hérésie, nous récusons alors à bon droit leur entêtement, et nous restons avec les règles au moyen desquelles la théologie reconnaît le surnaturel divin, et avec les docteurs ès-lettres acrées, qui reconnaissent dans nos extatiques la vertu du Sauveur des hommes et le ministère de ses anges.

Ces réflexions nous sont dictées par les manifestations que tant de prêtres, dont plusieurs de Rome, sont allés contempler à la Fraudais, se retirant tous avec ce cri de la vérité : « Je viens de voir un monde de merveilles. » Une opposition de parti pris s'est constituée l'adversaire des évènements surnaturels qui nous occupent. Nous déplorons cette opposition et ses agissements.

Nous avons écouté de nombreux pèlerins de la Fraudais. Leur langage unanime sur les faits nous a pénétré d'une conviction profonde. Pas un n'a hésité dans ses affirmations ; Marie-Julie est une grande victime de la Croix, et Dieu accomplit en elle d'admirables desseins. Les notes qui suivent nous ont été remises par ces pieux visiteurs.

Mais il est une autorité qui s'interpose ici d'elle-même, celle de Mgr Fournier, évêque de Nantes, de sainte mémoire. Attaqué par l'esprit gallican, qui se perpétue en France, dans la secte des catholiques libéraux, ce digne prélat n'en devient que plus digne de notre vénération. Est-ce que ces malheureux continuateurs du jansénisme ont épargné une seule gloire contemporaine de la vérité chrétienne ? Est-ce qu'une seule de nos victimes inspirées a échappé à leurs sarcasmes ?

Mgr Fournier, qui n'avait pas moins de science que de solide piété, ne niait pas le surnaturel, et le glorifiait au contraire dans la personne de Marie-Julie, la stigmatisée que le ciel avait placée sous son autorité. Après mur examen, après avoir recueilli un volumineux dossier des mémorables manifestations de la Fraudais, il était allé à Rome, pour soumettre tant de pages touchantes, tant de monumentales prières, tant d'avertissements augustes, au Souverain Pontife. Mais hélas ! atteint par la maladie, il s'éteignit dans la ville éternelle, quelques temps avant Pie IX lui-même; ainsi parfois les meilleures causes subissent des points d'arrêt.

Une belle intelligence du clergé romain, le P. V. Vannutelli, a raconté le séjour à Rome et la mort du généreux évêque de Nantes, dans une brochure ayant pour titre : *Les derniers jours de Mgr Fournier*. Là est esquissée la belle vie d'un prince de l'Eglise dont la fin a particulièrement resplendi de la couronne des justes.

Nous y lisons, page 52 :

« Mais ce qui parlait plus haut que ces regrets unanimes, c'était la douleur de toute la prélature, des Cardinaux et des Evêques présents à Rome, qui faisaient publiquement l'éloge du défunt, et dont plusieurs retardaient même leur départ, pour assister à ses obsèques.

« C'était surtout la douleur de Pie IX, qui ne voulant pas d'abord croire à une perte si subite et si cruelle, élevait ensuite la voix avec émotion, et disait en présence de tous les Cardinaux :

« C'est un deuil bien profond pour les Français et pour moi
» de perdre dans si peu d'intervalle deux grands évêques com-
» me ceux de Versailles et de Nantes ! L'Evêque de Nantes,
» dont tous veulent s'entretenir, tant était ardent son zèle
» pour l'Eglise, tant a été sainte sa mort ! Tous deux ont don-
» né, pendant leur vie, de bien grands sujets d'édification.
» Leur mort a été conforme à leur vie : ils ont reçu la récom-
» pense de leurs vertus ! La mort de Mgr l'Evêque de Nantes
» est un grand deuil pour moi. »

Quel plus magnifique éloge funèbre !

Nous pourrions citer ici un autre éclatant hommage rendu au vénéré défunt par son Excellence le Commission général de la Congrégation suprême du Saint-Office, Mgr Sallua, à propos d'un portrait de l'éminent évêque, qui lui était offert par l'ancien secrétaire de Mgr Fournier. Cette lettre demeurera comme un monument historique.

C'est donc avec Mgr Fournier, ainsi honoré à Rome, que nous défendons Marie-Julie, l'extatique de la Fraudais. Et comme il nous importe de faire connaître quelle confiance le docte et pieux évêque avait en la stigmatisée, nous citerons encore la brochure du P. V. Vannutelli, où se trouvera une page des paroles de Marie-Julie. Le P. Vannutelli assista lui-même Mgr Fournier, pendant sa dernière maladie.

« Comme je cherchais, écrit-il, page 41, à le calmer de diverses manières : « Une seule chose me calme, dit-il, c'est la » lecture de l'enfant de la Croix, de la pieuse diocèsaine de » Blain. »

« Je lis donc à Monseigneur quelques passages d'extase, pris à l'une des dernières, que j'avais reçues.

(Voici ce texte) :

Extase du 20 mai 1877, fête de la Pontecote :

» La Très-Sainte Vierge demanda à l'Esprit-Saint de répandre son feu et sa lumière... L'Esprit-Saint promit, et dit :

« Que nos rayons se répandent dans l'Univers entier. Je suis venu sur la terre apporter le feu divin, et je veux que tous les cœurs soient embrasés. Allez prêcher la doctrine du Sauveur ; allez partout. Vous serez compris par toutes les nations, vous gagnerez un grand nombre d'âmes par le don de la parole... Allez, parcourez les villes et les campagnes, portez la bonne odeur et semez la Divine semence. Je vous promets que chacune de vos paroles auront des fruits. »

« Alors les apôtres parlèrent ensemble, se comprirent et virent qu'ils parlaient diverses langues.

» L'Esprit-Saint dit : « Je descends sur la Sainte-Eglise, je lui apporte la lumière. Elle sera infaillible. Malheur à celui qui abusera de mes lumières ; il vaudrait mieux, dès ce moment, qu'il renonçât à la science Divine, et mît son corps au rang des animaux, qui ne vivent que du pâturage. Que c'est triste pour les hommes de Dieu d'abuser des lumières de l'Esprit-Saint.

» Ayez surtout la charité pour tous ; aimez-vous les uns les autres, faites du bien à ceux qui chercheront à vous faire du mal. Aimez vos ennemis en la personne du Sauveur. Si vous avez beaucoup, soulagez beaucoup les malheureux. Si vous avez peu, donnez peu ; tout sera récompensé, jusqu'à un verre d'eau. Si votre ami laisse tomber un brin de paille dans le chemin, relevez-le ; vous aurez un mérite. »

« La Sainte-Vierge s'approche davantage de l'Esprit-Saint, qui lui dit :

» Vous avez un grand devoir de Mère à remplir ; car vous avez un grand nombre d'enfants à soulager. Je vous donne autant de rayons que vous avez d'enfants sur la terre. »

« Il écoute, ajoute le P. Vannutelli, avec une grande sérénité. Ensuite il ajoute : « Je vous recommande cette cause, afin « qu'on ne lui fasse pas tort après ma mort. Mais Dieu la « protégera. »

« Et il me confia tout ce qu'il avait apporté de documents et d'écrits, de manière qu'ils fussent là tout près du Saint-Siège, pour l'heure où il les voudrait. »

Telle est la société avec laquelle nous honorons Marie-Julie, et les manifestations surnaturelles de la Fraudais

Le jour où les effusions d'amour de Marie-Julie pour son bien-aimé du tabernacle seront publiées, le monde religieux écoutera dans le ravissement. Jamais plus douce piété ne s'exhala comme un parfum d'un cœur virginal. Jamais plus tendres adorations ne montèrent au Seigneur et ne causèrent à des mortels une plus profonde émotion.

Nous ne reproduirons pas toutes les pages pleines de suavité que des visiteurs de la Fraudais ont écrites sur les lieux, et qu'ils ont placées en nos mains. Elles exigeraient trop d'espace ; nous n'en donnerons qu'un petit nombre.

Marie-Julie a révélé beaucoup de choses et répandu un jour

considérable sur l'avenir. La plus élémentaire prudence exige le silence sur plusieurs de ces peintures. La guerre des rouges, annoncée par la Sainte-Vierge à Pouillé, a été confirmée à la Fraudais.

« M. Dupont de Tours, nous a dit un homme grave auquel je communiquai les détails de l'apparition de Pouillé, fut très-ému de mon récit. Il me dit que Joséphine appartenait au peuple de la Sainte Vierge ; que son témoignage était imposant et qu'il fallait nous y tenir. J'ai fait six fois le pèlerinage de Pouillé ; j'ai interrogé tout le monde ; j'ajoute que Marie-Julie a eu des révélations sur l'apparition de Pouillé ; je sais que la grande victime n'a eu aucun doute sur ce sujet, mais j'ignore les détails des révélations. »

Marie-Julie est, dans ses extases, un monde merveilleux et ruisselant de poésie. Saint François d'Assise a de nombreux rapports avec la victime de la Fraudais.

Le jour de la fête du Sacré-Cœur, Marie-Julie a consenti avec bonheur à souffrir cinq martyres qui sont les derniers de sa vie.

Martyre continuel d'amour pour la sainte Eucharistie.

Martyre de souffrances sans mesure.

Martyre d'expiation sans mesure pour les ingrats.

Martyre d'expiation pour les crimes qui se commettent le dimanche. Ce martyre commence à 9 heures du matin et ne finit qu'à 10 heures du soir.

Martyre d'expiation pour les outrages que l'on prépare à Notre-Seigneur dans le sacrement de son amour.

La victime éprouve une agonie de mort une heure tous les vendredis, de 3 heures du matin à 4 heures.

Notre Seigneur a voulu qu'elle portât sur son corps toutes les blessures qu'elle adore dans le sien, mais elle a obtenu que ces stigmates ne soient visibles que sur ses pieds et pour ses sœurs seulement, à ce qu'on assure.

Pendant le crucifiement d'une des extases dont la relation est sous nos yeux, la Voyante prononce ce cantique :

« Saint Michel-Archange, envoyé par le divin cœur, apporte le drapeau du Sacré-Cœur.

Saint Michel-Archange descend du ciel et semble lever un grand voile noir, qui depuis bien des années couvrait la terre de France.

Saint Michel-Archange, c'est vous qui venez glorifier Jésus ; plantez au milieu de nous le drapeau du Sacré-Cœur.

France coupable, relève ta tête, relève-toi aujourd'hui.

O saint Michel-Archange, qui avez terrassé l'enfer, terrassez les impies.

Saint Michel-Archange, enveloppez-nous pour nous garder.

Saint Michel-Archange, vous allez consoler les âmes qui ont une foi ferme.

Saint Michel-Archange, vous allez nous apporter un nouveau bonheur.

Saint Michel-Archange, sans vous nous péririons.

Saint Michel-Achange, venez avec la bannière du Sacré-Cœur d'une main, et de l'autre avec votre pique.

O France coupable, regarde la Croix, écarte aujourd'hui le voile noir qui te couvre ; sors de ton tombeau d'iniquités.

France coupable, saint Michel-Archange vient déposer sur ta tête une couronne d'amour que Marie a tressée ; c'est sa victoire qu'il t'apporte.

Quand tous les impies sont comme rassemblés sous ce grand voile noir, saint Michel va chercher une force plus redoutable et les réduit en cendres que le vent emporte... Il met sur ta tête une belle fleur de lis.

Saint Michel-Archange fait voir trois noms à ce bon Serviteur et un autre nom encore.

Saint Michel-Archange descend avec sa pique.

Saint Michel-Archange, la France entière est à vos pieds et semble venir promettre fidélité.

Saint Michel-Archange, écrivez nos noms dans le Sacré-Cœur. Tous les démons sont sortis de l'Enfer, faites-les rentrer dans l'abîme, ordonnez à Satan de se précipiter de nouveau au fond du gouffre.

Saint Michel a crié : *Quis ut Deus* ? Il ouvre l'Enfer et montre la bannière du Sacré-Cœur ; les démons sont remplis d'épouvante. — En quelques jours, réjouissez-vous, vous qui aimez le Serviteur de Marie ; réjouissez-vous, vous qui aimez la Fleur blanche; saint Michel lui donne une radieuse couronne. Tous les bons anges se réjouissent. Jésus dit : j'enverrai l'Archange pour relever la terre de France ; je lui donnerai ma puissance pour écarter le voile noir.

Je vois le beau nom du Serviteur de Marie. — O saint Michel-Archange, vous conduirez le Serviteur fidèle.

O saint Michel-Archange, décernez au Serviteur de Marie, un noble diadème.

Saint Michel apprend cette nouvelle au Prédestiné. Il me semble que le voile noir s'est évanoui.

Saint Michel dit : Je ne dépose pas la couronne sans la Croix. C'est le signe qu'il faudra faire de grands sacrifices.

Saint Michel est porteur d'un baume pour guérir les plaies de la France. La France presse la Croix sur son cœur, le ciel est ouvert. Ma Très-Sainte Mère retourne avec une grande Croix, elle écrit tous nos noms sur ce livre divin. Saint Michel ne rentre pas dans les cieux, il reste sur la terre de France. »

Des punitions visiblement providentielles ont frappé plusieurs opposants, sans leur ouvrir les yeux. Des prédictions ont eu lieu contre leur endurcissement. Nous n'en avons pas la copie.

Des visiteurs de la Fraudais nous ont assuré avoir vu luire

une sorte d'auréole autour des stigmates de Marie-Julie. On annonce également que comme Maria Taïgi, le Seigneur lui a donné un soleil où elle voit ses révélations.

La grande victime est à la veille de recevoir les dernières des communions mystiques promises. C'est l'approche de sa bienheureuse fin. Après avoir annoncé qu'elle serait aveugle et muette, elle a été vue privée de la vue et de l'usage de la parole. Ayant accepté de souffrir sans mesure, elle a en effet éprouvé des accablements prodigieux. Sa taille a été comme réduite de moitié ; ses os déboîtés ont paru perdre leur harmonie et l'ordre de leurs fonctions. Les bras étaient effrayamment contournés au-dessus de la tête. Toutefois les traits demeuraient calmes, au milieu de ces tortures.

L'extatique recouvre pourtant parole et mouvement pour suivre le chemin de la Croix. C'est alors qu'elle prononce des invocations suaves et qu'elle dissipe les nuages dont l'avenir est obscurci. L'Eglise dépouillera ses vêtements de deuil ; elle ceindra la couronne d'allégresse ; mais les indifférents, les tièdes, les incrédules recevront le salaire mérité de leur infraction aux lois divines. Pour les impies, ils seront foudroyés. Les fléaux seront d'autant plus redoutables que la dépravation est profonde, et leurs ravages semblent devoir être d'autant plus formidables que Jésus-Christ en laisse apercevoir la fureur comme indéfinie et déterminée par la persévérance et l'intensité de la malice humaine. Des épidémies désoleront les personnes et les animaux.

Nous avons parlé d'analyse, mais où est la pensée assez heureuse pour renfermer dans quelques mots ces élans qui s'élèvent avec une céleste abondance ? Nous sommes donc réduit à citer.

Préparation a la Communion, 24 Septembre 1880.

Mon âme n'en peut plus. Oh ! venez, mon Epoux Eternel ! Mon cœur défaille devant vous. Ouvrez-lui les fontaines insondables où vous désaltérez nos âmes. Ouvrez-lui ce céleste festin, où on se nourrit du pain des vierges. Mon divin Jésus, relevez les forces affaiblies de mon âme. Oh ! venez, douce manne d'amour ! Venez, doux ciel d'amour ! Venez consumer mon âme et mon cœur. Je ne fais plus que languir. Amour divin, tu me crucifies loin de mon Dieu. Que je voudrais me fondre d'amour !

Je ne suis que misère ! qu'un vermisseau ! que la pâture des vers ! qu'un limon qui n'a pas pour vous la plus petite étincelle d'amour !

O amour du Saint-Sacrement ! Romps le lien qui fait agoniser mon âme ! O divin Sauveur, ayez pitié de la plus vile des créatures. Mon divin Jésus, modérez votre amour, ou bien soyez la manne désirée de mon âme et de mon cœur. Venez, feu consumant. Oh ! venez, flamme qui rafraîchit, qui identifie l'amour dans l'amour de l'Eucharistie. Oh ! venez, flèche brûlante ! Oh ! venez, ciboire d'ivresse suave. O tendre amour, ouvrez-moi le ciel ! Laissez venir à moi celle qui délivre des douleurs. J'attends le jour où se lèvera l'aurore du jour tant désiré. Oh ! venez, mon Jésus ! Venez, mon doux trésor ! O saint amour de la Croix ! Appelez-le pour moi, que nous soyons ses *brasiers* d'amour. Consolez toutes les âmes qui souffrent.

O divin et cher Jésus ! venez. Oh ! venez donc, mon amour ! Venez mon bien-aimé, mon âme est éprise de vos charmes.

O anges du ciel ! vous paraissez jaloux, vous qui tenez vos plumes d'amour pour écrire le bonheur qu'il fait éprouver à mon âme.

Mon amour ! votre flèche ardente a blessé mon âme et vous lui dites : Viens jusqu'au tabernacle. Mais aussi vous me promettez des souffrances. Vous lui dites : viens, mon cœur est affamé de recevoir de ta bouche ces *oui*, car mon cœur est blessé.

— Me dit mon cher amour : je pleure d'amour avec toi, je pleure du désir de recevoir ta parole : « *Oui mon amour.* » (Ceci est expliqué à la fin de l'extase).

— Mon divin Sauveur ! c'est moi seule qui vous ai mis à mort ! O mon Dieu ! toutes les autres âmes sont innocentes, la mienne seule est coupable.

— Me dit mon cher amour : Viens, âme crucifiée, viens recevoir d'autres martyres de pénitence et de sacrifice.

— O mon amour ! me voici avec ma misère, avec mes nombreuses fautes.

— Me dit mon cher amour : Je plante dans tous les cœurs une fleur d'amour.

Divin Jésus, je vous demande pour nous tous, que le ciel entier répande dans ces cœurs parfumés par le cœur de Marie, toutes les plus belles vertus.

Oui ! mon amour ! j'adore l'époux désiré de mon âme ; il me dit : Voilà le divin tabernacle ouvert ; viens prendre la nourriture, viens te rassasier à la source de toutes les grâces.

— Anges du ciel prêtez-moi vos vêtements (répété) afin de monter jusqu'au divin tabernacle embrasé d'amour.

— Me dit mon cher Sauveur : Voilà le collier d'amour et d'amertume.

— Je le contemple, mon Jésus, sans crainte et sans appréhension.

— J'ai blessé ton cœur, viens dans le mien y chercher le remède.

— Non ! je veux garder la blessure de mon âme sans que jamais elle soit guérie.

— Dit mon bien-aimé : Je veux fondre ton cœur dans le mien, je veux qu'il n'y ait qu'un seul cœur.

— O divin Sauveur : ces mots de tendresse n'appartiennent pas à une créature aussi vile, à une pauvre Madeleine.

— Viens, mon épouse ; ces mots me consolent ; viens dans le tabernacle d'amour, viens dans mon divin cœur.

— O instants ! que vous êtes longs ! O minutes ! vous êtes des mois ! O secondes ! vous êtes des heures ! O soleil ! hâte donc ta course ! que tu es lent dans ta carrière !

Dit le cher amour : Viens dans ce tabernacle, parce que je veux changer ton cœur, et déposer le mien à sa place jusqu'au dernier jour. Me dit mon cher amour, mon divin trésor : une créature pourvue des dons de ma bonté vit sur la terre de le vie des anges. Ces croix allument des incendies. Si j'ai parlé ainsi, c'est pour éviter les souffrances du cœur. Le cœur où la grâce descend se trouve toujours humilié.

— Je contemple ce chaste brasier d'amour. Je vois sa robe nuptiale. Le nom de ma Mère ainsi que le sien se trouvent sur la poitrine de son indigne créature.

— Dit le cher amour : Il est fini, ce banquet, il est complet, et maintenant, veux-tu le posséder ?

— Je ne veux rien, mon amour, rien ! que votre sainte volonté soit faite !

— Entre, mon épouse, dans la demeure de ton bien-aimé.

— C'est là qu'il me fait voir l'immolation complète. Dans cette cellule d'amour enflammé, il me fait voir ce qu'il exige.

— Vois-tu, ma victime, cette échelle d'amour et de consolation ? C'est par là que je vais descendre ; je t'apporterai le martyre de complète soumission, le martyre d'humiliation et de mépris.

— Que vous rendrai-je, divin Jésus ?

— Ton sacrifice est proche ; je ne veux te demander

qu'après m'être donné tout à toi ; car, alors tu auras plus de force et d'amour.

— Je vois des fleuves de feu descendre en mon âme, insondable pour la pauvre humanité ; je sens s'introduire en mon âme de vastes incendies. Venez sans tarder, mon cher amour, mon martyre est plus grand que la terre entière, puisqu'elle refuse de le contenir. Ce martyre est de voir les minutes se prolonger pour elle.

— Veux-tu, mon épouse, entendre mes plaintes ? — Mon divin Jésus ! pour moi je ne souffre rien, c'est comme si je ne souffrais pas. Je ne songe qu'à ce que mon cher amour souffre ; car la pensée de mon bien-aimé fait la seule occupation de ma pauvre âme, continuellement. C'est pour lui que je bois toute l'amertume de l'humiliation ; c'est pour lui que je repose ; c'est pour lui que je travaille ; c'est pour lui que mon cœur bat ; c'est pour lui que je soupire ; c'est pour lui que je pleure. Que mon exil est doux ! n'ayant de nourriture quotidienne que son amour !

— Dit le cher Jésus : Dis-moi, mon épouse, à quoi tu es le plus attachée.

— Je ne suis attachée qu'à vous seul : aux âmes, sœurs de mon âme, qui prient pour elle, qui lui offrent chaque jour le pain pour la soutenir dans sa prison solitaire.

— Dit le cher Sauveur : Oh ! attache qui fait battre mon cœur ! Attache qui enlève l'amertume des crimes des pécheurs.

— Mon divin Jésus ! faites que je souffre pour tous les crimes,

— Ma victime, ton désir est bien proche d'être réalisé ; je veux te montrer mes blessures.

— O divin Jésus ! que n'ai-je l'amour de tous les cœurs pour adoucir l'amertume qui vous fait souffrir ? Que mon âme soit comme le bénitier au pied de la croix, pour recevoir toutes les gouttes de sang qui découlent des blessures de mon Dieu !

Dit le cher amour : Ouvre-toi, fournaise ardente, pour recevoir sur son cœur enflammé celui après lequel elle soupire.

— Mon bien-aimé, mon âme s'ouvre pour recevoir le pain dans sa prison.

— Dit mon bien-aimé, en souriant avec une délicieuse et enivrante tendresse : Adore le tabernacle où tu as pris ton repos et où tu le prendras encore.

— J'adore la manne des anges, le pain des forts, la divine nourriture du pauvre voyageur, le froment des vierges.

— Viens t'asseoir au côté de Celui qui t'aime, jai un si grand, un si vif, un si extrême désir d'aimer, que c'est un douloureux martyre de ne pouvoir aimer. Vois dans ma main adorable cet anneau que j'apporte aujourd'hui ; je le porte moi-même, c'est le tien, mais bientôt tu le recevras dans toute sa beauté pour ne jamais le quitter. Cet anneau deviendra ton sublime héritage pour la terre et pour le ciel. Je viens sans te faire plus attendre. Je suis la manne des anges, le froment de la vie éternelle, le vin qui fait germer les vierges, le pain éternel qui garde la virginité.

— Mon divin Jésus, comment la terre ne s'est-elle pas entr'ouverte pour m'engloutir ?

Me dit mon cher amour : Un seul regret que tu ignores reste au fond de ton cœur.

— Non ! mon amour ! je ne l'ignore pas ; ce regret est de ne pas souffrir et de laisser ma croix *orpheline* et de la laisser sur les bras de mes amis.

Mon Bien-Aimé me dit : Ma victime, apprête-toi à faire ce sacrifice.

— Avant de sortir du toit où j'ai vécu, où je suis entrée dans ce monde, j'écrirai partout sur les murs de ma cellule la grandeur de mon sacrifice, et je laisserai sur la Croix que je porte ce regret avec les prodiges que vous préparez.

Dit mon cher amour : J'encadrerai cette croix à ton chevet, pour tous visible et tout empreinte de sublimes rayonnements. Je te laisserai voir tes amis fidèles.

— O mon amour ! notre adieu sera sans pleurs, mais plutôt avec un sourire d'amour et d'espérance.

— Mon épouse, je descends avec autant de joie et de délices que si je descendais dans tous les cœurs des séraphins ensemble. Je suis le Verbe fait chair immolé ; je suis la nourriture dans la sainte Eucharistie.

— O mon divin Jésus, je voudrais aimer comme tout le ciel ; je voudrais aimer comme la Sainte-Vierge ; je voudrais aimer comme mes chers pères ; chaque matin le ciel coule dans leurs âmes ; je voudrais vous aimer d'un amour sans mesure. »

Sa préparation à la communion a duré une demi-heure au moins. Pendant tout ce temps, l'extatique à genoux, immobile, le visage tourné vers la fenêtre, semble contempler son divin Sauveur.

Sa communion mystérieuse a lieu comme toutes celles qui l'ont précédée, après les prières à voix basse et la bénédiction donnée par un capucin.

Action de grâces.

« J'adore le divin Jésus, mon unique trésor. Oh ! je le tiens, je le possède ! ma joie est un délire, mon bonheur est sans mesure et sans limite. Il est à moi Celui que les anges adorent ; il est à moi celui que les séraphins et les chérubins adorent ; il est à moi, l'Epoux qui fond d'amour les âmes ; il est à moi dans les déluges sans fin, sans mesure de la joie ! Sans appui extérieur, vous êtes mon appui intérieur. Mon cher amour soutient le tout. Que ne puis-je mourir dans ce moment, dans le parcours, dans la route du Calvaire ; j'espère expirer d'amour dans cette route. Les forces de l'amour me soutiendront mourante et prosternée. J'ai en moi un ciel de bonheur. Je voudrais ouvrir mon cœur et laisser voir aux âmes bénies qui sont la cause que le Bien-Aimé ne m'a pas délaissée, leur laisser voir mon bonheur. Anges du ciel ! faites le portrait de mon cœur, nous n'en sommes pas capables. Mon Bien-Aimé, peignez ce bonheur pour le faire partager. Chantons tous également ensemble ce doux et sublime cantique. Tu es à moi sans réserve ; je suis à toi sans réserve, maintenant et pour toujours, sans jamais de séparation, mais avec une ressemblance de souffrance.

Dit le cher amour : Je prends ton cœur et je te laisse le mien.

— Il est si petit, mon cher Sauveur !

— Dit le Bien-Aimé : Il est large comme une flamme. Donne-moi aujourd'hui, pour toujours, ta main mortelle.

— Je n'oserai jamais, mon cher Sauveur !

— Donne-moi cette main qui porte l'anneau virginal.

— Je n'oserai jamais.

— Promets-moi....

— Vous la prendrez vous-même ; vous la prendrez aujourd'hui.

Dit le divin Jésus : J'ai commencé ; je vais suivre et accomplir mes divines promesses.

— Merci, mon Amour.

— Tu me procures tant de délices que j'ai pleuré.

— Et aussi, mes larmes ont coulé avec les vôtres.

(De grosses larmes coulent en ce moment des yeux de l'extatique. L'expression de son visage est toute céleste).

Dit le Bien Aimé Jésus : Ma victime, les souffrances et les douleurs que j'exige, je veux qu'elles soient continuelles.

Dit le cher Sauveur : Lundi, pour réparer les coupables offenses que j'ai reçues pendant ce mois, tous tes membres seront rétrécis ; tu seras si petite que tu n'auras aucun membre de libre, la tête sera scellée à tes os. Comme le ver qui se réduit, tu souffriras de très-violentes douleurs à toutes les jointures de chaque membre,

— Je veux bien, mon cher Jésus.

— Tu souffriras une fièvre violente ; tu auras la langue comme une plaie, et le haut du palais sera au vif. Il restera à toutes les jointures de tes membres une enflure visible.

— Je veux bien, mon cher Jésus.

— Mardi, ma victime, j'ai besoin de réparation pour plusieurs sacrilèges et outrages que j'ai reçus dans le temple où tu as fait ta première communion. Il n'y a pas longtemps, j'étais à peine *consumé* que le blasphémateur noyait les parcelles de mon divin corps dans les blasphèmes. Mardi, tu souffriras une agonie profonde. Tous tes membres et ton corps entier seront paralysés et une froidure les glacera. Tu souffriras une amertume pour les sacrilèges commis.

Mercredi, un cruel martyre dans le centre de ton âme. Ce sera comme une lance déchirante qui te dira sans cesse : C'est la lance des crimes qui déchirent le cœur de ton Dieu.

— Je veux bien, mon divin Jésus.

— Par ta bouche couleront des ruisseaux de sang sorti de ton cœur.

Jeudi, tu seras dans le désert de l'exil où les vengeances pleuvront sur toi. Ton âme sera dans la plus grande tristesse. Elle aura sous les yeux tous les crimes qui doivent se commettre jusqu'à la fin du monde. Tu auras tout l'Enfer déchaîné.

— Mon Jésus, j'accepte ! si je n'étais pas fidèle, daignez intervenir au secours d'une pauvre créature.

— Ce même jour tu verras tous les supplices infernaux qu'on est près de réaliser contre mes ministres.

— Aidez-moi, mon divin Jésus, car sans vous, je ne puis que mourir d'effroi. Daignez parfois me dire que je vous aime.

— Ce vendredi, une autre souffrance qui t'est inconnue. Tu la sauras le jour arrivé ; car tu me dirais : Seigneur assez !

— J'accepte tout, mon cher Jésus, comme si le ciel m'était donné

— Ma victime, attends-toi à rester sans consolation, sans voir le crucifix et la croix ni les cœurs qui ont tout fait pour te faire persévérer dans la foi. Tu n'auras pas une main libre, pour faire le signe de la croix, qui console.

— Mon Jésus, les âmes charitables le feront pour moi.

— Je t'accorderai un don de larmes qui t'ôtera toute force. Tu passeras deux jours dans le sommeil de la mort ; mais ton visage aura un teint vermeil. Des larmes de sang couleront de tes yeux, le sang coulera de ta bouche continuellement. Et au bout de ces quarante-huit heures, un nouvel abandon de la part des tiens et de ma Mère ; mais abandon que tu as déjà accepté. Tu porteras plusieurs plaies douloureuses outre celles qui existent depuis plusieurs années sur ton corps. Avant de sortir de ce monde, comme moi, tu ne seras qu'une plaie. La douleur de tes plaies sera semblable à la douleur d'une chair déchirée. Voilà ce que tu dois accepter en échange de la faveur que je t'ai faite. Au milieu de tes souffrances intérieures tu ne trouveras aucune consolation. L'enfer sera déchainé ; mais ne crains rien, je suis avec toi.

— Pas seulement une consolation ; le divin Jésus met toutes les consolations pour les chers pères et pour une conversion que je sollicite.

Il est à moi, mon Jésus, je ne vis plus, il vit en moi. »

Après s'être relevée pour la seconde fois, l'extatique s'arrête, et d'une voix dont la suavité pénètre nos âmes d'une indicible joie, elle récite sur un ton cadencé un cantique mystique dont chaque strophe commence par ces mots : « O Jésus ! si tu veux que je t'aime, retiens tes amours prisonniers. »

Puis Notre-Seigneur nous dit que le nom de sa victime est : « Marie-Julie du Crucifix, morte au monde et clouée à la Croix par les mêmes clous qui l'ont lui-même attaché à la Croix. »

Quelques phrases du cantiques :

I. Bientôt, sous le ciel radieux, je prendrai mon essor, dans la compagnie des anges, au milieu des cantiques.

II. Le Bien-Aimé lui pose le sublime bouquet d'amour. L'âme, dans son délire, invite tous les séraphins et tous les chérubins.

II. L'âme toute noyée dans l'amour du Crucifix, ne voit plus s'ouvrir qu'un ciel de souffrance ; mais l'âme immortelle commence à entonner le cantique des adieux.

IV. Dans ce moment elle reçoit un coup de lance comme il arrive à la fin du crucifiement, puis elle continue.

« Pendant que mon âme entonnait avec les anges le cantique de jubilation, tout à coup, sous la puissance des flammes d'amour et sous la violence de la douleur, j'ai senti la lance.

V. Oui ! j'irai bientôt le voir dans son règne éternel ; j'irai près de son trône pour recevoir ma couronne ; j'irai trôner avec lui ; j'irai chanter des cantiques et l'aimer toujours.

VI. Je vois la lueur d'une aurore sans nuage. Oui ! dès le matin, je serai au pied de l'autel où il se donne en nourriture. Mon âme alors entonnera un doux cantique. Je m'élèverai au milieu des prodiges, au milieu des cantiques. Je chanterai avec les anges, sous les regards de l'Agneau immolé (*répété*) j'entonnerai amour (*répété 3 fois*), amour à mon Jésus (*5 fois*) amour (*2 fois*) à ma Mère. L'adieu de l'âme immortelle à tous les amis rassemblés. Amour au divin Tabernacle. Amour à sa Croix adorable. »

Deux phrases de l'extase :

« Divin Jésus, cette Croix d'amour, vous l'épousâtes avec tant de tendresse ; mais aussi elle s'était parée de tous ses charmes.

» O Croix divine, n'es-tu pas un ciboire d'amour ? Toi qui t'es enivrée du sang de mon Dieu ? O sainte Croix, ô calice d'ivresse et d'amour !

» Divin Jésus ! c'est par l'amour de votre sainte Croix que vous avez commencé à cultiver les âmes de vos serviteurs. »

La science, en présence des phénomènes de la Fraudais, déclare que ces manifestations s'éloignent complètement des lois ordinaires de la physiologie, et du domaine des observations médicales. Le surnaturel déborde à la Fraudais. La théologie, appelée elle-même à se prononcer, déclare que ces merveilles sont divines. Nous avons vu les sentiments du Vatican pour l'extatique. Notre correspondance de Rome nous a confirmé cette même haute bienveillance. Et pourtant l'opposition persiste et l'endurcissement des rebelles ne se dément point.

Un digne ecclésiastique de Tours nous a écrit :

« Je viens de faire deux pèlerinages à la Fraudais. J'y étais le vendredi 17 septembre, et le mercredi 24. Le 24, je fus témoin de la communion mystique. Trois fois je vis l'hostie sur la langue de la sainte fille, puis Marie-Julie tomba dans le ravissement de l'extase. Ceux qui appellent cela de la comédie ont une forte imagination et un esprit fort complaisant. Il y avait, ce jour-là, des personnes de Nantes, de Paris, de Rennes et de Tours.

» Le 17, je fus, depuis 1 heure jusqu'à 6 heures, témoin ému et édifié du chemin de la Croix. Les trois chutes, le crucifiement, le coup de lance, les recommandations, la récitation simultanée de n'importe quelle prière faite en n'importe quelle langue, tout cela est du merveilleux, tout cela est du surnaturel au premier chef. Pourtant il se produit autour de ses prodiges une opposition muette qui est providentielle à plusieurs égards. L'œuvre de Dieu se fait dans le calme et le silence, comme en un petit cénacle. Après la troisième chute, elle vint aux pieds de chaque prêtre, pleurant, sanglotant, suppliant, demander son Jésus en ces termes : « Donnez-moi mon Jésus !

» — Je ne puis plus vivre sans lui. — Ayez pitié du martyre

» de mon âme. — Je meurs de douleur et d'amour. — Je souf-
» frirais tous les martyres, oui, tous les martyres, ce me serait
» bien doux, pour avoir mon Jésus. — Je me dessèche de dou-
» leur. — Donnez-moi seulement une petite parcelle. — Je
» voudrais être la petite serrure qui ferme le tabernacle ; je
» voudrais être le petit linge qui repose à côté ; le chandelier
» qui porte la lumière perpétuelle ; la marche qui conduit au
» tabernacle. (Elle embrasse la vraie Croix qu'on lui présente).
» Si c'était mon Jésus ; ce n'est qu'une parcelle de sa Croix ! »

» Elle continue son chemin de Croix en disant : « Je ne l'ai
» pas trouvé, » et une goutte de sang coule de sa couronne
d'épines, je la recueillis précieusement sur un mouchoir neuf.

» Mais quel langage afflictif, imagé, élevé, pieux, touchant
parfois à fendre le cœur, nous avons entendu !

» Heureuses heures ! »

EXTASE DU 20 FÉVRIER 1880.

« Mon Divin Jésus, je vous adore et je vous aime de tout
mon cœur. Je vous adore parcourant la voie douloureuse du
Calvaire, chargé du fardeau de mes honteux péchés. La charité brûlante de votre cœur paternel vous a fait expier les crimes de vos enfants condamnés à l'enfer.

La Croix devient votre épouse ; la Croix partage vos douleurs.

Cette Croix d'amour et de tendresse est devenue le gage
d'amour pour vos enfants. Cette Croix déchirée par les clous
est devenue notre héritage. — O Croix ! choisie pour être l'é-
pouse de notre Cher Rédempteur, tu es devenue un autel
sacré !

Sainte et Divine Croix, donne-nous les étincelles de ta flamme enivrante. O Croix Sainte et Chérie ! Sois le soleil rayon-

nant de nos âmes. Sainte et Divine Croix, tu as répandu la rosée de la grâce ! Sainte et Divine Croix, toutes les âmes pures proclament la hauteur de ta gloire ! Sainte Croix ! fais que ton soleil d'amour et de grâce luise pour toute la terre !

La terre avant la Croix fut bien amère ; depuis la Croix, elle est devenue un ciel. Croix bénie, tu es insultée par les pécheurs !... O Divin Rédempteur ! par votre sainte passion, sauvez les pécheurs ! O cher Sauveur, par votre passion sanglante, arrachez ces pauvres pécheurs au péril de l'enfer.

Divine Croix ! il est temps de t'élever jusqu'à la hauteur du firmament. Croix sainte ! Ouvre ton sein maternel, reçois-nous dans tes entrailles sans tâche, couronne-nous d'amour !......

O Croix ! tu te penches vers le cœur du passant pour lui demander un salut,

O Divin Rédempteur ! tout ensanglanté, vous frappez à la porte de nos cœurs.

Cher Sauveur ! laissez-vous toucher à la vue de nos malheurs ! Que votre Sainte Croix soit la barque d'amour où nous puissions naviguer vers le ciel !

Divin Jésus, c'est avec votre sang que vous écrivez dans la corolle du lis les noms de tous vos amis. Ces noms vont se cacher dans votre poitrine sacrée.

Sainte Croix ! vous vous plantez dans nos cœurs ; que nos cœurs ne fussent plus qu'un cœur unique.

Puissions-nous expirer d'amour ! J'ai soif de jouir d'un jour sans nuit. Quand me verrai-je emportée sur les flammes de votre amour jusque dans le sein de mon Dieu ? »

Attendons que l'heure vienne où il nous sera donné de connaître l'ensemble des sublimes élévations de la Voyante. On nous assure que la sainte Vierge lui aurait nouvellement donné à choisir, ou de mourir pour posséder les cieux, ou de souffrir encore pour les pécheurs, et qu'elle aurait répondu : Souffrir. Nous ne pouvons que nous taire et admirer.

Sachant bien, toutefois, que ce délai ne saurait être beaucoup prolongé, nous dirons à la servante de Jésus-Christ :

Victime de la Croix, sœur des anges, oui, le jour est proche, où dépliant tes ailes, tu t'envoleras dans le séjour des béatitudes ; là le divin Amour dont tu auras été consumée, t'a préparé ta place. Tu n'auras pas vieilli ici-bas, pure colombe, dont le bien-aimé Jésus aura chéri la blancheur, mais en nous quittant au matin de la vie, quelle existence remplie cependant, que la tienne, et quelle abondance de mérites ! Ton partage aura été plus beau, avec les mépris qui t'auront escortée, avec les souffrances qui auront été comme ta nourriture, que celui des puissances et des grandeurs de ce monde. Tu avais accepté volontairement la Croix du Rédempteur, et tu avais partagé ses tourments sur la Voie douloureuse. Par tes souffrances, ont été allégés les malheurs de la patrie et les méchants appelés à la conversion. Ta parole inspirée nous a retracé les évènements avant leur consommation et ton existence aura été à la fois un holocauste de propitiation et une prophétie pleine d'utiles enseignements. Si l'orgueil pharisien t'a méprisée, beaucoup d'âmes auront été fortifiées au spectacle de tes douleurs, à l'audition de tes douces prières, et prodige vivant des miséricordes infinies, tu auras eu, dans ton humilité, plus de gloire que les illustrations de ton siècle, répandu plus de bienfaits que les mains chargées de trésors.

Le chaume obscur qui t'abrita deviendra plus célèbre que les palais des souverains, car il sera remplacé par une basilique monumentale, où sera vénérée la Croix du Calvaire, tant exaltée dans tes cantiques, et des extrémités de la terre, les peuples viendront s'y recueillir et y prier.

Pars pour les cieux, vase d'élection, pour recevoir la couronne de roses blanches qui t'y a été tressée par Marie Immaculée, et resplendir dans le chœur des Vierges d'un éclat éternel.

Quand tu seras au paradis, souviens-toi de ceux qui n'ont pas attendu les vengeances célestes, pour reconnaître ta prédestination, prie pour eux ; prie pour tes persécuteurs ; prie pour cette pauvre désolée qui te fut chère, la France sur laquelle le Seigneur a répandu la coupe des expiations.

Prophétie du R. P. Eugène Pegghi (1)

1. Tout finira par le triomphe de la religion et par un prodige. Les Français à la fin défendront le Pape.

2. Le Nonce de Paris recouvrera sa pleine autorité.

3. Dans un jour consacré à Marie, il arrivera un fait très-remarquable.

4. La France tombera par elle-même et Dieu se servira pour cela de l'homme lui-même.

5. Il y aura une grande stupeur quand on apprendra qu'il y a dans Paris un roi reconnu, et qui demeure au milieu du peuple, et qu'on verra placé sur le trône un premier janvier le dernier de cette époque.

6. Le premier courrier qui viendra en Italie apportera cette joyeuse nouvelle, et le Roi *sus-nommé* sera le défenseur du Saint-Siège.

7. La guerre cessera au moment d'éclater, on n'en verra pas les massacres, elle finira par la victoire de *l'Empereur*. (*Cet empereur sera sans doute le grand Monarque.*) On connaîtra alors tout ce qu'il a fait en faveur du Saint-Siège.

8. Un royaume entier viendra à la foi catholique et le Saint Père, réintégré dans tous ses droits, chantera le *Nunc dimittis*.

(1) Moine cistercien, mort à Rome au monastère de Sainte-Croix en 1855.

G•••

Prophétie d'un moine bénédictin.

Jean Saluc, fut prieur d'un couvent de Bénédictins, dans la rade de Lorient, couvent détruit par la révolution. Il mourut, fort âgé, en 1799, sans avoir quitté sa Bretagne. Il avait interprété l'avenir, et à chacune des années du XIX° siècle, il avait appliqué un texte de la Bible. Voici quelques extraits de son manuscrit :

1800. (*Premières victoires du Consulat.*)

« Je commencerai aujourd'hui à jeter la terreur et l'effroi de mes armes dans tous les peuples qui habitent sous le ciel ; afin qu'au seul bruit de votre nom ils tremblent, et qu'ils soient pénétrés de frayeur et de douleur comme les femmes qui sont dans les douleur de l'enfantement. » (Deutéronome, ch. II, verset 25.)

1806. (*Défaite de la coalition.*)

« Les Ethiopiens et les Libyens n'avaient-ils pas une armée plus nombreuse en chariots, en cavalerie, et une multitude prodigieuse ? Et parce que vous mîtes votre confiance en Dieu, Dieu vous les livra entre les mains. » (*Paralipomènes*, chap. XVI, verset 8.)

1815. (*Retour des Bourbons*).

« Vous ferez aussi un chandelier de l'or le plus pur, battu au marteau, avec sa tige, ses branches et les *lis qui en sortiront.* » (Exode, ch. XXV, verset 32.)

1816 (*Les alliés retournent dans leur pays*).

« Il prend son cours vers le Midi, et revient vers le Sud. Le souffle du vent tourne de toutes parts et il revient sur lui-même par de longs circuits. » (Ecclésiaste, ch. I, verset 6.)

1825. (*Sacre de Charles X.*)

« Et le roi entra, selon la coutume, pour confirmer l'alliance, et promettre de nouveau de chercher le Dieu de leurs pères de tout son cœur, de toute son âme. » (*Paralipomènes*, chap. XV, verset 12.)

1830. (*Ordonnances de juillet.*)

« Je leur ai donné des préceptes imparfaits, et des *ordonnances* où ils ne trouvèrent point la vie. » (Ezéchiel, ch. XX, verset 25.)

1840. (*Apogée de la prospérité de Louis-Philippe.*)

« J'ai amassé une grande quantité d'or et d'argent, et les richesses des provinces. J'ai eu des musiciens et des musiciennes, et tout ce qui fait les délices des enfants des homme ; des coupes et des vases pour servir le vin. » (Ecclésiaste, ch. II. verset 8.)

1847. (*Ministère Guizot.*)

« Laissez-les ! ce sont des aveugles qui conduisent des aveugles. Si un aveugle en conduit un autre, ils tombent tous deux dans la fosse. » (Evangile selon saint Mstthieu, ch. XV verset 14.

1848. (*Révolution de Février.*)

« Réveillez-vous, hommes enivrés ! Pleurez et criez, vous tous qui mettez vos délices a boire du vin ; parce qu'il vous sera ôté de la bouche. Car un peuple fort et innombrable est venu fondre sur vous. Ses dents sont comme les dents d'un lion. » (Livre de Joël, ch. I, verset 6.)

E. DE LA B.

Une Voyante cachée.

Voici ce que nous écrivait un de nos amis, homme grave et intelligent, à la date du 26 septembre 1880 :

« A de M., 26 septembre 1880.

» Cher Monseigneur,

» Je veux vous rendre compte d'une visite que j'ai faite, le
» 13 juillet dernier, à une extatique qui m'a annoncé des cho-
» ses bien extraordinaires et qui, pourront vous servir, si les
» choses annoncées se réalisent. — D'abord, selon ma convic-
» tion, après y avoir réfléchi, j'ai pleine confiance dans la
» sainteté de cette personne ; elle en donne des preuves non
» équivoque. — Elle a trente-trois ans ; à seize ans, elle était
» déjà religieuse du Carmel de L..., — elle était atteinte d'une
» maladie incurable ; forcée de quitter le couvent, elle fut
» guérie miraculeusement à l'église de S..., devant la statue
» de la Sainte-Vierge, et depuis cette époque, il y a sept ans,
» elle a des extases tous les jours, qui durent ordinairement
» deux heures. — Je l'ai vue dans une de ces extases qui a
» duré plus d'une heure ; à mon sens, c'est impossible de si-
» muler une extase comme est la sienne : — son visage est
» transformé, ses yeux divinisés, élevés au ciel, sans cligner
» une seule fois la paupière ; — on la pique, on la brûle, elle
» ne sent rien ; — c'est dans ces extases que la Sainte-Vierge
» lui *montre les évènements qui concernent la France.*

» En dehors de l'extase, j'ai eu avec elle un entretien d'envi-
» ron un quart d'heure. »

Elle a révélé à notre ami tous les évènements qui doivent se passer bientôt ; mais qu'il serait imprudent de consigner ici... Et elle termine ainsi:

» L'Angleterre, l'Autriche et les Etats-Unis viendront à no-
» tre secours, — et alors le territoire français s'étendra jus-
» qu'à Cologne ; — la France, pendant vingt ans, jouira des
» bienfaits de la paix et de la gloire, sous le gouvernement qui
» la régira.

» Elle a écrit à Pie IX, huit mois avant sa mort, le jour qu'il
» mourrait. — Je lui ai demandé s'il avait été au ciel tout
» droit ; — il a encore passé environ trois heures en purgatoire.

» Cette sainte fille fonde un nouvel ordre : on doit bénir les
» fondations de la maison le 29 de ce mois. Elle vit d'une ma-
» nière très-sévère : elle couche sur la planche et porte le ci-
» lice et une chaîne piquante qui lui déchire la chair et par-
» dessus tout, elle est persécutée dans son œuvre, ce qui est
» le cachet du divin et de la vérité. »

Nous avons, avec nos périls présents, indiqué les moyens et les chances de vaincre, à vous, catholiques, de vous mettre à l'œuvre avec résolution et confiance.

(Rosier de Marie).

—

Coup d'œil rétrospectif.

L'histoire contemporaine, altérée par l'ignorance, la mauvaise foi et le préjugé, sera rectifiée un jour par le surnaturel et les prédictions. Les personnes graves ont trop oublié ce Thomas Martin, homme des champs, à qui l'ange Raphaël avait apparu en 1816, pour le charger d'une mission auprès de Louis XVIII, et qu'il remplit le 2 avril de la même année.

« Il faut, lui avait dit l'envoyé divin, que vous alliez trouver
» le roi ; que vous lui disiez que sa personne est en danger,

» ainsi que celles des princes ; que de mauvaises gens tentent
» encore de renverser le gouvernement. »

« Le roi est entouré de gens qui le trahissent. »

Le libéralisme ne cessa point de conspirer en effet contre la légitimité, et les précautions voulues ne furent pas prises contre cette faction. Beaucoup d'emplois étaient confiés à des trompeurs et à des parjures.

L'ange Raphaël avait recommandé à Thomas Martin de faire connaître au roi qu'il fallait abolir les saturnales de ces jours de licence où le débordement des mœurs, les derniers jours du carnaval, se montre à nu ; et l'esprit céleste annonce positivement que si le roi n'exécute pas la volonté divine, « il sera « fait un si grand trou à la couronne, que cela la mettra tout « auprès de sa ruine. » Eh bien ! malgré ce terrible et salutaire avertissement, rien ne fut changé. Le courroux de Dieu ne tarda point à se manifester par le crime de Louvel, puisque ce fut précisément dans ces jours de saturnales que cet assassin plongea le poignard homicide dans le sein d'un fils de France ! On sait que par ce cruel évènement la noble tige des Bourbons faillit être tranchée.

En 1821, la voix du ciel dit à Thomas Martin que « les na« poléonistes et les républicains travaillaient contre le gouver« nement ; qu'ils employaient tous les moyens pour faire pren« dre en haine le roi et sa famille. » Leurs discours et leurs écrits l'ont bien prouvé, et mieux encore leurs actions ; car c'est aux cris de *Vive Napoléon !* de *Vive la République !* que se battaient la plupart des hommes qui ont pris les armes contre la garde royale dans les trois journées de juillet.

La maxime infernale de Mirabeau : décatholiciser la France pour la démonarchiser, fut comme le cri de ralliement des factieux de 1815 à 1830. L'incurie du gouvernement fut extrême. Le cataclysme éclata, et trois générations de rois furent exilées.

Thomas Martin entendit la vision d'en haut lui dire, le 24 juillet : « La hache est levée, « le sang va couler... » C'étai l'annonce des journées 27, 28 et 29 juillet. Charles X envoya, dit-on, consulter le voyant, avant de se déterminer à quitter la France. L'homme inspiré lui conseilla en effet la retraite, déclarant que tout était fini pour ce prince.

Mais les relations fidèles où sont consignées les révélations du laboureur de Gallardon, en Beauce, ne s'arrêtent pas à 1830. A la suite de la révolution qui venait d'avoir lieu, Thomas Martin, assistant à la messe, aperçut, entre les deux élévations, trois larmes rouges, trois larmes noires et trois larmes blanches tombant sur le calice perpendiculairement, et chacune accompagnée d'un de ces trois mots tracés très-distinctement : *Mort, deuil, joie.* Cela est en harmonie avec ce qui nous est annoncé de nouveaux jours de combats et de carnage qui auront lieu, du deuil qu'ils répandront inévitablement dans les familles, et enfin de la joie qu'éprouvera la nation, de la paix et de la prospérité qui renaîtront pour la France.

L'époque de cette joie est celle qui suivra immédiatement la crise qui nous emporte, et qui, après la fureur des orages, nous rendra la sérénité du ciel et les rayons d'un soleil vivifiant.

» Le sang, avait dit à Thomas Martin l'ange Raphaël, cou-
» lera comme quand la pluie tombe bien fort, surtout depuis le
» nord jusqu'au midi. L'ouest sera moins agité ; mais ce ne sera
» pas long ; ce temps sera abrégé. Au moment de la grande
» crise où les bons triompheront, les méchants qui auront
» échappé seront saisis d'une si grande frayeur que plusieurs
» se convertiront... On verra le symbole de la paix sur les
» édifices de France, ce qui réjouira le monde, et on ne pourra
» s'empêcher d'admirer la toute-puissance de Dieu. »

Thomas Martin a de plus parlé de la mort du souverain pon-

tife : « Il a affirmé que sa mort serait le signal de grands
» évènements ; que l'élection du pape, sous le pontificat duquel
» la religion doit refleurir et l'ordre se rétablir, serait remar-
» quable par des prodiges surprenants. »

Ce que nous venons de rapporter concorde avec toutes les révélations sur nos jours.

—

Prédiction de Deleuze,

CULTIVATEUR DE VILLENEUVE-DE-BERG

Deleuze mourut le 10 décembre 1829 ; homme simple et bon chrétien, il n'avait jamais quitté ses montagnes du Vivarais. C'est après avoir reçu les derniers Sacrements, qu'il dit au vénérable ecclésiastique qui les lui administrait :

» De grands évènements sont commencés par le trouble qui existe dans la Chambre : et vous verrez que, dans le courant de l'année 1830, Charles X sera chassé de son trône par ses sujets. Il y aura une grande révolution dans Paris ; beaucoup de sang sera versé, les rues seront dépavées, et les troupes du roi l'abandonneront ; il prendra la fuite.

» Le duc d'Orléans montera sur le trône... Mais son règne sera court. La religion ne sera pas persécutée d'une manière ouverte ; mais elle ne sera pas mieux traitée pour cela.

« Nous aurons la guerre avec les Arabes, dont nous serons vainqueurs. »

Lacune pour les évènements intermédaires, mais la fin y est bien accusée.

« ... Il y aura beaucoup de sang versé, un grand carnage,

surtout depuis Marseille jusqu'à Paris. Les troupes étrangères viendront abreuver leurs chevaux dans les eaux du Rhône. Paris sera saccagé et détruit ; on y verra l'herbe naître dans les rues.

« La France s'épurera.

« Charles X ne règnera plus sur les Français.

« La révolution sera écrasée sous le nouveau roi, d'accord avec un grand pape.

« Les lis reprendront toute leur beauté ; la religion ressaisira tous ses droits et tout son empire ; et c'est alors que la France jouira de la tranquillité. »

Ainsi, l'unanimité des prophéties nous promet ce temps de bénédiction où chacun vivra heureusement à l'ombre de sa vigne et de ses figuiers, parce que les principes refleuriront et que la foi chrétienne aura reconquis les cœurs.

Lettre sur les évènements de Gouy-l'Hôpital.

Nous donnons dans sa simplicité la lettre suivante, sur des faits que nous avons déjà signalés dans ce volume ; nous réservons toujours la décision de l'Eglise.

« Nous avons dans nos environs quelque chose auss d'extraordinaire ; un homme serait favorisé depuis plus de six mois d'apparitions de la Sainte-Vierge. D'après ce qu'il dit, il y a eu, je crois, au mois d'avril, une neuvaine ; il a écrit tous les jours ce que la Sainte-Vierge lui disait, avec un crayon, même quand on ne voyait plus clair.

» Le premier jour il lui a été dit : Il a existé une chapelle en ce lieu, en 1230. (Ce lieu est un bois près Gouy-l'Hôpital (Somme) doyenné d'Hornoy).

» Le second jour : Cette chapelle a été bâtie en 1230, sous le règne du pieux saint Louis ; elle fut bénie le 16 mai de la même année ; cette chapelle fut détruite sous le règne de Charles V, par les troupes d'Edouard III, roi d'Angleterre. Une sainte relique, une parcelle de la couronne d'épines de Notre-Seigneur Jésus-Christ, dont saint Louis avait fait présent à cette chapelle, le 5 juin 1236, fut foulée aux pieds par les ennemis. C'est pour vous donner une idée du tout que je vous écris un bref résumé des deux premiers jours.

» Pour les jours suivants, il se trouve beaucoup de choses, tels que menaces et toujours aussi invitation de prier, comme dans les faits de Fontet et autres.

» Voici ce qu'a dit l'apparition, le 8 septembre : « Mes chers enfants, le Seigneur fera éclater ses merveilles, il confondra les impies qui outragent les justes ; il relèvera la religion et le droit. *Cinq pater et cinq ave.* »

Gouy, fête de Notre-Dame du Rosaire.

» Mes chers enfants,

» Priez en ce grand jour ! Récitez le Saint Rosaire, afin que vous puissiez obtenir de grandes grâces ; quiconque élève son âme vers le ciel avec une foi ardente, peut obtenir toute sorte de bénédictions. Priez, priez pour le pauvre Exilé, qui tourne sans cesse ses regards vers la France ; priez pour affaiblir la colère des cieux. *Cinq pater, cinq ave.* Celui qui frappe l'Eglise sera digne de mort. »

» Je n'y suis allé encore qu'une fois, et cette fois c'était le 3 octobre ; il y avait beaucoup de monde à l'endroit de l'apparition ; on y a placé une statue de Notre-Dame de Bon Secours. Il y avait des cierges qui brûlaient et un certain nombre de personnes récitaient le chapelet, quand nous avons été favorisés de la visite des gendarmes d'Hornoy, lesquels ont pris en note un certain nombre de noms. Un monsieur, qui s'est occupé beaucoup de cela, m'a dit hier que deux brigades y avaient encore été, il y a quelques jours.

» Jeudi dernier 21, ce monsieur m'a dit qu'il y avait encore eu une apparition. Il s'agit toujours de la terre coupable ; d'un retour nécessaire à Dieu ; d'appel à la prière ; du châtiment des crimes et du triomphe final des bons. J. A. S. »

La Voyante de Saint-A...

Saint-A..., 15 février 1880.

Chère Demoiselle.

Je m'empresse de vous transmettre la scène de vendredi dernier et ce que Notre-Seigneur désire de vous ainsi que de toutes ces dames qui ont envoyé des demandes.

Depuis le matin jusqu'à trois heures, Notre-Seigneur apparut dans son agonie, puis Il dit ces paroles : « Qu'on prie, qu'on se hâte de prier mon Père ; mon heure est proche... encore quelques jours ... Puis il s'adressa à la France : « O France, dit-il, toi qui étais l'objet de mes complaisances, comme tu t'es rendue digne de châtiments !.. C'en est fait, ton arrêt est prononcé. »

Et pendant l'agonie, Notre-Seigneur versait de grosses larmes. La Sainte Vierge les essuyait et Elle dit ces paroles : « C'en est fait, ce bras si lourd s'est appesanti. »

L'Extatique conversa ensuite avec Berguille ; elle lui répéta les mêmes paroles que la Sainte-Vierge lui avait dites.

Il vient de mourir un prêtre de la contrée, M. le Curé de la

Chapelle, canton de Seyches, qui était instruit des évènements qui doivent se passer. Notre-Seigneur dit à la Voyante que ce serviteur de Dieu avait si bien compris la gravité des ébranlements prochains, que, craignant d'être trop faible, il avait demandé de mourir, et que selon son désir, il avait été exaucé ; que c'était un saint prêtre et que déjà il avait reçu la récompense de ses pieux travaux.

Ensuite, comme elle ne pensait pas à offrir toutes les demandes de ces dames, à cause de sa trop grande fatigue, Notre-Seigneur les lui reproduisit toutes dans la pensée. Il lui dit alors ces paroles :

« Qu'elles se hâtent de prier mon Père et elles seront exaucées selon leurs désirs. »

Il n'y a point de réponses particulières pour aucune de ces dames, mais la recommandation de Notre-Seigneur doit bien suffire ; seulement, Il vous le demande à vous d'une manière encore particulière.

Le jour de la Purification, lorsque l'Extatique allait à la messe, la Sainte Vierge lui apparut. Son vêtement était d'or et on y lisait : Immaculée Conception. Elle était toute radieuse, toute resplendissante de gloire ; mais son visage était triste et consterné. Dans un récit que la Voyante devait faire à son confesseur, il y avait ceci : « Tu lui diras que c'est moi qui t'ai entretenue, et que je suis Dieu lui-même. »

Veuillez communiquer ceci à ces dames le plus promptement possible.

Il y a aussi une jeune personne qui faisait demander à Notre Seigneur quelle est sa vocation : « Elle doit être religieuse au Carmel, » a-t-Il répondu. Une autre personne avait fait demander la paix et l'union dans sa famille et ce qu'elle pourrait faire pour l'obtenir, Notre-Seigneur a répondu :

« Malheur à celui qui a semé le poison. Je donne souvent

des épreuves à mes enfants ; il faut qu'ils les supportent avec patience et résignation et qu'ils prient mon Père de les soutenir dans leurs luttes. »

Apparitions de Knock et celles de Tarragone

Je n'ai que peu de détails à ajouter sur les apparitions de Knock. Le concours des pèlerins continue et les faits miraculeux, notamment les guérisons, semblent se multiplier. Il n'y a pas eu d'apparition de la Sainte-Vierge ni des saints depuis la veille de l'Epiphanie. Mais les pèlerins affirment voir souvent, soit sur le mur de l'apparition, à l'intérieur de l'Eglise, soit dans celle-ci, notamment au-dessus de l'autel, et particulièrement pendant le Saint-Sacrifice, des lumières brillantes, semblables à des étoiles, et des globes lumineux d'un éclat variable. Le vénérable curé affirme en avoir été témoin lui-même à l'autel (notamment le 12 du mois dernier).

L'église est plus fréquentée que jamais, et le curé, dont le vicaire réside assez loin de Knock, dans une annexe qu'il dessert, ne peut suffire au surcroît de travail que lui occasionne ce concours. L'église doit rester ouverte toute la nuit pour la dévotion des pèlerins étrangers qui passent la nuit en prière, et ne se retirent qu'après la messe où presque tous communient.

Je voudrais aussi pouvoir mieux répondre à votre question, au sujet d'autres faits miraculeux ou révélations qui auraient pu venir à ma connaissance. J'en suis privé. Je ne puis, en ce genre, vous signaler aujourd'hui que celles d'une religieuse franciscaine de Tarragone (Espagne), dont les extases et les prédictions sont depuis plus de quatre ans l'objet d'une enquête canonique. Son inspiration divine ne fait, paraît-il, aucun doute ; mais l'autorité ecclésiastique ne juge pas opportun de les livrer à la publicité. Il en a cependant transpiré quelque chose, mais la personne qui m'a donné ces détails ne juge pas à propos de confier à la poste ce qui lui a été relaté. Ce sont des prédictions trop claires, me dit-elle, concernant des personnages trop en vue. Elle me dit que si je pouvais aller moi-même à Barcelone, je pourrais les entendre de vive voix, mais que la prudence ne permet pas de les écrire. Il paraît certain que l'extatique annonce la crise comme très-prochaine, comme très-sanglante, mais devant se terminer par un miracle du Sacré-Cœur changeant la face du globe. Il me semble que depuis longtemps, elle a annoncé que le signe le plus prochain serait la proclamation de la République en Italie et en Espagne, aussi bien qu'en France. On lui attribuait aussi d'avoir annoncé la conversion de Bismark ; mais je me figure que ce n'était là qu'une interprétation gratuite, et qu'elle aura simplement annoncé que ce personnage cesserait de persécuter l'Eglise, ce qui s'est en partie réalisé. On ajoute que l'ensemble des événements annoncés est littéralement stupéfiant. L'extatique est illettrée ou peu s'en faut, et est souvent obligée de demander elle-même le sens des expressions qui lui sont révélées.

Voilà, Monsieur, tout ce que j'ai pu savoir en dehors de ce que les journaux ou opuscules ont publié jusqu'ici.

E. O.

Nouvelles sur la Voyante de Tarragone.

ROME ET LA LIBERTÉ DE L'IRLANDE.

Je viens de recevoir votre aimable lettre et m'empresse de vous dire ce que je viens d'apprendre ces jours-ci sur la Voyante de Tarragone. Je tiens tous ces détails de ma sœur, la comtesse de M...., que sa santé oblige depuis quelques années à passer les hivers dans un climat chaud et qui a choisi Barcelone par suite de ses relations; je ne doute pas qu'elle ne soit charmée de faire part pour vous à M. C.... de tout ce qu'elle ne se soucierait pas de confier à la poste. Mais elle me dit elle-même que beaucoup des révélations de l'Extatique sont tenues rigoureusement cachées par l'autorité ecclésiastique, de peur de causer de graves désagréments à la sainte fille et à son couvent. Les révélations, en effet, touchent à la politique du jour, et ai-je besoin de vous dire qu'elle annonce le triomphe complet du droit en Espagne comme en France. Mais ses expressions sont trop claires, les évènements prochains annoncés avec trop de détails, les personnages désignés trop vivement pour que l'on publie ouvertement ce qu'elle en dit. Ces révélations durent depuis déjà de longues années. On en parlait déjà, si je ne me trompe, en 1872. Tout est recueilli par la commission canonique instituée à cet effet par Mgr l'archevêque de Tarragone, mais ce n'est que de vive voix qu'il en a jamais transpiré quelque chose. Voici ce qui en a été dit dernièrement à ma sœur : L'Extatique, qui a toujours dit que la crise, *très-grave*, serait abrégée par la miséricorde infinie de Notre-Seigneur et par un miracle manifeste du Sacré-Cœur, l'annonçait dès l'année dernière comme très-prochaine. Dernièrement elle ajoutait que nous y touchions ; qu'elle serait terrible, mais que Notre-Seigneur lui avait révélé vouloir l'abréger et hâter le miracle promis de son Sacré-Cœur, en vue des prières qui lui seraient adressées pour le soulagement et la délivrance des saintes âmes du Purgatoire. Notre-Seigneur, dit la Voyante, a tellement à cœur la délivrance de ces saintes âmes qu'il est disposé à tout accorder aux prières faites pour le triomphe de la Sainte Eglise militante en suffrage de la souffrante. Aussi paraît-il qu'en ce moment, en Espagne, on fait partout, sur la foi de la Voyante, des neuvaines au Sacré-Cœur à cette double intention.

Voilà tout ce que je puis vous dire pour le moment à ce sujet; je vais écrire à ma sœur pour lui annoncer la visite de M. C.... et la prier soit de lui communiquer de vive voix, soit de lui confier par écrit, ce qu'elle n'a pas osé nous envoyer par la poste. Je ne doute pas qu'à moins que le secret ne lui ait été enjoint, elle ne soit charmée de vous communiquer ce qu'elle a pu savoir.

Je retrouvais, il y a peu de jours, dans mes papiers, une lettre d'une tante de mon beau-frère, Mme de Tervay, fille du Comte Joseph de Maistre, le célèbre philosophe, adressée à ma mère et datée du Samedi-Saint 1849. Je l'ai malheureusement égarée depuis et suis obligé de vous la citer de mémoire. C'était au lendemain de la bataille de Novare, et Mme de Tervay donnant à ma mère des nouvelles de son neveu, qui devait plus tard devenir mon beau-frère, et qui, officier de la brigade de Savoie, avait fait cette malheureuse campagne, disait toute sa satisfaction de voir la fin de cette fâcheuse aventure; mais songeant à l'état de Rome en ce moment, se demandait si ce serait bientôt la fin de la Révolution d'Italie. A ce sujet elle lui citait un passage d'une lettre du vénérable D. Gaspar del Bufalo, prédisant toute sorte de malheurs à la ville de Rome, massacre de prêtres, etc., le tout ne devant finir qu'après un carnage effroyable de quatre jours, surtout du côté de la porte Saint-Jean. Il conseillait à tous les Romains bien pensants de se tenir renfermés chez eux pendant ce temps. Je regrette vivement de ne pouvoir vous citer les expressions textuelles de la lettre de Mme de Tervay, que je ne retrouve plus sous ma main en ce moment, mais je suis moralement certain de vous en donner la substance.

Me permettrez-vous maintenant, monsieur, de vous citer, au sujet de la date des évènements, un curieux quatrain Irlandais de la prophétie connue sous le nom de « prédictions de Mac Auliffe de Duhallord » ? Elles ont été imprimées pour la première fois, ce me semble, en 1856 ; mais elles étaient traditionnellement connues dans le midi de l'Irlande, au moins depuis le milieu du dernier siècle.

J'ai transcrit littéralement sur l'imprimé, mais il y a, suivant moi, une faute d'impression au premier vers, et je lis au lieu de dix-huit, huit dizaines.

Je traduis donc : Huit dizaines, huit centaines en plus de mille, le jour de fête de Marie s'approchera de mai, et le jour de fête de Jean tombera un vendredi ; trois lunes de samedi, et une moisson pluvieuse et pleine d'herbes.

Il me semble que nous trouvons là trois années nettement marquées : 1° Les trois lunes de samedi et la moisson pluvieuse ont signalé 1879, dont les pluies continues ont détruit les récoltes en Irlande ; en 1880, année désignée en toutes lettres, la fête de l'Annonciation, évidemment désignée, s'est rapprochée de mai, puisqu'elle a dû être renvoyée au 5 de ce mois ; enfin en 1881, la fête de saint Jean tombera un vendredi. Or, les prophéties attribuées à saint Columba d'Iona annoncent la délivrance de l'Irlande pour une année où la fête de Saint-Jean-Baptiste sera célébrée un vendredi, et une autre, connue sous le nom de prédiction de Donal Cam le mendiant, dit au dernier verset : « Les peuples d'Irlande souffriront beaucoup de leurs alliances ; par toute l'Europe ; ils seront opprimés par l'étranger (l'Anglais) ; mais quand Rome et ses entours seront délivrés, l'Irlande ne restera en deuil qu'un an. » Si cette délivrance, qu'annoncent toutes nos prophéties depuis des siècles, doit survenir l'année prochaine, ce serait donc cette année que Rome serait délivrée par le Grand Roi, qui l'année prochaine viendrait chasser les pirates de leur repaire. (Comparez avec le Père Necktou et l'abbé Souffrant). C'est ce qui me fait espérer que nous ne sommes plus bien loin de la crise que nous sommes réduits à appeler de tous nos vœux, et les dates données par l'apparition de Pouillé ne pouvaient-elles pas s'interpréter comme indiquant le commencement des évènements que nous verrons se dérouler sous peu ?

On a parlé de nouvelles manifestations à Knock ; je ne sais pas si elles sont suffisamment avérées, mais les cas de guérison se multiplient chaque jour, et l'affluence des pèlerins ne cesse pas ; c'est à un tel point que le soumissionnaire pour l'entretien des chemins du district a demandé une allocation extraordinaire, et que le grand Jury (sorte de conseil général) du comté a fait droit à sa requête.

1880.   E. O.

—

Apparitions de Gouy-l'Hôpital.

Un grave ecclésiastique écrit de Gouy-l'Hôpital (Somme) à la date du 23 décembre 1880 :

» M. le curé de Gouy vient de me faire remettre votre lettre du 11 décembre. A cause de son grand âge et de sa faiblesse, il me prie de vous répondre pour lui.

» Il se passe vraiment des choses surnaturelles à Gouy-l'Hôpital. Tout porte à croire que c'est vraiment l'apparition de la Sainte Vierge ; cependant l'autorité n'a pas encore prononcé sur ces faits.

» Il y a, en ce moment, vingt et une relations écrites, et ces relations sont dictées par la Mère de Dieu au Voyant.

» La Sainte Vierge se plaint de l'aveuglement du peuple ; elle recommande la prière pour apaiser la colère de Dieu. Elle pleure sur les maux de la France. De grands malheurs vont fondre sur notre patrie.

» Il serait trop long de vous transcrire toutes les relations ; ce serait plus facile de vive voix.

» Il arrive des lettres de toutes les parties de la France ; il n'est pas possible d'y répondre avec quelque développement.

» Voici la révélation du 8 décembre :

» Mes chers enfants,

» Fuyez les personnes de mauvaises mœurs, qui sont deve-
» nues des objets d'horreur et d'indignation aux yeux de Dieu.
» Oh ! malheureuse Lutétia, c'est dans ton sein que tu te plais
» le plus à nourrir ces crimes et ces abominations ; mais sou-
» viens-toi que Jésus-Christ, mon divin Fils, a pleuré sur Jé-
» rusalem et que tes habitants révoltés pleureront aussi sur toi !

» Race venimeuse, vous niez votre Dieu ! Rappelez-vous
» donc qu'il est votre Créateur, et que vous lui devez fidélité,
» obéissance.

» Je viens vers vous pour vous préserver des embûches du
» démon. Vous faites les aveugles et les sourds, mais l'orage
» se déchaîne sur vous.

» Vous, mes chers enfants, restez fermes dans la foi, car
» le bonheur ne renaîtra au sein de la nation avilie que lors-
» que les lis refleuriront sur le sol français.

» Parce, Domine, etc. 3 fois.

» (Au noisetier). La statue de Notre-Dame de Bon Secours
» a été brûlée en cet endroit par les Anglais.

» Avant d'écrire la révélation, le Voyant avait entendu la Sainte Vierge lui dire : « Si vous voulez m'être agréable,
» vous ferez frapper une médaille semblable à l'apparition. »

» La Mère de Dieu a ajouté : « Tu seras tenté même par des
» personnes de ton pays, qui voudront t'entraîner dans des
» saturnales diaboliques ; mais ne te mets pas en peine de
» ce qu'on pourra te dire ou te faire. »

» A l'endroit de la chapelle brûlée par les Anglais, l'apparition a donné sa main à baiser au Voyant, et lui a dit :

» Je te donne de nouvelles forces. » Elle a ajouté : « Je
» donne ma bénédiction pour le présent et l'avenir à toutes
» les personnes qui viendront prier avec foi en ces lieux. »

» Le Voyant a reçu ordre de répéter cela aux assistants. Il leur dit également :

» La Sainte Vierge vous donne sa bénédiction. »

» L'Auguste Marie a dit encore :

» Le Saint-Père pourra donner une bénédiction aux fidèles
» qui mourront dans la croyance de mon divin Fils, lors-
» que ses ministres seront partis. »

Quelques notes sur les apparitions de Knock (Irlande).

Nous avons reçu la lettre suivante, datée de 1880 :

« Permettez-moi, monsieur, de vous soumettre une réflexion

inspirée par les circonstances de la première apparition, celle du mois d'août 1879. (Voir notre deuxième partie de *Dernier mot des prophéties.*

» On vit en effet, ce jour-là, outre les figures de la Sainte-Vierge et de saint Joseph, devant un autel supportant l'Agneau Immaculé, et au côté de l'Evangile, un Evêque tenant dans sa main gauche un livre ouvert, et de sa main droite, faisant un geste d'enseignement.

» Les témoins de l'apparition furent unanimes à reconnaître saint Jean l'Evangéliste, l'apôtre qui a le plus spécialement et sévèrement condamné les premiers Gnostiques, ces précurseurs et ancêtres de l'hérésie franc-maçonne. N'apparaissait-il pas à Knock pour nous prévenir que là encore est le grand péril des derniers jours, péril épargné jusqu'ici au troupeau fidèle de saint Patrice, mais qui aujourd'hui semble s'attaquer aussi à lui.

» Pardonnez-moi, monsieur, cette digression, que vous trouverez peut-être, et à bon droit, peu autorisée de ma part, et veuillez agréer la nouvelle expression de mes sentiments dévoués et distingués. »   E. O.

Histoire de l'Antechrist.

« Plus on approche de la fin du monde, plus je vois que le nombre des enfants de perdition augmente, et que celui des prédestinés diminue dans la même proportion. Cette diminution des uns et cette augmentation des autres se feront de trois différentes manières que Jésus-Christ m'a indiquées :

« 1º Par le grand nombre d'élus qu'il attirera à lui pour les soustraire aux terribles fléaux qui frapperont son Eglise ;

« 2º Par le grand nombre des martyrs, qui diminuera considérablement les enfants de Dieu, et cependant fortifiera la foi dans ceux que le glaive de la persécution n'aura pas moissonnés ;

« 3º Par la multitude des apostats qui renonceront Jésus-Christ pour suivre le parti de son ennemi, en combattant les mystères et les grandes vérités de la religion.

« Il en y aura, me dit Jésus-Christ, un grand nombre qui souffriront un jour, pour la vérité, le martyre, car vers la fin des siècles, elle sera rudement attaquée et victorieusement défendue. Quelques années avant la venue de mon grand ennemi, Satan suscitera de faux prophètes qui annonceront l'Antechrist comme le vrai Messie promis, et tâcheront de détruire tous les dogmes du Christianisme ; et Moi, je ferai prophétiser les petits enfants et les vieillards ; les jeunes gens annonceront des choses qui feront connaître mon dernier Avènement. — Ce que je vous dis, ma fille, aussi bien que tout ce que je vous ai fait voir, sera lu et raconté jusqu'à la fin des siècles.

« Sachez que vers la fin des derniers siècles, il s'élèvera une fausse religion contraire à l'unité de Dieu et de son Eglise. »

« Il y aura des impies qui se serviront des diables, de l'art, de la magie et des enchantements. Ces ennemis de l'Eglise auront de belles apparences, mais ils seront découverts et frappés. Leur action ne sera pas de longue durée ; elle pourra s'étendre à quelques années. L'Eglise ne sera pas opprimée dans ses ministres et leurs ministères ; mais beaucoup de personnes des deux sexes se laisseront tromper. Les méchants découverts et condamnés se cacheront, tiendront des assemblées nocturnes et s'enfonceront dans les forêts. Ils y composeront des brochures de toutes sortes, remplies de dévotions, de nouveautés et d'histoires fausses qui seront répandues par leurs amis. Aux brochures succèderont des ouvrages plus sérieux, qui seront répandus de la même manière et infecteront de leur venin plusieurs contrées sans qu'on s'en aperçoive. Ils établiront une fausse loi qu'ils appelleront inviolable. Ils instruiront et gouverneront comme législateurs de Satan.

« Pour mieux réussir ils feront de grandes austérités, de grandes aumônes, donneront tous leurs biens aux pauvres, et se livreront à toutes sortes de pratiques de dévotion. Des prêtres seront de bonne foi leurs intercesseurs auprès des évêques ; plusieurs de ces derniers même y seront trompés. L'Eglise sera étonnée d'un changement qui n'aura pas été amené par des missions et par des sermons. Quelques prêtres s'apercevront des choses suspectes. Quand ces méchants se croiront découverts, ils recourront à l'hypocrisie, paraîtront beaucoup plus religieux, nieront toute accointance avec les impies, et s'excuseront sur leur ignorance quand on le leur prouvera.

« L'Eglise, les ayant fait observer et découverts, ordonnera des jeûnes, des processions, des missions, des prières publiques, un jubilé, qui convertiront beaucoup de ceux qui étaient séduits et préserveront ceux qui étaient disposés à se laisser tromper. Quand ces méchants auront un nombre de disciples aussi grand que ce qu'il faut pour peupler un royaume, ils paraîtront au dehors et feront beaucoup de mal à l'Eglise, qui sera attaquée de tous côtés par les étrangers, les idolâtres et par ses propres enfants. Depuis l'époque où ces impies sortiront de leurs cavernes, jusqu'à celle où l'Eglise reconnaîtra leur malice, il se passera un temps assez long...

« Cette crise étant finie, une autre suivra bientôt. Les méchants, se voyant trahis et découverts, seront furieux ; ils se réuniront auprès de leur chef dans la plus fameuse ville, pour comploter encore. La grâce touchera une partie d'entre eux ;

même plusieurs des chefs, sorciers et magiciens, deviendront des saints, ainsi que leurs enfants, et souffriront plus tard le martyre. Cette deuxième fois, il se convertira, par les austérités et les prières de l'Eglise, presque autant de pécheurs que la première fois par les missions, les jeûnes et le Jubilé.

« Ceux qui auront persévéré dans la révolte, sentant leur impuissance, se donneront à Satan, qui paraîtra au milieu d'eux, leur reprochera leur lâcheté, leur promettra pour chef l'Antechrist, et tous les biens de la terre ; ils passeront un contrat avec lui, lui prêteront serment de fidélité jusqu'à la mort, s'engageront à haïr Jésus-Christ, à renoncer à leur baptême, à aimer et à adorer le démon, et lui deviendront semblables. Leur maudite loi dite *inviolable* sera jointe au contrat qu'ils auront passé avec Satan.

« Ils engageront les peuples à suivre cette loi avec menace de les y contraindre. Ils la feront afficher et lire publiquement, et publieront tous les genres de supplices destinés à punir les récalcitrants. Avant d'employer la rigueur, ils prendront des moyens plus efficaces de séduction. Les démons paraîtront sous la figure d'anges de lumière pour annoncer faussement le vrai Messie ; il se passera plusieurs années avant qu'ils emploient la force ouverte et la contrainte, et alors commencera la persécution de l'Antechrist, qui sera devenu leur chef.

« Quand les complices de l'Antechrist commenceront la guerre, ils se placeront près de Rome, qui périra entièrement. Le Pape souffrira le martyre ; son siége sera préparé pour l'Antechrist. (La sœur de la Nativité ignore si cela sera fait un peu avant l'Antechrist, par ses complices, ou par l'Antechrist lui-même.)

« Hélas ! mon Père, dit la Voyante à son directeur, je me trouve obligée de vous parler de la personne de l'Antechrist, ainsi que des maux que sa malice doit occasionner dans l'Eglise de Jésus-Christ…

« Quant à sa personne, Jésus-Christ m'a fait voir qu'il l'avait mise au nombre des hommes rachetés de son sang, et qu'il lui accorderait, dès son enfance, toutes les grâces nécessaires, et mêmes des grâces prévenantes et extraordinaires dans l'ordre du salut.

« Dans un âge plus avancé, il ne lui refusera pas les grâces fortes de conversion, dont il abusera comme des premières : je vois qu'il les tournera toutes contre lui-même par un abus outrageant, par une résistance opiniâtre et superbe qui le conduira au comble de l'aveuglement de l'esprit et du cœur ; il méprisera tous les avis et les bons exemples de ses amis ; il étouffera tous les remords de sa conscience ; il foulera aux pieds tous les moyens par lesquels le Ciel tentera de le rappeler, sans jamais vouloir se rendre à la voix de Dieu, qui, de son côté, l'abandonnera enfin à son sens réprouvé, aussi bien que ses complices.

« Quand ce méchant paraîtra sur la terre, tout l'orgueil, toute la malice de l'Ange rebelle et de ses complices y paraîtront avec lui. Il semble qu'il sera accompagné de tout l'enfer et suivi de tous les crimes.

« Je l'instruirai, dit Satan, et le prendrai sous ma conduite dès son enfance ; il n'aura pas dix ans qu'il sera plus puissant, plus savant que vous tous... Dès ce même âge de dix ans, je lui ferai voir tous les royaumes et tous les empires de la terre. Je le ferai maître du monde... Il sera savant parfait dans l'art de la guerre. Enfin j'en ferai un dieu qui sera adoré comme le Messie attendu. Il n'agira dans toute sa pleine puissance qu'à l'âge de trente ans ; mais avant ce temps-là il fera valoir ses talents dans le secret. »

« Je ne puis marquer ici, ajoute la Sœur, tout ce qu'on dira de plus accompli sur sa personne, sur sa beauté, sur ses richesses. Il sera comme entouré d'une clarté divine plus brillante que le soleil ; il paraîtra accompagné d'une cour céleste d'anges qui marcheront à sa suite. Des légions entières d'anges lui rendront des hommages comme à leur roi, et l'adoreront comme le vrai Dieu tout-puissant et le Messie tant desiré. Ce seront autant de démons qui, sous la figure des anges de lumière, prophétiseront la venue de cet homme d'iniquité. Tous les suppôts de ce malheureux enfant de perdition se rassembleront autour de leur chef pour faire la guerre à l'Eternel. Jésus-Christ, alors, semblera leur dire ce qu'il dit aux satellites de Judas qui vinrent le prendre au jardin des Olives : *Votre heure est venue : la puissance des ténèbres va étendre son empire...* Et il leur permettra de pousser leur malice jusqu'au point qu'il a marqué, et où il a dessein de les arrêter sans qu'ils puissent jamais passer au-delà.

« Je vois un si terrible scandale dans l'Eglise, un carnage si général dans l'univers, que la seule pensée en fait frémir. On n'a jamais vu tant de tromperies, de trahisons, d'hypocrisies, de jalousies, d'abominations, de scélératesses dans tous les genres... Une multitude d'illuminés, de faux dévots, de fausses dévotes, favoriseront beaucoup l'imposture, et étendront partout l'empire du charlatanisme par des illusions magiques capables de séduire l'entendement, l'esprit et le cœur des hommes qui en seraient le moins susceptibles. Jamais on n'aura vu tant de faux miracles, de fausses prophéties ni de faux prophètes ; on ira jusqu'à faire paraître des lumières et des figures resplendissantes qu'on prendra pour des dinivités... En un mot, tout ce que l'enfer pourrait inventer d'illusions et de prestiges sera mis en œuvre pour tromper les simples en faveur de l'Antechrist.

« Il est vrai que les ministres de Jésus-Christ combattront d'abord la nouveauté séduisante de ces fausses doctrines et l'imposture de ces prestiges, et que leur zèle, animé par l'Esprit-Saint, y mettra de grands obstacles, en soutenant la cause de Jésus-Christ et la vérité de son Evangile... Mais, hélas ! ces précieuses victimes seront bientôt traitées comme leur divin Maître : on se jettera sur elles ; elles seront conduites au supplice ; les enragés croiront, en les mettant à mort, détruire absolument son règne, mais ils ne feront que l'affermir de plus en plus. Oui, mon Père, je vois que loin d'affaiblir la Foi par le martyre de ses enfants, ils ne feront que la rallumer dans le cœur des vrais fidèles, et surtout des bons prêtres... Dieu m'a fait voir qu'en haine de sa religion et de sa personne adorable, ils s'étudieront à renouveler sur ses derniers disciples toutes les circonstances de sa passion douloureuse... Il y aura autant de martyrs à la fin qu'au commencement de l'Eglise, et j'ai connu que la persécution sera si violente dans les derniers temps, qu'en peu d'années il y aura le même nombre d'immolés.

« Dieu gardera quelque temps le silence. Mais que peut toute la rage infernale contre la toute-puissance d'un Dieu ? C'est au moment qu'elle s'applaudit de sa victoire qu'il en triomphe avec éclat et la fait servir elle-même à sa gloire... Dieu, je le vois, dissimule donc, comme pour voir jusqu'à quel point ira l'insolence de son ennemi... Ah ! mon Père, peut-elle aller plus loin ? Aveuglé par l'orgueil de Lucifer même, je vois ce téméraire s'élever dans sa présomption jusqu'au trône de l'Eternel, comme pour lui ôter sa couronne et la placer lui-même sur sa propre tête ; il porte l'aveuglement jusqu'à se croire la Divinité, jusqu'à s'efforcer de l'anéantir, afin d'occuper son trône et d'y recevoir l'adoration de toute créature, et d'étendre partout son empire sur les ruines de celui du Tout-Puissant.

« Tandis que par un dernier attentat, il s'efforçait, pour ainsi dire, de réduire l'Eternel sous pieds, Jésus-Christ l'extermine d'un souffle de sa bouche, avec ses complices, jusqu'au fond de l'enfer, pour y éprouver le sort de l'Ange rebelle dont il avait imité la révolte et l'orgueil. Je les y vois tomber si rapidement et avec tant de force, que la profondeur de l'abîme en est troublée et que tout l'enfer en retentit !... Quel fracas ! Satan lui-même en est épouvanté...

« J'ai dit, mon Père, que l'Antechrist était tombé avec ses complices ; mais il s'en faut bien que tous ses complices soient tombés avec lui : il n'y a eu que les principaux et les plus coupables qui forment les deux tiers ; car je vois que dans les desseins de la miséricorde, la bonté divine en a réservé un très-grand nombre, le tiers, à qui elle destine des grâces de conversion dont, en effet, plusieurs doivent profiter. Dieu voudra même, ainsi qu'il me le fit voir, suspendre en leur faveur certains signes et certains évènements désastreux, pour leur laisser plus de temps de faire pénitence, et ce ne sera qu'après qu'ils auront satisfait à sa justice et désarmé sa colère par une douleur sincère et véritable, et par les satisfactions d'un cœur contrit et humilié, que le Seigneur laissera un libre cours à tous les signes avant-coureurs de son Jugement. »

Sœur de la Nativité.

Prédiction sur le rétablissement de la Pologne

Le révérend Père Bobola, un des membres polonais de la Compagnie de Jésus les plus distingués par la piété, la science et l'éloquence, parut dans la carrière publique de l'apostolat vers 1655, à l'époque la plus critique et la plus malheureuse qu'eût encore essuyée l'Eglise catholique du Nord ; à l'époque où tous ses ennemis schismatiques, hérétiques et infidèles, qui depuis longtemps la tenaient assiégée de toutes parts, s'étaient, par une formidable coalition, ou plutôt par une sorte de conjuration dirigée par les Tzars de Moscou, rués tous à la fois sur la Pologne, comme pour l'exterminer tout entière avec son peuple, ses croyances et son culte. Les Cosaques surtout et les Russes, animés par tout ce que le fanatisme schismatique peut inspirer de fureurs les plus atroces, promenaient le fer et la flamme dans les provinces polonaises qu'ils avaient envahies, massacrant les prêtres et les religieux catholiques; pillant, dévastant ou brûlant les églises, les couvents, les presbytères et les écoles; forçant par les questions et les tortures les plus raffinées, les nobles et les fidèles convertis au catholicisme d'abjurer leurs saintes croyances; démolissant ou incendiant surtout les établissement des Jésuites, des Dominicains et des Franciscains polonais qui, par leurs courageuses prédications, avaient propagé la vérité parmi les Ruthéniens naguère schismatiques de la Pologne, ou l'avaient maintenue et fortifiée dans le cœur des anciens et des nouveaux convertis.

De tous ces héroïques défenseurs de la foi, le plus intrépide et le plus célèbre à la fois par la puissance de son zèle et de son éloquence, était le pieux Père Bobola, qui bravait tous les dangers et tous les complots de ses ennemis pour leur arracher une seule âme. Tous ceux qui l'entendaient une seule fois se convertissaient; sa parole était un foudre, un fléau, un marteau qui brisait tous les subterfuges, tous les mensonges du schisme ou de l'incrédulité; aussi l'avait-on surnommé *l'apôtre de la Polésie* qui lui était échue en partage, le *vainqueur*, le *conquérant des âmes*. Les Cosaques, furieux de voir les fruits de leurs coups d'épée anéantis par le glaive de son éloquence, se persuadèrent enfin que tant que vivrait ce saint homme, qui dans ses missions ne se nourrissait que de pain d'orge, ils se flatteraient en vain d'obtenir quelque résultat solide avec leurs torches et leurs massacres ; ils résolurent donc d'envoyer leurs hordes meurtrières à la recherche du grand apôtre de la Polésie. Après bien des courses inutiles, elles l'atteignirent enfin le 16 mai 1657 près de la petite ville de Janow, à dix lieues Est de Sandomir, et après lui avoir offert la vie pour une abjuration, lui firent subir, avec toute la férocité de cannibales qui caractérise ces barbares, cinq ou six espèces de martyres dont le moindre eût suffi pour faire béatifier la douceur, la charité et la résignation avec laquelle cet athlète catholique sut les endurer jusqu'à sa mort qui fut affreuse, ayant été, après beaucoup d'autres douloureuses blessures, écorché tout vif, et pour comble de cruauté raffinée, dépouillé de cette langue éloquente qui avait si courageusement prêché contre le schisme de ses assassins, langue qui lui fut arrachée jusqu'à la base, par un large trou charpenté au revers du cou par ses bourreaux.

Un long et morne silence plana, comme un crêpe funèbre, sur toute la Polésie, après cet attentat commis sur la sainteté ; une terreur divine s'empara de tous les cœurs, même de ceux des Cosaques qui s'enfuirent à toute bride comme poursuivis par la vindicte céleste, et évacuèrent dès ce moment un pays qui semblait, comme un témoin, comme un remords extérieur, leur reprocher leurs cruautés ; il n'y eut pas jusqu'aux schismatiques qui, craignant le renouvellement du châtiment providentiel qui naguère avait vengé la mort du saint archevêque Josaphat, martyrisé à Witepsk, ne voulussent décliner toute responsabilité de ce nouveau crime et s'écriassent avec les catholiques : *Oh! le saint martyr Bobola!*

Mais la patience de Dieu est longue, si longue qu'elle lasse quelquefois celle des fidèles, impatients de voir les humiliations de l'Eglise militante vengées par de prompts et mémorables châtiments. Toutefois, quelque grande que soit la longanimité divine, le jour de la vengeance, si longtemps attendu, arrive enfin, et il arrive d'ordinaire quand la *mesure des iniquités est comble* pour les nations coupables, ou encore quand les persécuteurs de l'éternelle, de l'universelle vérité sont parvenus à ce point de grandeur qui rendra leur châtiment plus frappant et leur chute plus éclatante. La Russie de Pierre Ier et de Catherine II, quelque coupable qu'elle fût déjà, n'était pas encore arrivée à ce haut degré de culpabilité qui provoque violemment la vindicte céleste. Il était réservé à l'immense orgueil de l'autocrate Nicolas, à cet orgueil qui endurcit le cœur de Pharaon et qui frappe son esprit d'aveuglement, de faire arriver, par ses scandaleuses violations des traités, par ses incessantes persécutions de l'Eglise de Pologne et de Lithuanie, surtout par l'amère dérision des réparations qu'il avait promises personnellement en 1845, au vicaire de Jésus-Christ, dans la personne de Grégoire XVI, de faire arriver, disons-nous, la Russie à ce point de titanisme qui brave le ciel, qui déchaîne la foudre divine et appelle fièrement les humiliations.

Et la Pologne, la Pologne catholique, la Pologne de Jean Casimir, de Sobiescki et de Czarniecki, n'était-il pas à craindre qu'après la mort ou la retraite de ces héros chrétiens, opprimée de plus en plus, affaiblie, trahie tant par ses propres rois que par les puissances anti-catholiques qui l'assiégeaient au dehors, ou par les factions et les guerres intestines qui la désolaient au dedans, n'était-il pas à craindre qu'elle ne se laissât aller au découragement, au désespoir, qu'elle ne se prît à croire qu'elle était abandonnée jusque de son Dieu, qui seul pouvait la secourir dans sa triste situation, ou qu'elle ne se lassât d'attendre du ciel un secours, une délivrance qu'elle devait attendre pendant plus de 160 ans ?

Oui, cela était effectivement à craindre ; aussi la Providence y pourvut-elle, en faisant, dès le commencement du xviii⁰ siècle, dès l'année 1702, éclater la gloire et la puissance d'intercession du grand martyr que la Reine du ciel, devenue Reine de Pologne, avait fait obtenir à son nouveau peuple ; du grand saint qui était dès lors appelé à devenir son consolateur, son espoir, son protecteur dans les tribulations privées, en attendant qu'il devînt son patron, son sauveur et son libérateur dans les tribulations publiques ou nationales.

Depuis le commencement du xviii⁰ siècle jusqu'à l'époque de la béatification itérativement demandée pendant plus d'un siècle par les rois, le clergé et la noblesse de Pologne, les guérisons miraculeuses et les autres grâces obtenues par l'intercession du saint martyr se succédèrent sans interruption. On en compta, pendant l'espace d'environ 150 ans, plus de trois cents, parmi lesquelles, outre l'état d'*incorruption séculaire* du corps martyrisé, six résurrections de morts, dix guérisons subites d'épilepsie, dix autres guérisons subites de la lèpre, sept d'hydropisie avancée et un assez grand nombre d'apparitions du bienheureux.

Ce fut dans deux apparitions que le grand apôtre de la Pologne prédit le rétablissement futur de sa chère patrie et la délivrance de tous ses ennemis après une grande victoire remportée sur les Russes, dans le territoire même de la petite ville de Pinsk où ses reliques furent ensevelies, et non loin de laquelle il avait reçu un glorieux martyre de la main des Cosaques, excités contre l'Eglise par l'or et les promesses du père de Pierre I⁰ʳ. Les rois de la terre ont coutume de faire quelquefois exécuter les assassins sur les lieux mêmes qui furent témoins de leur crime, et c'est ainsi que le roi des rois, à l'imitation de ces rois de la terre, conduira les Russes sur les lieux qui furent témoins de l'assassinat de son pieux ambassadeur, et les condamnera à y subir une sanglante, une immense défaite, après laquelle les iniques partages de la Pologne seront annulés de fait et de droit, et la Pologne des Jagellons sera rétablie avec sa foi catholique dans toute son antique splendeur. Les Russes apprendront ainsi par les faits ce que pèse dans la balance divine des destinées humaines un seul des nombreux martyrs polonais dont ils ont, sans le vouloir, enrichi la protection céleste de la Pologne ; ils apprendront surtout de quel poids y a pesé le glorieux apôtre de Janow et de Pinsk, dont leur autocrate Nicolas eût voulu empêcher la béatification avec des menaces et des intrigues, lesquelles, pour être toutes-puissantes sur les consciences du clergé gréco-russe, n'ont aucune valeur à Rome ni surtout au tribunal du Pape. Ils apprendront enfin par les faits, c'est-à-dire par les coups de canon, les seuls coups d'éloquence qui apprennent quelque chose aux Russes, la différence qu'il y a entre l'*orthodoxie* du nommé Photius et l'immutabilité catholique qui seule peut caractériser l'immuable vérité. A en juger par les conversions en masse qui auront lieu à cette époque sur les bords du Borysthène, on peut croire que cette mission sanglante et vengeresse du Dieu des batailles, produira sur les barbares de la Russie plus d'effet que n'en eût produit la douce et persuasive éloquence des plus savants orateurs de l'apostolat catholique.

Mais il est temps de communiquer à nos lecteurs le récit circonstancié de la double apparition que fit à deux religieux polonais le consolateur, le protecteur céleste de la Pologne, apparitions dans laquelle il leur prédit de quelle manière et vers quelle époque serait, par la volonté divine, opérée la complète restauration de ce royaume catholique du Nord. Nous donnerons la première partie de ce récit telle qu'on la rapporte dans toute la Pologne depuis plus de 80 ans, sans y rien ajouter et sans en rien retrancher.

— 278 —

Peu de temps avant la suppression pontificale de l'ordre des Jésuites en 1773, et par conséquent peu avant que ceux de la Polésie eussent quitté leur collège de Pinsk, vivait dans ce monastère un frère coadjuteur qui, comme la plupart des catholiques Polonais, était, depuis de nombreuses grâces obtenues en Pologne par le saint martyr Bobola, plein de confiance dans la puissance de son intercession et ne cessait de l'invoquer avec une ferveur extrême pour la protection de sa patrie et celle de l'Eglise catholique. Un jour que ce pieux coadjuteur venait d'adresser ses ardentes prières au protecteur de la Pologne, le saint martyr lui apparut au milieu d'une des salles du couvent où il se trouvait seul en ce moment, et après lui avoir déclaré qu'il était celui qu'il avait coutume d'invoquer, il le pria d'aller ouvrir la fenêtre de cette salle ; le frère coadjuteur obéit, mais quel ne fut pas son étonnement de voir la plaine spacieuse qui environne la petite ville, couverte d'une immense quantité de troupes de différentes nations, rangées en batailles et sur le point d'en venir à une lutte sanglante. Le saint, après lui avoir fait connaître que ces troupes représentaient d'un côté les Russes et et de l'autre les Français, les Anglais et les Turcs, lui annonça *que l'année même où il serait béatifié, commencerait contre les Russes une grande guerre où ils auraient pour adversaires les Anglais, les Français et les Turcs ; que par suite de cette guerre une très-sanglante bataille serait livrée dans le territoire de la ville de Pinsk, non loin de laquelle il avait été martyrisé par les Cosaques et dans les murs de laquelle son corps avait été enseveli ; que les Russes seraient complètement défaits dans cette grande bataille; qu'après cette défaite des Russes, la Pologne et son Eglise délivrées de leur joug seraient rétablies dans leurs anciennes limites et qu'il en deviendrait lui-même le patron ; que telle était la volonté de Dieu.*

A peine cette révélation prophétique était-elle exprimée, que le saint disparut, et laissa l'humble coadjuteur, qui avait été l'objet de cette céleste et consolante ambassade, dans des sentiments de stupeur, d'admiration, de joie et de gratitude plus faciles à imaginer qu'à décrire. On rapporte cependant que lorsque dans la suite la réflexion put faire place à ces sentiments qui se pressaient dans son cœur, ce qui l'étonnait le plus dans cette vision, dans cette révélation prophétique *faite en plein jour*, c'était d'avoir entendu sortir de la bouche du saint martyr, que les Turcs, qui avaient tant de fois combattu l'ancienne Pologne, et qui passaient pour les ennemis acharnés du nom chrétien, deviendraient un jour entre les mains de la Providence les instruments dociles du rétablissement de la foi catholique dans cette même ancienne Pologne. On ajoute que beaucoup de Polonais s'étaient, dans le temps, notamment *pour cette raison*, refusés à croire à la vérité de cette révélation qui leur paraissait manquer de toute vraisemblance et contredire toutes les données de l'expérience historique.

La seconde apparition ou révélation prophétique du saint protecteur de la Pologne eut lieu plus tard, plus de cinquante ans après la première, en 1819. Elle s'opéra à Wilna, dans la capitale de la Lithuanie, comme la première s'était opérée dans une ville de Pologne, afin de confirmer de nouveau comme par un sceau céleste l'*union* de ces deux nations catholiques, faite sous tant de rapports et par tant de graves motifs pour être *une*, comme l'a dit le décret d'union de leur roi Alexandre en 1501 (1), et d'ailleurs prédestinées à servir, à tous les

---

(1) *Uniantur et conglutinentur in unum et indivisum ac indifferens corpus, ut sit una gens, unus populus, una fraternitas et communis conditio, eidemque corpori unum caput.* (25 octobre 1501).

peuples scandinaves, germaniques, slaves du Nord et de l'Est méridional de l'Europe, comme de spécimen et de modèle de l'éternelle vérité qui a été révélée à cette planète que nous habitons.

Nous suivrons, pour cette seconde révélation, le récit tel qu'il a été fait en italien dans une lettre écrite à un prêtre de Lyon par un Père polonais de la *Compagnie de Jésus*, le révérend Grégorio Felkierzamb, et tel qu'il a été publié depuis dans plusieurs journaux catholiques, notamment dans *l'Univers*, *l'Union franc-comtoise* et le *Messager de la charité*.

« L'an du Seigneur 1819, vivait à Wilna, capitale de la
» Lithuanie, un religieux dominicain, nommé Korseniecki,
» prêtre d'une haute sainteté et célèbre prédicateur. Il com-
» battait avec un zèle infatigable les erreurs du schisme grec,
» non-seulement du haut de la chaire, mais aussi dans de
» savants ouvrages, qui lui valurent du gouvernement russe
» la défense de prêcher, de publier aucun écrit et *même de*
» *confesser, sous peine de l'exil en Sibérie* (1). Ainsi confiné

---

(1) Ceci se faisait sous le règne d'Alexandre Ier, qui passait pour un *modéré* en Russie. Ce fut bien pis, quand, avec Nicolas, la persécution et la tyrannie montèrent elles-mêmes sur les marches ensanglantées du trône. A peine ce nouveau Dioclétien fut-il maître du pouvoir que la persécution éclata sous toutes les formes contre les catholiques, tant grecs que latins de la Lithuanie. Il lui suffit d'un trait de plume pour détruire à la fois deux cents couvents en Lithuanie et en Ruthénie, pour étendre *l'influence immédiate* de son gouvernement sur les séminaires et les consistoires catholiques, pour procéder à *l'anéantissement complet* de l'Eglise des catholiques grecs et pour fonder un archevêché schismatique jusque dans la capitale du catholicisme polonais, à Varsovie. Plus de trois millions de catholiques grecs furent, à cette époque, incorporés violemment ou par fraude dans le schisme russe; des professeurs schismatiques furent imposés aux

» dans son couvent de Wilna, et condamné au fond de sa
» cellule à l'inaction, à la solitude, le P. Korseniecki s'affli-
» geait profondément de ne pouvoir désormais rien faire pour
» la gloire de Dieu et le salut de ses frères.

séminaires catholiques ; l'autorité canonique des élèves fut impudemment, scandaleusement entravée. Plus tard, après la défaite de l'insurrection hongroise, que le tyran prenait pour un sourire approbateur du ciel en faveur de son gouvernement, vingt-deux couvents furent encore supprimés ; les églises paroissiales catholiques, déjà si rares, furent confisquées au profit du schisme. Bien plus, écoutez, écoutez, vous tous catholiques, qui ne rougissiez pas de postuler la protection de ce persécuteur de l'Eglise catholique, écoutez ce qu'a fait ce tyran inventeur, qui a reculé les bornes de l'art de tyranniser, et qui aurait pu en remontrer à Julien l'Apostat lui-même. Il publia un ukase par lequel il contraignait les propriétaires catholiques *à bâtir à leurs frais* des églises et des cures *pour le schisme, et, en cas de refus*, il les menaçait de confisquer immédiatement leurs propres églises, même paroissiales. Il en fit un autre, que Julien lui aurait certainement envié, et par lequel il *confia* exclusivement aux schismatiques toute l'éducation de la jeunesse catholique. Il en fit un autre encore par lequel il envoyait les jeunes polonais catholiques, au sortir de leurs études schismatiques, jusqu'au fond de la Russie en qualité de fonctionnaires civils ou militaires, afin d'achever là leur schismatisation.

Et voilà les résultats de la protection que les autocrates avaient, au congrès de Vienne, *juré* d'accorder à la nation polonaise et à la religion catholique !!! Faut-il s'étonner, d'après cela, que le terrible jugement de Dieu auquel Grégoire XVI avait cité, en 1845, le persécuteur de l'Eglise en parlant à sa personne, l'ait livré, dès ce monde, à tous les démons de l'orgueil, de manière que, ne pouvant plus supporter les humiliations des continuelles défaites de 1854, il ait voulu, comme on le dit en Russie, *en finir* avec une vie désormais odieuse et insupportable.

H•••

» Dans un de ces moments de tristesse — c'était en 1819 —
» je ne sais plus le jour ni le mois, il ouvrit, vers neuf ou dix
» heures du soir, la fenêtre de sa chambre, et, les yeux fixés
» au ciel, il se mit à invoquer le B. André Bobola, pour qui,
» dès son enfance, il avait toujours eu une dévotion particu-
» lière, bien que l'Eglise n'eût pas encore élevé sur les autels
» le martyr de Janow. Voici le sens de la prière qu'il lui
» adressa :

» O bienheureux André Bobola, glorieux martyr du Christ !
» voilà *bien des années* que vous avez *prédit* la résurrection
» de notre malheureuse Pologne ; quand donc s'accomplira
» votre prophétie ? Vous savez mieux que moi de quelles ja-
» lousies, de quelles haines les schismatiques poursuivent notre
» sainte foi ; vous savez que ces mortels ennemis du catholi-
» cisme sont maintenant nos maîtres absolus, et que leur pen-
» sée unique est de pousser à l'infidélité, au schisme, notre
» chère nation qui fut la vôtre. Ah ! saint martyr ! ne per-
» mettez pas qu'un tel opprobre tombe sur votre patrie, sur
» la terre que vous avez autrefois habitée ! Faites, faites que
» la toute-puissance, que la miséricorde infinie ait enfin pitié
» des pauvres Polonais ! Qu'elle les délivre du joug de l'étran-
» ger ! Que la Pologne, libre de professer la divine religion
» de nos aïeux et de réunir ses peuples, comme au temps des
» Jagellons, forme encore un seul royaume, un royaume vrai-
» ment orthodoxe, un royaume soumis à Jésus-Christ !

» Quand le Père eut cessé de prier, la nuit était déjà fort
» avancée. Il ferma sa fenêtre et allait se diriger vers son lit,
» lorsque, en se retournant, il aperçoit, debout au milieu de sa
» cellule et portant le costume de jésuite, un vénérable per-
» sonnage qui lui dit : « Me voici, Père Korseniecki ; je suis
» celui à qui vous venez de parler. Rouvrez votre fenêtre et
» vous verrez des choses que vous n'avez jamais vues. »

» Malgré le saisissement qu'il éprouve, le dominicain ouvre
» sa croisée. A sa grande surprise, ce n'est plus l'étroit jardin
» du couvent avec son mur d'enceinte qu'il a sous les yeux ; ce
» sont de vastes, d'immenses plaines qui s'étendent jusqu'à
» l'horizon. « La plaine qui se déroule devant vous, continue
» le B. Babola, est le territoire de Pinsk, où j'eus la gloire de
» souffrir le martyre pour la foi de Jésus-Christ ; mais regar-
» dez de nouveau, et vous connaîtrez ce que vous désirez sa-
» voir. »

» Le Père Korseniecki jette de nouveau les yeux sur la
» campagne qui, cette fois, lui apparaît couverte d'innombra-
» bles bataillons Russes, Turcs, Français, Anglais, Autri-
» chiens, Prussiens, d'autres peuples encore, que le religieux
» ne peut distinguer, combattant avec un acharnement dont il
» n'y a d'exemple que dans les guerres les plus furieuses. Le
» Père ne comprenait pas ce que tout cela signifiait ; le bien-
» heureux Bobola le lui explique en ces termes :

» Quand la guerre, dont le tableau vous est révélé, aura fait
» place à la paix, la Pologne sera rétablie, et moi j'en serai re-
» connu le principal patron. »

» A ces mots, qui portent la joie dans son âme, Korseniecki
» s'écrie : « O mon saint ! comment puis-je avoir la certitude
» que cette vision, que cette visite céleste dont vous m'hono-
» rez et la prédiction que vous me faites, ne sont pas un jeu
» de mon imagination, un pur rêve ? — C'est moi qui vous
» l'assure, répond son interlocuteur ; la vision que vous avez
» sous les yeux est vraie, est réelle, et tout s'exécutera de point
» en point comme je vous l'ai annoncé. Maintenant, prenez
» votre repos ; moi, pour vous donner un signe de la vérité de
» ce que vous avez vu et entendu, j'imprimerai sur votre bu-
» reau les traces de ma main. »

» En disant cela, le saint touche de sa main sacrée la table
» du Père Korseniecki, et à l'instant même disparaît.

» Le religieux resta quelque temps comme hors de lui.
» Quand il eut repris ses sens, il remercia avec effusion Dieu
» et le saint protecteur de la Pologne de l'ineffable consolation
» qu'ils venaient de lui accorder dans cette nuit heureuse ;
» puis, s'approchant de son bureau, il vit très-nettement des-
» sinée sur le bois la main droite du saint martyr. Ce ne fut
» qu'après l'avoir baisée bien des fois qu'il alla prendre son
» sommeil. Le lendemain, à peine réveillé, il court à sa table
» pour s'assurer que les vestiges miraculeux subsistaient tou-
» jours ; il les trouva parfaitement visibles comme la veille ;
» tous ses doutes s'évanouirent. Pleinement convaincu dès
» lors que c'est bien une apparation divine qui a réjoui son
» cœur et relevé son courage, il réunit dans sa chambre tous
» les pères et frères du couvent, à qui il raconte la grâce in-
» signe dont il a été l'objet ; chacun d'eux examine l'emprein-
» te laissée par le bienheureux, en confirmation de la réalité
» de sa visite.

» Le religieux dominicain vivait dans la plus grande intimi-
» té avec les Pères de la compagnie de Jésus. Ne voulant pas
» tenir caché un fait aussi consolant, il en donna communica-
» tion aux Jésuites du grand collège de Polosk, parmi lesquels je
» me trouvais, et j'entendis de mes propres oreilles, pendant
» la récréation commune, le récit détaillé de tout ce que je
» viens de vous écrire.

» Nice, 13 avril 1854.

GRÉGORIO FELKIERZAMB. »

La Voyante de Fontet.

Nos lecteurs s'expliqueraient difficilement que ce volume, où il est parlé en général de nos extatiques, gardât le silence sur la pieuse Berguille, à laquelle nous avons précédemment consacré des pages si bien accueillies par les amis du surnaturel divin.

Une opposition, que la marche des évènements est sans nul doute à la veille de briser, ferme encore la porte de la Voyante de Fontet aux fidèles serviteurs de Notre-Dame des Anges. Nous n'avons donc pas, à cause de cette prohibition, de relation nouvelle sur les extases de la servante de Dieu. Ce sont des merveilles dont les esprits bienheureux seuls sont les témoins, et qui ne peuvent être publiées pour l'édification des bons et pour détromper l'obstination des méchants.

Mais nous sommes en mesure d'affirmer que les extases ont constamment suivi leurs cours sous la chaumière bénie, et que les manifestations d'il y a trois ans s'y produisent toujours. Berguille suit encore les traces du Rédempteur, sur le chemin du Calvaire, tous les vendredis. Elle gémit sur les crimes de la terre, sur la tiédeur des esprits d'entre deux, sur l'oblitération des consciences. Elle prie pour les tièdes, pour les rénégats, pour les ennemis déclarés de l'Eglise. Elle exprime sa désolation, à l'aspect des calamités prédites, et répand des pleurs sur les ébranlements qui se tramentet qui sont préparés par l'esprit de sédition et par une politique d'imposture et d'aveuglement.

Cependant Notre-Dame des Anges visite son humble inspirée, lui retraçant le plan sublime de cette basilique aux marbres précieux, aux vingt-cinq autels, aux proportions grandioses, à la magnificence extraordinaire, et qui sera érigée à l'endroit où existe à présent l'habitation champêtre. Comme rien ne se perd dans l'économie de la Providence, nous devons croire qu'à défaut de publicité, les extases de Fontet ne sont pas dépouillées davantage pour les enfants de Dieu, et que Jésus-Christ a ses desseins dans ce commerce céleste caché aux yeux des hommes, mais où la vertu implore le Tout-Puissant, et souffre pour amoindrir les peines méritées par de criminelles générations.

Nous nous plaisons à donner à nos lecteurs une nouvelle qui nous est parvenue, et que nous serions coupables de ne pas manifester ; elle sera une preuve des soins que le Seigneur aime à prendre des drames qu'il conduit, et dont la marche, toujours digne de sa grandeur, n'aboutit jamais à un dénouement vulgaire. Les opposants, quels que soient leurs discours, ne sont pas sans être troublés. Il ne dépend pas d'eux de circonscrire l'autorité et de l'empêcher d'accorder ses pouvoirs, pour l'observation des manifestations susdites. Un personnage ecclésiastique, dont la piété égale la science théologique, a donc été autorisé d'être présent à plusieurs extases de Berguille. Il a naguère consciencieusement exercé ce ministère, lequel a donné lieu à un rapport. Ce rapport a conclu au surnaturel divin. Comme cette déclaration n'était pas le compte des opposants, ces derniers ont osé éluder l'attestation, en laissant à la Sainte-Vierge le soin de prendre soin de sa gloire.

Nous nous contentons d'exposer le fait, sans aller au delà. Tout en exprimant nos regrets sur ce qui se passe, et en revendiquant les droits de la vérité, nous ne saurions nous départir de beaucoup de réserve. Nous montrons par là notre modération, à l'encontre des grossières injures dont nos adversaires se sont passé le luxe en diverses occasions. Nous ne voulons que ce que Dieu veut, et, pleinement soumis à ses desseins, nous n'aspirons pas à hâter les choses contre sa volonté, non plus qu'à prétendre opérer nous-même, ce qui n'appartient qu'à sa suprême autorité.

Le catholicisme libéral, que nous combattons avec le Saint-Siège, est, généralement parlant, manifestement hostile au surnaturel. Cette hérésie contemporaine, sacrifiant à des vues terrestres, veut éluder les desseins de la Trinité, parce que ses desseins exigent une abnégation dont nos adversaires ne se sentent pas capables, et qu'ils torturent l'Evangile, pour l'assujétir, si cela se pouvait, à leur morale obtuse et à leurs principes relâchés.

Et voilà pourquoi, unis à l'Eglise, nous résistons de toutes nos forces à de blâmables combinaisons, et nous adorons la lumière incréée partout où elle sollicite les cœurs à l'observance des préceptes sacrés, dans leur pleine et entière application.

—

Une lettre de Bois-d'Haine.

C'est le vénérable curé de ce village belge qui écrit. Ce village aura désormais acquis une célébrité universelle, par la chaumière de Louise Lateau, où le ciel a voulu attirer des milliers de visiteurs, pour y être témoins de tant de manifestations surnaturelles dont le récit est partout :

« Bois-d'Haine, fête de sainte Thérèse, 15 octobre 1880.

» Louise Lateau n'a fait qu'une seule révélation, savoir que Notre-Seigneur lui dit fréquemment : « Ma justice est à bout, à » cause des péchés qui se commettent. »

» Cette locution a été entendue pour la première fois le jour de l'Epiphanie 1879. Depuis elle s'est répétée plusieurs fois par jour ; aujourd'hui elle se répète environ deux cents fois par jour. En outre, Louise se sent pour ainsi dire écrasée par la tentation d'orgueil. Par là on voit que la justice de Dieu est près de s'exercer, à moins que l'on ne se convertisse ; mais comme le monde n'est pas disposé à se convertir, nous devons nous attendre à de terribles châtiments, surtout pour convertir les *opportunistes et les catholiques libéraux*, qui sont la cause des misères dans l'Eglise catholique. Vous savez que Louise est clouée sur son lit de douleur depuis le 6 janvier 1879, depuis plus de six mois. Elle ne peut plus même s'asseoir. Elle n'éprouve aucun soulagement à ses immenses douleurs, que pendant la sainte communion et pendant les ravissements qui arrivent de vingt-cinq à trente fois par jour. »

» F. NIELS, curé. »

Une prophétie dans une loge franc-maçonnique.

Pourquoi hésiterions-nous à consigner ici un fait vrai, connu du monde politique et du monde religieux, et dont l'importance ne sera niée par personne ? Nous ne saurions nous arrêter au sourire de l'ignorance ou du scepticisme vulgaire, au simple exposé de l'évènement que nous mentionnons.

Dans une loge franc-maçonnique de Paris, récemment *les frères travaillaient*, pour parler le langage du lieu. Il s'agissait, bien entendu, de l'expulsion des Religieux, et des humiliations à infliger à l'Eglise. Satan s'est alors manifesté et a dit

à ses adeptes : « Hâtez-vous, faites vite, car votre domination
» sera courte. Il y a là-haut une *femme* qui vaincra et qui
» brisera bientôt votre puissance. »

Notre preuve de cet évènement, c'est le bruit qui s'en est répandu au loin, et l'attitude des francs-maçons eux-mêmes qui n'ont rien démenti.

Ainsi nos prophéties d'origine sainte se trouvent confirmées par une prédiction éclatante de Satan.

Il faut conclure.

Ce long enchaînement d'affirmations prophétiques, se liant étroitement, variant de forme, mais toutes semblables dans le fond, n'offre-t-il pas un phénomène de nature à frapper les esprits les plus indifférents ? Il y a là nécessairement plus qu'un médiocre concours de circonstances, et pour tout homme de sens, il s'y trouve une intervention surnaturelle. Cette intervention n'émane donc pas de calculs humains, de combinaisons scientifiques, et dès lors elle vient du Verbe. Dans cet ordre supérieur de faits, où la prière et l'amour vont se donnant la main, le sacrifice fait sa compagne de l'humilité ; l'innocence ne se sépare point de la douleur ; les aspirations sont pour le ciel, sans rien accorder aux misères de ce monde, aux duplicités de l'abîme et de l'archange déchu.

Notre siècle, saturé par les influences corrosives du doute et du sensualisme, semble incapable de s'élever aux notions éthérées du mysticisme et à la contemplation, comme si ces deux ailes de l'âme n'avaient pas été, dans tous les temps, les marques distinctives des meilleurs amis de Dieu, celles qui ont caractérisé les saints, et, osons-le dire, les véritables bienfaiteurs de l'humanité. C'était bien ce qu'exprimait Pascal dans ces paroles : « O la vile et abjecte créature que l'homme, s'il ne se sent soulevé par quelque chose de supérieur ! »

Abel, Melchissédech, Elie, le Disciple bien-aimé, Celle qui a voulu s'appeler elle-même l'Immaculée-Conception, les gloires les plus accomplies du Christianisme, Augustin, Grégoire de Nazianze, Vincent Ferrier, Vincent de Paul et une légion d'autres, existeraient-ils dans la plénitude de leurs perfections et de leur poésie, sans les suaves élans de leur être vers le Maître de toute beauté morale, de tout angélique idéal?

Nos Voyantes contemporaines, celles qui les ont précédées, appartenaient à cette succession bienheureuse de frères et de sœurs des séraphins, qui ont passé sur cette terre, ornés des suavités de la vertu et de la charité, pour aller ensuite resplendir au séjour éternel, et de là-haut protéger les générations qui se suivent sur notre planète, et les solliciter au bien, le but unique de notre existence éphémère.

Il y a une parole de saint Paul qui nous semble le premier et le dernier mot de la destinée humaine, celui-ci: « Qui me séparera de l'amour de mon Dieu ? » Et en effet, contemplez le juste qui modèle sa vie sur celle du Christ: sa physionomie est calme, il inspire la confiance, il attire par sa douceur. S'il a des biens, il les partage avec ses semblables, se dirigeant de préférence vers les plus malheureux. Etranger aux compétitions ambitieuses, il se fie aux soins de la Providence. Sa parole est mesurée, elle encourage, elle console. C'est l'ami que vous avez cherché. Il ne refuse pas le bon conseil; son discours éclaire. Il ne venge pas les injures. S'il lève les mains, c'est pour implorer la miséricorde suprême. S'il s'anime, c'est pour exalter le Seigneur et pour exhorter les autres à imiter le type sans comparaison, le Rédempteur des hommes. C'est du juste que l'Esprit-Saint a dit : « Son cœur est une fête continuelle. »

Si nos jours sont troublés, si de sombres appréhensions nous font trembler pour un avenir prochain, c'est que nous avons sacrifié aux penchants qui dégradent et que nous ne puisons plus les garanties du bonheur à la source où elles résident réellement. Nous ne tenons nul compte des leçons de l'histoire, et nous semblons défier le bras du Très-Haut, comme s'il était raccourci. Les empires détruits à cause de leur corruption ; les peuples châtiés pour avoir perdu la foi ; les trônes renversés parce que les princes ont prévariqué ; tout cela est pour notre âge lettre morte. Le Seigneur nous a créés uniquement pour le servir, et le mépris de sa loi attire nécessairement ses rigueurs sur nos têtes. La vérité, c'est Dieu ; Dieu, c'est la vie. L'indifférence ou l'impiété, c'est Satan, et Satan, c'est la mort.

Quelle n'est pas notre chute, puisque, revenant à 93, nous voyons proclamer l'Etat sans Dieu ! C'est donc Rome païenne à son déclin, le Bas-Empire à son couchant, le temps annoncé par Jésus-Christ lui-même où la foi sera éteinte et où doit paraître l'antechrist.

Faut-il, d'après cette situation, s'étonner des instances prophétiques d'En-Haut, avertissant la terre des calamités prêtes à fondre sur elle ? Si la justice éternelle exerce ses punitions, par suite de cette loi inéluctable qui couronne le mérite et qui atteint l'iniquité, la miséricorde, ambassadrice de la bonté du Seigneur, ne cesse point de solliciter le libre arbitre de tous et de chacun, d'observer le devoir et de pratiquer la vertu.

De là cette prophétie permanente, toujours vivace dans l'histoire universelle, et qui, inséparable du miracle, autre moyen de la bonté suprême pour empêcher l'humanité de se perdre, a constamment retenti aux oreilles des peuples, leur proclamant la majesté du Maître infini, seule adorable, et qu'il ne faut point outrageusement méconnaître, sous peine de formidables châtiments.

Adam, coupable de la désobéissance originelle, entend une révélation lui promettre un Rédempteur. Noé annonce pendant un siècle les horreurs du déluge aux malheureux mortels que leur endurcissement voue à la destruction. Les Voyants de Juda prophétisèrent ensuite sur le peuple de Dieu et sur les autres nations. Les voix du ciel ne firent jamais défaut à l'humanité coupable, et elles furent entendues dans toutes les contrées.

Le XIXe siècle ne serait-il pas bien nommé l'âge par excellence de la prophétie, à cause de ses prévarications inouïes et du nombre de voix qui les ont fulminées ? Le moment présent, marqué par tant de criminelle audace, ne l'est pas moins par les avertissements divins, avertissements prodigués d'En-Haut, et ne trouvant cependant qu'un mépris presque universel.

C'est qu'en réalité elle est vraie, cette sentence tombée sur la grande idolâtrie de nos jours :

> Les temps sont mauvais ; vers la terre
> Les fronts alourdis sont courbés ;
> Abandonnant la ligne austère,
> Les forts eux-mêmes sont tombés.

Les faux-monnayeurs de la vérité, les doctrinaires, les catholiques libéraux ont intercepté toutes les voies. L'antique croyance a perdu son énergie, sauf pour un petit nombre réduit à l'isolement par l'astuce des pervers. C'est à l'aide des manœuvres subversives des pseudo-chrétiens, que le radicalisme et la libre-pensée ont consommé leur alliance et pris possession à leur tour de toutes les issues sociales. C'est aux cris de l'athéisme, de la dépossession du Christ de son empire sur les âmes, que l'enfer a étendu au loin sa domination.

Aussi voyez, les miracles s'accomplissent comme au temps où le Seigneur gouvernait visiblement le peuple choisi, et pourtant les esprits restent froids ; l'hypocrisie s'agite et l'iniquité reste maîtresse du monde. Ni l'apparition de la Salette, ni celle de Lourdes, deux faits dont le bruit a rempli l'Univers, n'ont pu ramener les cœurs aux saintes pratiques. Des prodiges semblables à ceux qu'opérait le Messie, pendant sa vie mortelle, se multiplient à la roche de Massabielle, et le dédain général y répond presque de tout côté ; des avis surnaturels gourmandent nos générations dépravées : rien ne peut les arracher du chemin des abîmes, et un matérialisme effréné asservit nos temps, et ne nous laisse en perspective que les vengeances du Très-Haut.

Quelle confusion ! Le désordre commence à s'élever jusqu'aux sommets des monts. La religion n'est qu'un vêtement démodé mis au rebut. Le Saint-Père, la milice sacerdotale, les vierges des cloîtres, le foyer chrétien, vieilles nippes que tout cela ; à l'oubli. La séparation est consommée : le catholicisme n'est plus l'âme du monde, la société est en proie à d'effroyables convulsions.

Mais, ô justes qui avez écouté le lugubre concert des prédictions sur les temps où nous sommes, vous avez distingué la note suave de l'espérance, et vous l'avez sentie vous pénétrer comme un parfum. Le sort en est jeté, la tourmente se déchaîne, les éléments sont en fureur, la foudre éclate ; mais protection a été garantie aux bons : abritons-nous sous les ailes de l'Espérance ; laissons passer la justice de Dieu, et attendons avec confiance le retour du soleil de justice.

Nous plaçons ici quelques pieux avis pour être mis à profit par les fidèles, pendant la catastrophe qui arrive. L'arche sauvà ceux qui s'y réfugièrent. Malheur à ceux qui ne trouveront pas un asile, en nos jours, dans l'arche de la prière que précède celle de la conversion !

La prière, en général, est perpétuellement la sauvegarde du juste. Aux époques de malheurs publics, elle peut mettre à l'abri des dangers. Mais nous savons tous que Dieu a souvent voulu être honoré, à certains moments, de telle ou telle manière, et qu'il a attaché des grâces à des formules et à des invocations spéciales. Il en est de particulièrement appliquées à nos temps, et nous croyons avantageux d'en mentionner ici une brève nomenclature.

Nous recommandons les belles invocations qui précèdent de Marie-Julie, sur la Croix en particulier et sur l'Eucharistie.

L'adoration du Sacré-Cœur de Jésus est le gage du triomphe de l'Eglise. C'est donc une dévotion précieuse entre toutes.

Une archiconfrérie en l'honneur du Saint-Esprit est établie à Perpignan. Cette dévotion est une source abondante de grâces. Dire le *Veni Sancte*.

La Très-Sainte Vierge, Mère du Sauveur Jésus, temple du Saint-Esprit, Reine de France, comme disaient nos pères, sauvera tous ceux de ses serviteurs qui auront recours à elle. *Mémorare*, et d'autres intercessions dont le choix appartient à chacun de nous.

Implorer Marie Immaculée par les lieux sanctifiés où elle a daigné apparaître pour notre salut : la Salette, Lourdes, Pontmain, etc., est un moyen très-efficace.

La vénération de la Croix, les souvenirs de la passion, des stigmates de notre Rédempteur, ont une grande puissance pour attirer sur nous les bénédictions du Seigneur.

Pater, *Ave*. Vénérer la sainte face de Notre-Seigneur; entretenir une lampe devant l'auguste image, pendant 33 jours, nombre des années du Sauveur des hommes, est une pratique précieuse.

Porter un des divers scapulaires, particulièrement celui de l'Immaculée Conception, et celui de la Passion, sera très-profitable.

S'associer à l'œuvre dominicale de France, l'établir partout où elle n'existe pas et où la chose sera possible, deviendra un garant de saintes faveurs.

Prier saint Michel, vengeur de l'Eglise, ange tutélaire de la France.

Honorer l'archange Raphaël, le médecin de Dieu, l'ami des voyageurs, le défenseur des âmes généreuses.

Rendre hommage à saint Christophe, qui écarte les épidémies, garde contre tout danger du jour présent, et préserve de toute mauvaise mort.

A ces dévotions, joindre quelqu'une de celles que l'on pratique d'habitude, selon que chacun en a la facilité.

Celui qui règlera sa vie sur ces recommandations, où Jésus-Christ a mis les paroles de son amour, celui-là pourra braver la tempête et la rage des pervers.

TABLE

	Pages
Déclaration de l'auteur	4
Avant-propos. — L'année des expiations	5
Une visite à Louise Lateau, le vendredi-saint	12
Les ténèbres	21
Paroles prophétiques de l'abbé Mattay, curé de Saint-Méen	29
Lettre prophétique adressée en 1819 à M. Boyer, devenu plus tard évêque de Luçon	33
Analogies. — Différences dans les appréciations. — Fontet, Pellevoisin	41
Une stigmatisée cachée. — Lettre à une supérieure de monastère	44
Prophétie mémorable du cardinal Baronius	48
Secret inédit de Maximin, de la Salette	51
Lettre de la personne qui a reçu mission de faire connaître l'association du Sacré-Cœur de Jésus pénitent pour nous, au R. P. G., lazariste, à O	65
Récentes apparitions	68
Prédictions de M. de la Gervaisais (1790-1838)	70
Nouvelle et curieuse interprétation de la prophétie des Pontifes romains, depuis Clément XIV jusqu'à Pie IX	79
Prophéties de la Sœur de la Nativité, XVIIIe siècle, XIXe siècle. Luttes de l'Eglise après le grand triomphe	93

Pages

Prophéties de la Sœur Marie-Claire Steiner............ 103
Prophéties astronomiques. Comètes................... 113
Prophétie de l'Extatique du Tyrol........ 119
Rétablissement de la Pologne....................... 122
Les désastres de 1871 annoncés en 1866................ 124
Prédictions relatives à la Révolution.................. 125
Diversion à travers l'histoire relativement aux prophéties. 131
Prodiges de l'histoire de Jeanne d'Arc................. 131
Prodige de l'histoire des Républiques italiennes......... 137
Prodiges extraits de *Nouvelles considérations sur les Oracles*.. 144
Prédictions contemporaines.... 146
Une chaîne de prophéties 151
Notes sur l'extatique de Bethléem.................... 152
Un prophète italien................................. 154
Révélation récente................................. 159
Prophétie du pape Innocent XI....................... 160
Antique prophétie 174
Prophétie sur la fin du monde 176
Prophétie sur la destruction de Paris.................. 180
La Bergère et le secret de la Salette. Divinité du secret démontrée contre les opposants 182
Mélanie prophétesse de la sainte Vierge............... 189
Mission de Mélanie 192
Lettres inédites de Mélanie.......................... 196
Prophétie sur la situation de l'Eglise.................. 212
Fin de l'empire turc, d'après le prophète Daniel........ 216
Prédictions sur la chute de l'Empire 218
Prophéties et présages de sainte Brigite sur les lys et sur la France 219
Prophétie touchant la vacance du trône de Saint-Pierre.. 221

	Pages
La grande victime de la Fraudais	222
Extase du 20 mai 1877	225
Cinq martyres acceptés	225
Glorification de saint Michel	228
Extase du 28 septembre 1880	231
Hymne à la Croix	242
Prophétie du R. P. Eugène Pegghi	245
Prophétie d'un moine bénédictin	246
Une Voyante cachée	248
Coup d'œil rétrospectif	249
Prédiction de Deleuze	252
Lettre sur les évènements de Gouy-l'Hôpital	253
La Voyante de S.-A.	255
Apparitions de Knock et celles de Tarragone	257
Nouvelles sur la Voyante de Tarragone	259
Apparitions de Gouy-l'Hôpital	262
Histoire de l'Antechrist	265
Prédiction sur le rétablissement de la Pologne	272
La Voyante de Fontet	285
Une lettre de Bois-d'Haine	287
Une prophétie dans une loge franc-maçonnique	288
Il faut conclure	289
Pieux avis pour les temps qui approchent	294

FIN.

Nimes, Typ. Clavel-Ballivet et Cie, rue Pradier. 12.

www.ingramcontent.com/pod-product-compliance
Lightning Source LLC
Chambersburg PA
CBHW071530160426
43196CB00010B/1727